Affaires de fan

The Family in Contemporary
French Culture and Theory

FAUX TITRE

292

Etudes de langue et littérature françaises
publiées sous la direction de

Keith Busby, M.J. Freeman,
Sjef Houppermans et Paul Pelckmans

Affaires de famille

The Family in Contemporary French Culture and Theory

Edited by
Marie-Claire Barnet
and Edward Welch

AMSTERDAM - NEW YORK, NY 2007

Cover design: Pier Post.

The paper on which this book is printed meets the requirements of
'ISO 9706: 1994, Information and documentation - Paper for documents -
Requirements for permanence'.

Le papier sur lequel le présent ouvrage est imprimé remplit les prescriptions
de 'ISO 9706: 1994, Information et documentation - Papier pour documents
- Prescriptions pour la permanence'.

ISBN-13: 978-90-420-2170-9
© Editions Rodopi B.V., Amsterdam - New York, NY 2007
Printed in The Netherlands

Contents

III. Histoires d'Art

IV. Les Enfants en plus

V. La Famille au cinéma

VI. Ordre et désordre familiaux

Introduction

Marie-Claire Barnet

Depuis longtemps, la famille, pour moi, c'était ma mère, et, à mes côtés, mon frère; en deçà, au-delà, rien (sinon le souvenir des grands-parents); aucun 'cousin', cette unité si nécessaire à la constitution du groupe familial. Au reste, combien me déplaît ce parti scientifique, de traiter la famille, comme si elle était uniquement un tissu de contraintes et de rites; ou bien on la code comme groupe d'appartenance immédiate, ou bien on en fait un nœud de conflits et de refoulements. On dirait que nos savants ne peuvent concevoir des familles 'où l'on s'aime'.

Roland Barthes, *La Chambre claire*[1]

'Auteur' et 'autorité' ont la même racine. C'est en effet par ce que l'on nommait l'autorité que le père était l'auteur des jours de son enfant, et cette notion, signifiait simplement que ce dernier, conformément encore à l'étymologie (in-fans, celui qui ne parle pas), n'avait pas la parole, et devait lui-même renoncer au statut d'auteur – du moins quant à sa propre vie, puisque, devenu père lui-même, il aurait tout loisir de se dédommager sur la génération suivante. Quand il s'est agi d'en finir avec ce père-là, on a vu paraître une autre figure: celle du père absent. [...] Aujourd'hui où, sans que l'ancien père ne fasse en rien défaut, l'on s'aperçoit cependant que le père manque dès qu'il s'absente, il s'agit pour chaque père d'inventer une réponse à ces deux questions: Que signifie: être l'auteur des jours de son enfant? Qu'est-ce que l'autorité?

Denis Marquet, *Père*[2]

---

[1] R. Barthes: *La Chambre claire* (Paris: Gallimard/Seuil/Cahiers du cinéma, 1980), 116. Voir Martin Grisel sur 'Les instances parentales dans les *Essais critiques* de Roland Barthes', in Henk Hillenaar et Walter Schönau (eds), *Fathers and Mothers in Literature, Psychoanalysis and Culture* 6 (Rodopi: Amsterdam, Atlanta, GA, 1994), pp. 233- 245.
[2] Denis Marquet, *Père* (Paris: Albin Michel, 2003), pp. 243-244.

When a child is dropped off in front of the other parent's house she creates a
history of space and yellow hurrying in the opposite direction as we
learn to read by hurrying meaning [...]

arrows swerve around the (from the mother's perspective) vanishing sky. Flashes
of letters here. Here. Home is the fear of size. A word can fall apart y.e.l. Shaving of
yellow[...]
Persephone practises her yes
her no, her this that and the other, the child approaching the house of the
father in motion of minutes, free from twenty yards of both of them, makes
a roof with her good-bye: // bye\\. They'll have to invent new
seasons to explain it.

A daughter grows a horizon. Somehow a line by which a life could be pursued.

Brenda Hillman, 'Shared Custody'[3]

Deux interrogations mises en exergue font écho au concept barthésien de 's/la' famille, proposé lui aussi comme une remise en question de certains 'partis pris' au début des années 1980. Scène nostalgique d'un autre âge d'or familial (cousins en prime), ou rituel de réunion intergénérationnelle qui n'a plus rien à voir avec nos pratiques du début du XXIème siècle?

> Le 31 décembre, Mané préparait le grand repas du lendemain [...]
> Le lendemain à midi, toute la famille repartait gueuletonner jusqu'à
> des six heures du soir. Nous, les cousins, on ne tenait pas assis plus
> d'une demi-heure. Après les œufs mimosa et les bouchées à la reine,
> on tournait autour des chaises jusqu'à ce que les invités finissent pas
> nous flanquer dehors.[4]

'Secrets gustatifs (et de silence familiaux) de premier ordre, ceux qu'on n'oublie jamais', avance encore Jacques-Rémy Girerd, avec des arrière-goûts proustiens, quant à eux, incontestables, mais l'on note aussi qu'en temps ordinaire, les repas se déroulaient sans un mot, car il n'était pas question de parler en présence du 'Pépé'; celui-ci parti, 'on se rattrapait pour tous les silences accumulés, et on riait à s'en faire mal au ventre'.[5] Les fameux 'cousins' (barthésiens) s'inscrivent donc dans cette histoire de famille (il faut lire ici un 'nous' des enfants

---

[3] B. Hillman, 'Shared Custody', in *Cascadia* (Middletown, Connecticut: Wesleyan University Press, 2001), p. 20.
[4] Jacques-Rémy Girerd, *Cœur de trèfle* (Paris: Gallimard, 2004), p. 108.
[5] Girerd, *Cœur de trèfle*, p. 107.

toujours accompagné des 'cousins'), mais il transparaît clairement que l'autorité du patriarche semblait déjà compromise depuis fort longtemps.

'À quoi sert la famille?' titre un magazine féminin à grand tirage, si 'patrimoine et gigot du dimanche ne soudent plus les familles de 2005. Aujourd'hui, on se tient chaud, on s'aime très fort, on gomme les générations et on fuit les conflits de l'existence'.[6] Serge Hefez[7] met en avant, dans la résurgence de cet idéal cocon problématique, deux facteurs, à savoir, la séparation difficile entre parents et adolescents (qui s'attardent à la maison), et les logiques affectives égalitaires dans un couple en pleine mutation (un ou deux parents quittent assez vite, quant à eux, la maison commune); l'ensemble reflétant la société qui se dirigerait toujours plus vite, à grand galop, vers le consumérisme et l'individualisme effrénés. Premier paradoxe, expliqué en partie par cette nouvelle confusion des rôles parents-grands enfants: une grande partie des jeunes (dans la tranche floue des 15-30 ans) ferait de cette 'famille' fragile (un couple sur deux se dissout avant 7 ans, le concept de la famille étant assimilé au regroupement traditionaliste[8], parents-enfants), LA grande priorité[9] – ou l'ambition prioritaire de stabilité chimérique?

Qu'est-ce qui constitue, réunit, sépare (autour de quelles tables?), déconstruit, ou recompose aujourd'hui une famille en France? En 2002, Elisabeth Roudinesco[10] explore le thème ci-dessus annoncé de la fin du patriarche, et elle dresse un tableau historique, politique et juridique, psychanalytique et socioculturel, qui indique toute la trajectoire d'un concept en mouvance, rappelant qu'il n'a d'ailleurs jamais eu un statut fixe ou constitué un idéal stable: entre l'ère de 'Dieu le père' et 'l'irruption du féminin', s'immiscent maintes

---

[6] Edith Canestrier et Aurélia Perreau, dossier 'A quoi sert la famille', *Marie-Claire*, 633 (mai 2005), pp. 105-112 (p. 105).
[7] S. Hefez, *Quand la famille s'emmêle* (Paris: Hachette, 2004).
[8] Cf. Luce Irigaray et sa remise en question de tel discours normateur, démêlant les identités individuelles et le rôle de l'enfant dans le couple 'familial' dans *Je, tu, nous* (Paris: Livre de poche, 1992), et *Entre Orient et Occident* (Paris: Grasset, 1999).
[9] Sondage de L'Observatoire de l'épargne, in Daniel Marcelli, *L'Enfant, chef de la famille: l'autorité de l'infantile* (Paris: Albin Michel, 2003), repris dans *Marie-Claire*, op. cit., p. 105. N.B.: les statistiques sont, tout au plus, un indice relatif, et ces 44% de jeunes épris de désir familial idyllique ne représentent pas aussi rigoureusement la majorité écrasante, voire, absolue que suggère Elisabeth Roudinesco.
[10] Elisabeth Roudinesco, *La Famille en désordre* (Paris: Fayard, 2002).

contradictions, comme en témoigne les effets de la révolution et du régicide de 1793: 'loin de conduire au crépuscule de la paternité, l'abolition de la monarchie donna lieu, dans la société du XIXe siècle, à une nouvelle organisation de la souveraineté patriarcale'.[11] Où en est 'la dignité perdue' de l'ancien 'patriarche de l'entreprise individuelle', cher à la bourgeoisie?

> À la famille autoritaire de jadis, à celle triomphale ou mélancolique, de naguère, succéda la famille mutilée d'aujourd'hui, faite de blessures intimes, de violences silencieuses, de souvenirs refoulés. Ayant perdu son auréole de vertu, le père, qui la dominait, donna alors une image inversée de lui-même, laissant apparaître un moi décentré, autobiographique, individualisé, dont la psychanalyse tentera d'assumer, tout au long du XXe siècle, la grande brisure.[12]

On pensera sans doute à l'œuvre de Serge Doubrovsky[13] en écho à cette 'grande brisure' mise en avant et cette 'mutilation' ou blessure familiale/filiale/individuelle, dûment soulignée dans sa multiplicité. Après la lutte masculine de certains pères, privés de leur droit de visite ou de leur paternité même ('Mon Fils ma bataille'), Daniel Roche évoque, en contrecoup à ce qu'il nomme 'la puissance paternelle émiettée', 'la seconde révolution des pères', devant partager avec les mères leur fonction de transmission identitaire et 'd'éveilleurs au monde', n'engendrant toutefois encore actuellement que 'désarroi' et 'débâcle du père (qui) redouble l'incertitude des fils'.[14]

On s'interrogera aussi sur 'la puissance des mères', libérées juridiquement d'un certain joug patriarcal (dans les lois du droit à l'avortement), mais dite aussi 'à double tranchant', si 'ce sont elles qui subissent d'abord les conséquences des ruptures qu'elles mettent en acte'.[15] Est-ce le cas, et comment mesurer, dévaluer, les blessures

---

[11] Roudinesco, *La Famille en désordre*, p. 45. Voir 'Dieu le Père', pp. 15-41, et 'L'Irruption du féminin', pp. 43-56.
[12] *La Famille en désordre*, p. 24.
[13] Serge Doubrovsky, *Le Livre brisé* (Paris: Grasset, 1989).
[14] Denis Roche, 'Conclusion', in Jean Delumeau et Daniel Roche (eds), *Histoire des pères et de la paternité* (Paris: Larousse-HER, 2000), pp. 483-495, en particulier pp. 493-495. Voir aussi Françoise Hurstel et Geneviève Delaisi de Parseval, 'Mon fils, ma bataille', pp. 399-423.
[15] Roudinesco, *La Famille en désordre*, pp. 241-242.

paternelles? 'Coparentalité, homoparentalité, monoparentalité... où va la famille?',[16] les interrogations persistent et s'affichent en gros titre.

Le constat de Roudinesco d'une famille en profond désordre, éclatée mais toujours éminemment fondatrice de communauté au cœur de la cité, une famille toutefois désarticulée et dans tous ses états, est ambivalent, mais loin d'être entièrement négatif, en dépit de son cri d'alarme (alarmant lui aussi), quant aux dangers apportés par la perte de l'ordre symbolique: voir son analyse de 'la trace singulière d'un destin (plus) difficile' pour les enfants de parents homosexuels'[17], ou sa réticence envers les familles re-conceptualisées selon les changements de 'la parentalité' (née des divorces et des recompositions diverses).

> Familles dites 'coparentales', 'recomposées', 'biparentales', 'multiparentales', 'pluriparentales' ou 'monoparentales'. [...] Cette famille-là ressemble à une tribu insolite, à un réseau asexué, fraternel, sans hiérarchie ni autorité, et dans laquelle chacun se sent autonome et fonctionnalisé.[18]

La conclusion de son analyse pourrait donc aussi paraître paradoxale, mais bien correspondre à une certaine vision psychanalytique lacanienne et à une réinscription (autoritaire) de la loi du Père. Pourquoi, en effet, d'un côté stigmatiser les enfants (et les parents) non-hétérosexuels (en revalorisant les codes hétérosexistes) ou rejeter le 'désordre', réduit à l'anarchie du symbolique des 'tribus' recomposées, et d'un autre côté, comment peut-on maintenir à tout prix que ce concept changeant et cet idéal (historiquement instable) de 'la' famille est le grand idéal contemporain absolu, la (sacro-sainte) famille ou:

> La seule valeur sûre à laquelle personne ne peut ni ne veut renoncer. Elle est aimée, rêvée et désirée par les hommes, les femmes, et les enfants de tous âges, de toutes orientations sexuelles et de toutes conditions.[19]

---

[16] Voir tout le dossier coordonné par Martine Fournier, 'Où va la famille?', *Sciences humaines*, 156 (janvier 2005), pp. 29-47.

[17] Roudinesco, *La Famille en désordre*, p. 238.

[18] *La Famille en désordre*, p. 191.

[19] *La Famille en désordre*, p. 243.

Le mot de la fin de Roudinesco est problématique, mais pourtant pas si dogmatique, si elle prescrit aussi la 'réinvention'[20] nécessaire de 'la famille'. On y ajoutera, avec insistance, la pluralité: les familles.

A l'ère des clonages, des manipulations génétiques en tous genres, la famille aurait encore un bel avenir devant elle, mais autrement, à réinventer et non pas tout tracé par le sillon des traditions ancestrales. La famille ne se porterait pas aussi mal qu'on pourrait le croire, malgré la longue tradition d'instabilité que 'la famille' a paradoxalement développé, comme l'a magistralement démontré Roudinesco. On ne peut que noter les changements des rôles féminins, masculins, et re-voir les normes d'identités hétérosexistes, contestées par les (soi-disant) problématiques 'marginalités'. Est-ce si dérangeant aujourd'hui d'appartenir à (ou d'être 'autonome', mais à l'intérieur) des 'tribus' postmodernes? La 'seule valeur' est-elle familiale? Les statistiques évoquées par Roudinesco peuvent laisser sceptique, et les réponses parfois similaires des jeunes générations[21] vont étonner. 'Ils se marièrent et eurent beaucoup d'enfants': la formule a lassé, le mythique message des contes de fées (destinés aux adultes originellement, on le sait, mais probablement pas aux jeunes mères mourant en couches) ne va pas de soi depuis fort longtemps, et le 'happy ending' n'est précisément pas la fin des mariages contemporains, ni le dernier mot de ces histoires de famille, complexes, compliquées et précisément, sans fin.

L'analyse de Roudinesco, bâtie sur un collage d'essais chronologiques sur les états/éclats psychanalytiques de la famille de tous les temps, se révèle finalement aussi optimiste que certains dialogues de pères inattendus (les chanteurs populaires auraient aussi leur mot à dire),[22] qui redessinent des dynamiques de style de vie familiale différente/alternative. Toutes les études mentionnées ci-dessus refont jouer les rôles combinatoires et complémentaires possibles à envisager entre parents séparés, ou couples homosexuels engendrant ou adoptant des enfants. La fameuse famille 'nucléaire' des années 50 a explosé depuis longtemps mais les idéaux seraient encore conservateurs? Comment éviter un retour aux pires caricatures? L'équation familiale a-t-elle jamais été réductible à:

---

[20] *La Famille en désordre* p. 244.
[21] Cf. note 9.
[22] Alain Etchegoeyn et Jean-Jacques Goldman, *Les Pères ont des enfants: dialogue entre deux pères sur l'éducation* (Paris: Seuil, 1999).

famille = père + mère (au foyer et aux fourneaux) + 2 enfants sages + poisson rouge ou chien de garde facultatifs, tous réunis autour de la table (familiale) de la cuisine, poste de télévision flambant neuf (variante de l'aquarium), allumé et crépitant, remplaçant l'âtre d'antan? Une telle image d'Épinal ne se trouverait que dans les discours de propagande réactionnaire ayant pour écho pétainiste, le fameux slogan 'Famille, honneur, patrie'. On la trouve toutefois, autrement revue et dite, dans des échafaudages narratifs lumineusement déroutants: il faut revisiter l'imaginaire à la pseudo (mais non feinte) nostalgie d'un Georges Perec, imbriquant la distance de l'amnésie aux détournements et à la réappropriation de ces 'désirs' ou fabriques d'images d'Epinal fortement épineuses et socio-culturellement codées. Dans *W ou le souvenir d'enfance*, un Perec adulte/enfant rêve, comment l'oublier – pour les lecteurs – d'une mère et d'un fils réunis par les tâches domestiques les plus banales, le fils attentionné aidant sa mère à débarrasser la table (et la mère attentionnée aux devoirs du fils, pendant invisible, dans l'ombre de ce tableau imaginaire), le soir à la veillée, la table rangée, protégée d'une toile cirée, fantasmée dans ses détails les plus infimes (la nappe n'étant pas un vichy rouge champêtre[23] mais l'équivalent imaginé ou remémoré, 'à petits carreaux bleus'[24]). Passer d'une pension à l'autre, ou 'dans une autre famille', à Villard-de-Lans, contribue aussi à bousculer les idéaux et la composition idéale des familles:

> Une fois, c'était une tante, et la fois d'après, c'était une autre tante. Ou bien une grand-mère. Un jour on rencontrait sa cousine et l'on avait presque oublié que l'on avait une cousine. [...] En fait, on était toujours un peu surpris qu'il y ait des tantes, et des cousines, et une grand-mère. Dans la vie, on s'en passait très bien, on ne voyait pas très bien à quoi ça servait, ni pourquoi c'étaient des gens plus importants que les autres; on n'aimait pas beaucoup

---

[23] Voir 'la serviette de fil blanc piquée de rouge' qui resurgit aussi comme par magie dans les scènes de repas d'un autre âge, où 'le bonheur est dans le pré' de J.-R. Girerd, *Cœur de trèfle*, p. 108.

[24] Georges Perec, *W ou le souvenir d'enfance* (Paris: Denoël, 1975): 'Moi, j'aurais aimé aider ma mère à débarrasser la table de cuisine après le dîner' est l'écho du 'on n'aimait pas beaucoup [...] les disparitions/apparitions de tantes', p. 95. Cf. la vision du 'rituel codifié' de Valérie Mréjen: 'La nappe à carreaux tient une place aussi grande que la robe de mariée dans un mariage blanc'. Valérie Mréjen, 'Le pique-nique en forêt', in Michel Mallard (ed.), *Pique-nique* (Paris: Binome, 2000), n.p.

cette manière qu'elles avaient, les tantes, d'apparaître et de disparaître à tout bout de champ.[25]

Le manque et la hantise d'une tante/mère, et des deux figures parentales absentes, contenues dans ce modèle d'enfant unique, tragique, Perec orphelin de ses deux parents, en 'enfantasque'[26] caché dans les Alpes ou double fictif, enfant condamné à survivre sur l'île de W, sont exemplaires à plus d'un titre, tels d'ultimes déclencheurs de mémoire et d'écriture. Maints critiques s'attachent à débrouiller les fils de la généalogie confuse de l'écrivain et soulignent que l'amnésie l'a conduit tout droit à l'anamnèse et au désir de réinscrire son/leur histoire(s) de famille, effacée(s) par la grande Histoire.[27]

    Les études les plus diverses dans leur approche le laissent entendre, et la littérature peut parfois le confirmer de façon éclatante: on ne cesserait donc de transposer et trafiquer non seulement avec son passé, son enfance, mais aussi avec sa (première) famille (parentale)? Faut-il toujours se fier à la psychanalyse fondatrice de nombreux schémas familiaux? Le modèle freudien du roman familial envisageait, par ailleurs, non pas d'abandonner et de renoncer définitivement, mais d'échanger des 'vrais' parents abhorrés pour de charmants substituts. Une famille de perdue, une, deux, combien de retrouvées, refondées, et redissoutes puis recherchées, dans quelle communauté et dans quel esprit? La religion suivrait-elle le même déclin que la famille, question à revoir. Notons en passant que le modèle judéo-chrétien ne correspondrait pas si bien au modèle perecquien ou même au modèle bourgeois et victorien du dix-neuvième siècle que Roudinesco déconstruit aussi: si l'on caricaturait à l'extrême, on avancerait que le père (Joseph, alias Dieu) était on ne peut plus confus (faux patriarche, substitut, absent ou double, schizophrénique?), la *mater dolorosa* douloureusement inconsolable, et le fils, (pauvre) enfant unique, a fini crucifié.[28] L'enfer de l'île de W

---

[25] N.B. l'importance de la cousine incontournable, et le cousin de *Je me souviens* (Paris: Hachette, 1978).
[26] Cf. Jacques Prévert, *Contes pour enfants pas sages* (Paris: Gallimard Jeunesse, 2002).
[27] Voir, entre autres, les études 'classiques' de David Bellos, Claude Burgelin, Michael Sheringham ou Philippe Lejeune.
[28] Voir les piques ironiques de la critique de Michèle Roberts, *Food, Sex & God: On Inspiration and Writing* (London: Virago, 1988), en particulier pp. 31-44.

est-il pire, les complexes des relations de famille lacanienne[29] moins embrouillés? Retour à la (télé) réalité du jour: les faux couples des îles[30] de la télé ont-ils, quant à eux, un avenir (familial)?

Notre société du spectacle[31] donne-t-elle des visions qui iraient à l'encontre de cette quasi foi en la famille? Rien n'est moins sûr; même si le facteur d'illusion et les fils des histoires sont ici bien plus gros ou grossiers que les approches analysées jusqu'ici. La téléréalité, 'mythologie postmoderne',[32] aurait en effet, quant à elle, d'autres échanges (fictifs et fabriqués pour l'audimat) de parents à montrer et à proposer en spectacle, en série hebdomadaire. Les versions d'émissions anglaises et américaines, importées en France: *On a échangé nos mamans* ou *Affaires de famille*[33] sur M6 dressent un curieux tableau social en guise de divertissement. Exemples de titres accrocheurs (racoleurs) d'émissions peu réjouissantes, 'Mes parents n'acceptent pas ma vie amoureuse', 'Mon enfant décide de tout', 'Frères et sœurs, jalousie et rivalités', enchaînant des poncifs pimentés de confessions anecdotiques sur la mère qui vit 'un enfer' à cause de quatre enfants turbulents, la mère 'effrayée par le look trop gothique' de sa fille, ou encore le petit Jérémy qui a décidé de 'se séparer de ses parents',[34] opposés à ses rêves de devenir danseur étoile. Qu'ajouter quand 'Supernanny', elle aussi modèle de référence sur la garde des enfants (et le redressage des parents) est l'un des programmes britanniques exportés et transposés à l'écran sur M6: 'On a échangé nos clichés', ironise Isabelle Poitte, qui critique sévèrement ces émissions très populaires, symptomatiques, selon elle, non pas d'échanges mais de véritable cloisonnage social, à la façon caricaturale de *La vie est un long fleuve tranquille*:[35]

---

[29] Jacques Lacan, 'Les complexes familiaux dans la formation de l'individu', et le 'Nom du père', in *Autres écrits*, (Paris, Seuil, 2001), p. 318.

[30] Cf. les diverses émissions du type insulaire, *L'île de la tentation*, *Survivor*, et *Lost*.

[31] Guy Debord, *La Société du spectacle* (Paris: Folio Gallimard, 1996), et *Commentaires sur la société du spectacle* (Paris: Gallimard, 1988, 1996).

[32] François Reynaert, 'La téléréalité', in 'Mythologies d'aujourd'hui', *Le Nouvel Observateur*, hors-série 55 (juillet-août 2004), pp. 28-29.

[33] *Affaires de famille*, émission présentée par Fred Courtadon avec Serge Hefez, lancée en octobre 2003; une variante renouvelle la formule en 2004 dans *Quelle famille!*, redonnant la parole aux enfants.

[34] Voir http:www.m6pub.fr/prg-emission-msix-affaires-famille.php.

[35] Cf. le tableau sociologique acerbe d'Etienne Chatiliez dans son film, *La vie est un long fleuve tranquille* (1988).

Supernanny, *Affaires de famille*, *On a échangé nos mamans*.
Faisant miroiter de spectaculaires remises en question sociales, la
téléréalité selon M6 ne vend que de grossiers lieux communs. Et
exacerbe insidieusement les inégalités.[36]

Où se cache la réalité (et quel est donc le rôle de la télévision?) dans
ces familles rejouant leur quotidien en crise dans ces pseudo-
documentaires à grand spectacle/drame garanti à tous les coups on
perd, on pleure, rien ne va plus dans les ménages désorientés, ou pour
leurs tyranniques progénitures, avant que, sourires et confessions en
conclusion impérativement souhaités et sollicités (voir *Confessions
intimes* sur TF1), l'on ne se mette à professer des mérites des
métamorphoses apportées par la scène cathodique. Du miracle
infaillible en direct, c'est ce que proposent ces programmes d'un genre
nouveau sur les familles, programmés aux heures de grande écoute
(familiale). Cette vision que sanctifie certains médias n'a pas grand-
chose à 'voir', objectera-t-on, avec la vision et revisitation de la
'(s)cène' familiale par des artistes et écrivains aussi divers que Coline
Serreau, François Ozon, Marie Ndiaye, Lorette Nobécourt, Christophe
Honoré, Annie Ernaux, Pascal Convert, Sophie Calle, Anne-Marie
Garat ou Valérie Mréjen. Excepté que – et il reste encore à le revoir et
à l'entendre – comme le dépeint si bien Marie Darrieussecq, nous ne
vivons pas dans un cocon insonore et imperméable aux bruits du
monde, notre inconscient et notre conscience du monde postmoderne
sont des échos de tous les chaos et labyrinthes des réseaux de
communication, peuplés de drôles de bribes de chansons,[37] d'éclats de
voix polyglottes télévisées, de radotage médiatique, de brisures
d'images écrans ou de souvenirs vagues, plus ou moins
marémoteurs.[38] Le parallèle évoqué n'est justement pas innocent: si le
montage-collage médiatique des pseudo-documentaires d'aujourd'hui
est larmoyant et alarmant, renvoyant à des valeurs 'familiales'

---

[36] Isabelle Poitte, 'On a échangé nos clichés', *Télérama*, 2-8 juillet 2005, pp. 64-66 (p. 64).

[37] Cf. les chansons à grand succès des années 80, de Balavoine, 'Mon fils, ma bataille' (1980) ou de J.-J. Goldman, 'Elle a fait un bébé toute seule' (1987), ce dernier ayant aussi composé le moins connu 'Famille' (1987).

[38] Cf. Marie Darrieussecq, *Le Bébé* (Paris: POL, 200) et *Le Pays* (Paris: POL, 2005). Voir Shirley Jordan, '"Un grand coup de pied dans le château de cubes": Formal Experimentation in Marie Darrieussecq's *Bref séjour chez les vivants*', *Modern Language Review*, 100.1 (January 2005), 51-67.

réactionnaires, les montages-collages textuels, visuels et sonores des auteurs que nous allons entrecroiser dans les chapitres suivants sont autrement remplis de bruits et d'humeur (avec, ou sans fureur), de sujets d'alarme, et de remise en question fondamentale de ces mêmes valeurs invoquées.

Contradiction ou évidence: la famille n'est plus ce qu'elle était, vive la famille? Le film récent de Christian Vincent, *Les Enfants* (2005), ne réunit-il pas encore, bon gré mal gré, des familles recomposées autour d'une table de fête estivale mythique au bord de la mer, mais pour mieux les séparer autour d'un téléviseur ou d'un canapé parisien devenu trop étroit? Les auteurs que nous avons sélectionnés n'apportent pas des réponses mais font (bon) vent de la rumeur des inquiétudes, des traditions ou des changements, entre autres, dans le domaine psychanalytique ou scolaire: que reste-il de l'héritage du nom-du-père, est-ce que les valeurs (scolaires/sociales) transmises aux nouvelles générations reflètent les glissements mentionnés ci-dessus quant à la cellule familiale éclatée, et comment les représentations littéraires et artistiques rejouent ou déjouent-elles ces scénarios trop connus? Les nouvelles réponses se font écho entre elles pour reformer la mosaïque socioculturelle en morceaux des familles. Ce qui ne veut pas dire que les apparents paradoxes (entre eux, ou sous forme d'auto-contradictions de certains textes ou images) ne finiront pas, dans ces analyses-là, par s'entremêler, afin de redéployer une toile de fonds socioculturelle polyphonique, en tissant la trame d'un tissu familial contemporain inédit, voire, en (sou)levant les voiles[39] des concepts et des pré-conceptions, plutôt qu'en brandissant une bannière attendue ou un bilan définitif, dans la France d'aujourd'hui, et dans le plus beau 'désordre', à l'ordre du jour des nouvelles familles.

Cette collection d'essais a pour origine le colloque *Affaires de familles : The Family in Contemporary French Culture and Theory*, co-organisé par Edward Welch et moi-même à l'université de Durham au printemps 2004, mais il n'en constitue pas les actes car les auteurs des chapitres ont remanié et développé leurs réflexions en profondeur, et d'autres essais ont aussi vu le jour après les débats fructueux qui nous ont (pré)occupés pendant les 3 jours du colloque. La pensée sur les familles contemporaines ne peut, on s'en doute, qu'être en

---

[39] Cf. Hélène Cixous et Jacques Derrida, *Voiles* (Paris: Galilée, 1998).

mouvement, et ce livre se présente ainsi comme un tremplin possible pour amener à d'autres remises en question, rebondissements ou changements de perspectives, qui nous aideraient dans toutes nos reformulations théoriques du 'familial' dans les arts et sciences sociales. Que l'ambassade de France à Londres, The British Academy et The School of Modern Languages and Cultures de l'université de Durham soient vivement remerciées de leur soutien, ainsi que tous les intervenants et participants au colloque *Affaires de familles*, pour les débats qui ont animé le partage intellectuel auquel ils avaient été conviés (autour de nos tables plus ou moins rondes). Ce livre est dédié à la générosité de toutes leurs contributions.

I. Les Femmes d'abord

The Law of Sacrifice:
Race and the Family in Marie Ndiaye's
En famille and *Papa doit manger*

Michael Sheringham

The premiere of Marie Ndiaye's *Papa doit manger*, at the Comédie-Française on 22 February 2003, was a major event for several reasons: the author's youth (she was thirty-three); the fact that this was only her second play – following the success of her first, *Hilda* (also originally written for radio), at the Théâtre de l'Atelier the year before; that she was previously known as a precocious and prolific novelist; that she is half Senegalese, and black, although raised in the suburb of Pithiviers; and that the play had a black man as its central protagonist – brilliantly played by the Malian actor Bakary Sangaré (who can be glimpsed in Claire Denis's notorious film *Trouble Every Day* (2001)). Also remarkable, for those who were already admirers of Ndiaye, was the way the play echoed some of her earlier fictional writing and most notably the novel *En famille* (1990). If in that book Ndiaye had demonstrated a remarkable ability to exploit the European novel's complicity with the matter of the family, here she showed an equal ability to engage with the even longer tradition in which theatre provides a context for the exploration of family matters.

When T.S. Eliot in *The Family Reunion*, or Eugene O'Neill in *Mourning becomes Electra*, brought the world of the Greek tragedians into the modern bourgeois world they drew on ways in which filiality and filiation, sisterhood and brotherhood, family vengeance and family plots, the laws of blood and inheritance, the experience of banishment and return, and many other familial themes, had continued to resonate in theatrical history, across successive revolutions of taste and style. One could easily show that 'affaires de famille' are as central in Beckett (*Fin de partie*) or Ionesco (*Jacques ou la*

soumission) as they are in Ibsen and Chekhov, even if the conceptions
of character and theatrical practice are radically different.

   Papa doit manger begins, archetypally, with the return of the
father, the homecoming of a trickster figure or maverick. Papa – an
African in an ill-fitting suit – has been away for ten years, having
abandoned his blonde wife soon after the birth of their second
daughter, Ami, in the Parisian suburb of Courbevoie. Maman had
been forced to give up her studies as a hairdresser, and has remained a
simple 'shampouineuse' at the Boucle d'or, rather than having her
own hairdressing salon as she had dreamed. We learn that she now
lives with Zelner, a dull teacher of French at the local lycée. On
Papa's return, his first interlocutors are his daughters: Mina the elder
who, along with Anna – Papa's mistress, is one of the play's
raisonneuses; and Ami, who never opens her mouth, and will come to
incarnate, like Antigone, a refusal to be bought or seduced, and a
rejection of the absolute authority of the father (we discover later that
she becomes a drug addict). In the course of the play, everyone except
Ami will acknowledge black daddy's invincible charms. No-one
really believes his cock and bull story of having made his fortune in
'le business', of just needing a little dosh to deal with a cash-flow
problem. Yet his wife will give him the money, Mina will look after
him for twenty years, and, after Zelner's death, his wife will take the
shabby old man back again. After all: *Papa doit manger.*

   What is the source of Papa's dominion? How can the father be
both abject and radiant? The play's first answer or level is located in
the field of race. The paradoxical source of the father's authority is his
blackness, an alterity constructed fantasmatically by European society
(his wife, Maman, is of course white). But how exactly does blackness
produce effects, and what precisely are they? Let us consider the
ingredients of Papa's blackness – the fantasmatic sources of his
power. What I called his radiance – reflected in the fact that he is
always the same, impervious to change – derives from the stereotypes
he fits so well. His 'star quality' – which works very well in a
theatrical context – fits in with narratives of success that are part of
the poor white social imaginary. The transformation of Ahmed into
Aimé – international businessman – is the story his family are only too
willing to swallow (even though they don't really believe it). His wife
clearly realises that far from making a financial killing he has been
killing time, living just the other side of Courbevoie with another

white mistress, Anna. Aimé encompasses the collective desire for deliverance from 'cette infinie médiocrité de banlieue'.[1] Mythically and fantasmatically, Papa is an absolute, and the unconditional love his wife and elder daughter bear for him reflects this, although the point I want to underline is that ultimately the source of his absolute radiance comes to reside, beyond his blackness, in the fact of paternity itself, and in the familial bond – also symbolic – of which it is a part. Ndiaye, I will be arguing throughout this article, is as much, indeed more, a writer of the family as a writer of race.

It is the essence of symbolic power that it should be in the eye of the beholder, and that it can in fact be based on nothing. This is recognised at various points in the play: Zelner says to Papa: 'Ce que vous êtes n'existe pas' (PDM 27). Zelner, the pedantic teacher, corrects everyone's grammar; moreover, in explicit parallel with his linguistic fastidiousness (identified with atavistic Frenchness), he comments on his normative sexual relations with Maman (PDM 36). If for the family he thus incarnates 'le côté de la vérité' (PDM 30), the 'côté de Papa', according to Mina, tends to bear out a very different lesson. As Papa himself says: 'je dominerais en n'ayant rien' (PDM 32). His way of avoiding the relativity of abjection has been to underline 'la couleur radicale de ma peau [qui] implique que je ne sois bon que pour les courbettes' (PDM 45). Here we are of course in Frantz Fanon territory, in the land of black skins that bear the white masks projected onto them. Anna observes: 'Il n'est jamais ce qu'on a pensé qu'il était, ce qui fait, voyez-vous, qu'il n'est pas véritablement là' (PDM 69). Papa's is a magic that works best on those who are most antithetical to him, the petit bourgeois provincial members of his wife's family, Aunt José and Aunt Clémence for example, who recall that, on the day of Papa's marriage ostensible repulsion disguised secret sexual attraction to their sister's black beau: 'ce nègre nous obsédait' (PDM 74). In scene IX we hear the voices of Maman's prurient friends and neighbours outside her apartment, clamouring to see her husband: 'Nous nous sommes tous demandé ici quelle sorte de maris font ces étrangers' (PDM 78).

In Zelner too, antipathy – 'je lui balancerais mon poing dans la figure' – is combined with awe and envy: 'Oh, je voudrais être lui,

---

[1] *Papa doit manger* (Paris: Minuit, 2003), p. 23. All other references are given in the text, following the abbreviation PDM.

ce sale type' (PDM 67). It is obvious that Papa is in truth a rather
pathetic figure. He brags of having come to France to avenge himself
against colonialism – in marrying a white woman he took on 'La
France entière' (PDM 34, 62) – but this conquest has degenerated into
domestic tyranny and unreliability, and then into the exploitation of
other women. Yet Maman is clear-sighted – she knows Ahmed for
what he is but she cannot share her family's hypocritical rejection of
him. After all, when he left her, *they* refused to bail her out with the
hairdressing course. What Maman does is call Papa's bluff. She goes
along with his plot to cheat her out of her money, accepting his
hospitality at the Nikko hotel, and giving him all her savings. But she
then stabs him in the face, defacing his black radiance – his
fantasmatic power – by a gesture that is specifically marked as
belonging to the world of the 'fait divers' and the TV series – the
world of images and masks. Tante Clémence attributes Maman's
attack to the fact that '[elle] aime trop la télé et les romans, alors elle a
cru qu'en attrapant un couteau de cuisine et en visant le coeur du
nègre elle lui ferait son compte, comme dans les histoires' (PDM 71).

I want to suggest that the dynamic of racial difference, the
social pathology of miscegenation, and the imaginary arena in which
alterity is endlessly played out, are subsumed by Ndiaye into a wider
framework, where it is the family structure that produces effects of
power, violence, domination, subservience, surrender, and mirroring.
Scene X of the play provides a second 'coup de théâtre'. Twenty years
have gone by since the disfiguring of Papa, and Maman's consequent
return to the countryside in penury. A long monologue by Mina,
addressed to an absent tribunal, reveals that Papa – now a decrepit old
man, still bearing scars on his face – is currently living with Mina and
her husband, and makes a weekly visit on Sundays to Maman, his ex-
wife, and Zelner. Mina appeals to secular authority or law – in the
shape of the local social services – to deliver her of this burden
imposed by someone who has never done anything for her. Like
Zelner she sees that Papa is an 'être insignifiant' (PDM 85), and she
and her husband – 'petits fonctionnaires' – would like to dump him in
an old people's home, where he can play out with other people, not
them, his fantasies of the killing he would make if he had 3000 euro
(PDM 88) (Ndiaye's must have been the first play in the history of the
Comédie-Française to feature the new currency!).

Yet if Papa's 'splendeur légèrement hautaine' (PDM 91) abandoned him years ago, so that he is now a 'carcasse vieillissante', a different law seems to prevent Mina from kicking him out. 'Pouvons-nous lutter contre la loi? Nous sommes-nous demandé. Et nous nous sommes dit: Pas d'autre remède à notre colère que celui de démontrer que la loi est malfaisante s'appliquant à notre cas' (PDM 83). And further on she notes: 'Je suis en colère, mais faible aussi. Les yeux de mon père sont les miens et son front haut et l'implantation de ses dents un peu jaunes, comme les miennes' (PDM 87). Family will out, but Ndiaye makes it clear, I think, that this is not a case of blood being thicker than water. The knot that still seems to tie Mina to her father, the family knot, is a compound that includes 'notre irresolution […] notre gêne et […] notre honte' (PDM 89) – factors that are social and symbolic rather than genetic. And this is tied to the fact that Papa's kaleidoscopic aspects, his constant distance from himself – he is 'tout constitué de mensonge et de tromperie' Maman tells him (PDM 93) – is as much the expression of his status as father as of his hybrid status as Ahmed or Aimé. In the last scene of *Papa doit manger* – which can be viewed optimistically, even sentimentally, although it packs an ironic punch – Zelner has died and the wife – or mother – takes Papa back, confessing that: 'j'ai toujours eu pour toi […] un amour inexplicable.' As Papa observes, 'Je n'ai plus d'éclat, mais il me semble chaque jour que mon empire est intact' (PDM 94).

Let us turn now to *En Famille*, Ndiaye's fourth novel and her first major success, published in 1991. Here she explores the mechanisms of inclusion and exclusion that underpin the notion of being 'en famille'. What does membership of a family imply or entail? What does it mean to be part of a family? Indeed, does a family have parts or is it not, rather, a mysterious and fundamentally amorphous organism – essentially invertebrate despite the idea of family structure? In *En famille*, the sway or potency of the familial does not spring from hierarchy or vertical transmission so much as from lateral extension: cousins, uncles, and aunts are more important than mothers and fathers, and women are more important than men. As later in *Papa doit manger*, the question of race, or racial mixture, is vital to *En famille*, yet once again it is possible to argue that it is subsumed into a more general perception of how the social body – and specifically the family – expels difference by constituting itself as an impenetrable, glutinous mass, a solid phalanx held together by inert and

unquestioned rituals and proclivities. *En Famille* is written in the style
of a fable that 'mixes Kafka and Cinderella' (to cite an early review in
Le Figaro, by the novelist Patrick Grainville, quoted on the back
cover); entirely fantasmatic – because it pertains to deep human
fantasies about belonging – *En famille* is also strangely hyper-real.

Brought up by her distracted mother in a dreary suburb of 'la
capitale' (cf. the Courbevoie of *Papa doit manger*), a young girl, now
eighteen, decides independently to contact the maternal family with
which she has had only intermittent relations through her childhood
and adolescence. When she arrives in the family village she has
trouble getting past the 'chiens méchants' that guard their 'pavillon',
and is even more surprised to discover that a family birthday in
honour of her beloved 'aïeule' – the term used throughout for the
grand-mother – is in full swing. From this point on the girl will
attempt to gain acceptance by her family, and put right what she
thinks is the simple error of her rejection. But all the way through it
will be apparent that the more she tries to press her claim to belong,
the more she will find herself repudiated. However close she appears
to come, she is always really just as far away. Asymptotically, her
path never joins that of the family, as if the girl and 'her' family
somehow existed in different dimensions. The girl can never quite
fathom the fault she may have committed, but acknowledges a
profound sense of shame ('honte' is a key word) and realises that this
is connected to what she intuits and euphemises as the blameworthy
negligence of her now separated parents. What she desire is re-birth,
and at the party in the opening scene, she readily accepts the new
name, Fanny, that Tante Colette foists on her. The typical name of a
fictional heroine – in the romantic novels that play a key role in *En
Famille* – 'Fanny' is a welcome substitute for the unpronounceable,
three-syllable Arabic name that the family seems to have forgotten.
We never learn the 'prénom' – 'Fatima' perhaps – that Fanny agrees
to forget, although references to it crop up regularly, as when Fanny
goes to work in a fast-food restaurant in the banlieue and is surprised
to find many young girls bearing her old forename.

Part of the power of *En Famille* stems from the way the
obvious fact that Fanny's father is black is never explicitly mentioned,
is always euphemised or skirted around. The narrative voice shifts
from chapter to chapter, but all the narrators – the prevailing *style
indirect*, Tante Colette, Fanny herself in one section – obey a law of

painful periphrasis and selective blindness that translate both the family's censure and Fanny's endless desire to appease it. But what is tragic in Ndiaye's novel is that Fanny's complicity with exclusion (her willingness to be renamed being only one earnest of her desire to be accepted on any terms) never eradicates her taint. The fact that, for a while, the family tolerate her as 'Fanny' does not mean that they accept her. The motif of the stain – initially that of a drop of wine on a cousin's white trousers – consistently symbolises what I referred to earlier as the social pathology of miscegenation.

Fanny gets it into her head that all will be well if she can track down her aunt Léda, one of her mother's three sisters, who is absent from all the family photographs, including one taken at Fanny's christening, and seems to have disappeared. As Marthe Robert showed so convincingly, drawing some of her inspiration from Kafka – a powerful presence in Ndiaye's writing – the Freudian family romance is a key force, driving the plot of Western fiction.[2] For Fanny, restoring Léda to the family will bring Fanny herself back in too, and the family will be whole, or rather its inherent wholeness will expand to include her. In one scene Fanny's workmates are said to tease her about her 'invention d'une si extravagante ascendance'.[3]

The first half of the novel recounts Fanny's fruitless pilgrimage round the dismal, interchangeable, rain-sodden villages of northern rural France, each with ugly church, identical houses, 'abri bus', and route nationale along which huge lorries traverse monotonous fields of maize and beetroot. In a very Dickensian scene (EF 54) Fanny stays at an inn and shares a room with ten urchins – a nostalgic, fictive image of the family. There she talks to the landlady, who thinks she remembers a Léda, rapturously recalling her huge body with vast breasts and 'chair inconcevable'. This reminds Fanny of 'la vaste chair de Tante Colette' (EF 63) and feeds into a recurrent fantasy of the family as bountiful and boundless maternal body. Fanny gets taken on as cook, then cashier, at another run-down country inn, the Coq Hardi, where sharing a room with the slovenly Lucette engenders a fantasy of family as sisterhood.

But one of the novel's brilliant conceits is that Fanny also makes visits to 'le village du père' which, although accessible by a

[2] Marthe Robert, *Roman des origines, origines du roman* (Paris: Gallimard, 1977).
[3] *En famille* (Paris: Minuit, 1991), p. 139. All other references will be given in the text, following the abbreviation EF.

bus-ride that is only slightly longer than usual, is hot, dry, sunny, and
has red sand, and inhabitants who talk a foreign language that Fanny
feels she once used to understand but has now forgotten. Her father
has a servant in elaborate livery and himself wears flowing robes. But
he finds it hard to keep his eyes off the football on the television as
Fanny tries to interest him in the quest for Léda, and to 'faire valoir
ses droits' (EF 37). Scenes with the father will recur throughout the
novel and Fanny can never understand why her mother's family seem
to treat 'le père' quite amicably, despite his desertion, happily
accepting, for instance, the lavish gifts he brings for a nephew's
wedding, whilst they strongly repudiate Fanny herself. Yet Fanny's
desire to resemble her maternal family goes with an absence of
connection to her father, so that when a young girl who is obviously of
African descent replaces Lucette at the Coq Hardi Fanny is amazed
that she is proud to come from the alien land of 'le père'.

      If Fanny views her father in the same caricatural way that her
mother's family regard him – so that she really is *like them* in that
respect – she sees her mother as someone flighty and unreliable
(always on the move with her 'valise écossaise'), who somehow
inadvertently offended her family through her marriage. Throughout
the novel we see signs of Fanny's mother's desire to avoid contact
with her daughter, and towards the end we learn that the reason Léda
is absent is that she forced Fanny's mother not to cave in to family
pressure to abandon her marriage to the African. Léda had said that if
her sister didn't go through with it she would marry him herself. Like
the silent Ami in *Papa doit manger*, the absent Léda seems to
represent an enduring if powerless lucidity as to the realities that
underlie social, familial and racial ideologies. Clearly then, trying to
restore Léda to the family was always a deluded enterprise on Fanny's
part. And like that other dogged and deluded Norman heroine, Emma
Bovary, Fanny's delusions spring in large measure from the rich
fantasies generated by the novels and magazines she reads voraciously
whenever she can find a refuge, a 'niche' where provisionally she
feels secure (or falsely secure in the – erroneous – belief that she is on
the right track to attain her objectives). Ironically, in the novel's last
chapter, Fanny's mother reproaches her sister, Tante Colette, for
having allowed, indeed encouraged, her to become so addicted to 'ces
petits romans à huit francs, au titre encadré d'une guirlande de roses',
sporting titles such as 'Dans la jungle de l'amour, Un fiancé pour

Bernice' (EF 307) that her life had been ruined (since it led to her
exogamy). The family should have warned her that 'ces dangeureux
petits recueils' would inevitably lead her 'à considèrer le monde à
travers un filtre idéalisant' (EF 308). Had they done so, she might not
– one day when she had just been replenishing her stocks of romantic
reading at the railway station kiosk! – have fallen for the swarthy
stranger 'si lumineusement singulier, tellement incomparable, par son
étrangeté plein d'allure' (EF 309). In Fanny's case, inheriting this trait
from her mother inspires the romantic mission to recognise
'l'imperfection de sa naissance' and to seek 'à se faire pardonner et à
racheter par son humilité déférente la négligence de ses parents' (EF
108), yet she is blind to the fact that – in the eyes of the family – the
real negligence of Fanny's parents was the act of procreation that
brought Fanny into existence in the first place.

   En famille pivots on a chapter, improbably set in a rowing
boat on a lake (the chapter contains numerous parodic allusions to the
conventional spaces, modes of address, and familial preoccupations of
nineteenth-century fiction) where Tante Colette voices the family's
grievances at Fanny's meddling, and informs her that she is to be
ostracised. Basically, she lets Fanny know, the family are happy with
her as long as she acknowledges her difference from them; but the
more she claims to be one of them, the more they will reject her. The
diabolical core of this double bind is that for Tante Colette it is Fanny
who has progressively forced the family to see her as different and
singular. In trying to be the same, Fanny has turned a tolerable
difference into an intolerable one. Here, and throughout the novel,
references to photographs play a key role. As the metonymic
embodiment of the family structure itself, the family photograph, or
photographs of family members passed around or exhibited within its
magic circle, become talismans of the core from which non-members
are excluded. The photograph, as a concrete document, helps to
constitute the family negatively as a ring defined by what it excludes
rather than what it contains. Fanny stands accused by the family of
having tried, in the few snapshots where she appears, to adopt poses
that play down her 'anomalous' looks – 'l'éclat de sa particularité,
l'originalité de ses traits' (EF 153).

   Yet what is most disturbing or unsettling, but of key
importance, is that however much we may see the logic of Tante
Colette's argument, and share her view that Fanny brings the family's

opprobrium on herself, partly by her own low self-esteem – occasioned by the very stain she would like to eradicate – we are also made to see that, in reality, what Fanny does makes no difference: the family, like the law that regulates the world of Kakfa's Castle, will always find a way of making Fanny's exclusion her own fault. The question of belonging or not belonging is not really negotiable on any of the terms that are on offer. For Tante Colette, Fanny's flaw is that she is 'rien de dicible' (EF 155). And this is where, as later in *Papa doit manger*, the question of racial exclusion is subsumed into, or at least put into significant relationship with, the question of the family, and with the mechanisms of its predominance as a determinant of human relations.

Fanny's way of defying ostracism is to abase herself still further, to choose the path of abjection. She goes back to the village, and creeps into the house of the 'aïeule', who has in the meantime died. Her cousin Eugène now lives in the house, but Fanny hides in a dirty cupboard under the stairs, another 'niche', reading a romantic novel called *Les Amants sans patrie*, and surviving on scraps fed to her by her mother, who happens to be staying, and seems to know that Fanny is there. From this vantage-point Fanny witnesses the preparations for Eugène's wedding (she had wanted to marry him herself) – including the arrival of her father's gift – and on the wedding day she darts out of her hiding-place only to be savagely torn to pieces by Eugène's dog (the male family's obsession with dogs is used to bring out an underlying animality in both Eugène and his wife, as well as other characters – an animality that seems, in Ndiaye's universe, to characterise the anthropology of the family in general). This event – Fanny's reduction to mere prey – will be referred to as her 'première mort', because some time later Tante Colette finds Fanny out in the woods, having undergone a version of the rebirth she so desired. Now, Michael Jackson-like, Fanny bears a 'visage modifié', and she is delighted with 'la perfection de ma métamorphose' (EF 216).

Yet if, at this point, there is still a third of the novel to run, the many further twists and reversals will all serve to underline one basic point: that Fanny's transmogrification makes no difference; on the contrary, it worsens her relations with the family she so desires to be part of. To her utter dismay, Fanny comes to realise that her family and neighbours in the village do not see her as someone who has changed (for the better) but as a stranger with whom they have (and want) no connection. 'Comment eût-on voulu garder la mémoire de quelqu'un qu'on avait expulsé de soi tel un corps mauvais?' Fanny asks herself (EF 223) – always only too ready to see things from the perspective she would like to be hers (the family's) but which in fact excludes her. If the sacrifice of Fanny is essential to the homogeneity of the social body – family and village – as it symbolically expunges its own darkness (or the threat of a darkness that would contaminate it were it not warded off), the return of a 'different' Fanny cannot be seen to have any bearing on the issue. Fanny is always different; in fact, for the family, she is difference itself – the difference from 'others' that defines it as a family in the first place.

The fault is partly Fanny's – or at least we can see where she does things that don't exactly help her cause; and this allows Ndiaye to illuminate significant patterns of social behaviour. For example, Fanny decides opportunistically to carry out Tante Colette's instruction that she should give up thoughts of Eugène and take up again with her black teenage boyfriend, Georges, from the urban estate where she had lived with her mother. But dragging Georges out of his 'cité', to the chagrin of his mother, and exposing him to the racial abuse he receives in the village supermarket where Fanny gets him a job, is not fair to Georges, especially since Fanny's true objective is to be able to revel in her new, white, countenance, and to contrast herself with her dusky consort. Through her machinations Georges becomes *Fanny's* sacrificial victim, and before long he makes his escape.

There is also much irony in the fact that Fanny's cult of 'la famille', and her naïve belief that an obstacle to her participating in family life has been removed by her 'whitening', occurs at a point where the breakdown of rural communities, marked by the arrival of vast hypermarkets and the dominance of television (both treated brilliantly in *En famille*), have attenuated the manifest signs of family life to a minimum. This has not however entirely abolished – indeed it has made more devious and invisible – the atavistic and primarily defensive bonds that still hold the family together. Fanny is horrified at the lack of family feeling after the 'aïeule's' death, and when she herself organises an anniversary party, it is only the freeloaders who show up (EF 231). Fanny is also puzzled at her father's reaction when she pays him a visit to show off her new face. Again, she feels she is obeying a family injunction - in this case her father's having encouraged her to be as like Tante Colette as possible, and to conform to the image of 'ces contrées dominantes et attractives d'où le père n'était pas issu, où on le méprisait à priori' (EF 144). And by a further irony the father – like Fanny herself – chooses to interpret literally his wife's assertion that Fanny in her new guise is no longer her father's daughter. But in his case this is in order to license the sexual desire he feels for Fanny, now that she is racially other. He takes her out for an ice cream, and offers to throw out the woman he is currently living with and to give the place to Fanny.

> Ainsi, qu'il importait moins au père d'avoir une fille qu'une compagne conforme à ses désirs de parvenu, Fanny le découvrait avec dégoût, tout en ne niant pas que, sous ce désintérêt pour le lien de sang, se dissimulait également, comme elle l'avait perçu, que le père ne parvenait à trouver naturel d'avoir pour enfant une fille aussi profondément différente, et infiniment supérieure selon sa mortifiante mesure des valeurs. (EF 252)

Before her final horrific avatar as a shapeless, abject form that Tante Colette finds on her doorstep and deposits in an out-house, Fanny realises that her mistake, like that of K in *The Castle*, was not to have remained satisfied with her 'statut incertain' (EF 275). She had erroneously taken at face value the legalistic hurdles the family set up as ostensible pathways to acceptance as a family member, unable to see – how could she, she's not a member? – that there are really no criteria for membership, apart from the simple fact of licit, socially sanctioned, birth.

En famille constantly plays on the flagrant opposition between Fanny's dreams of belonging – her visions of the family based on images derived from popular sentiment and its fictional aids – and the grotesque reality of adultery, greed, stupidity and cruelty exhibited by her aunts, uncles and cousins. This cruelty is finally laid bare to Fanny by proxy, through the way they treat her alter ego, a poor waif who acts as a go-between in Fanny's negotiations with Tante Colette, and whose maltreatment is not based on race but on casual inhumanity and contempt for the underdog. As she notices increasingly horrendous wounds and other evidence of the family's casual violence towards her alter ego, Fanny comes to realise how she has been victimised and sacrificed. 'Plus elle avait tenté de se s'approcher et plus fortement elle l'avait voulu, plus elle s'était retrouvée projetée bien en deçà de la simple bienveillance' (EF 275). Subtly and indirectly, Ndiaye's narrative does suggest that Fanny comes to repudiate the family that repudiates her. In a scene whose discourse is redolent of the passage in *The Trial* where Joseph K stands 'Before the Law' and listens to the priest's sermon, Fanny hears the reproachful voice of her 'aïeule' deliver some home truths, the burden of which is that her obsession with the family had been counter-productive and ultimately inhuman. Very pertinently, the aïeule asks Fanny: 'Pourquoi voulant pénétrer la famille, as-tu laissé périr en toi le sentiment de la communauté?' What about 'l'âme de la famille'? Yet Fanny recalls how the aïeule had herself once tried to deny *her* links with Fanny. And the very terms in which the aïeule affirmed the spirit of the family posited it as something with powerful quasi-religious trappings: 'les cousins agissent en sorte que la famille perdure conformément à quelques règles simples'. Fanny has been too self-obsessed, and heartless: 'Est-ce ainsi qu'il faut vénérer la famille? Mais, elle n'a jamais attendu de toi que des comportements ordinaires'. The idea of the family as an 'institution sacrée' that needs to be 'venerated' sits uneasily with the idea of 'comportements ordinaires' that are supposed to be innate and that no-one can quite define except by default. The aïeule reproaches Fanny for resorting to any 'bassesse', any 'mutilation', in order to be accepted, but she lets the cat out of the bag when she says that what Fanny fails to recognise is that the villagers would do anything to reject her, so strong, so hearltfelt, is their 'exécration de toute forme d'étrangeté' (EF 293).

Giving up the attempt to get the hang of all this, Fanny chooses a more total abjection and otherness. Reverting to her original name (which the elegant French prose still denies to the reader), she appears to become a village prostitute. Feeling that, at last, she has found a function in the village she turns down a proposal from Eugène – no doubt sparked by her new sexualisation. Fanny now wants to live out her status as 'exclue de la famille' and thus 'se couler par notre région' (EF 293) in her own way. Though Eugène reframes his offer, stipulating that Fanny should go back to her old appearance, Fanny wavers, but decides she has no more appetite for metamorphosis. There are hints that Eugène's change of heart was influenced by TV soap operas (EF 304) where multiculturalism is 'à la mode', and this also influences Tante Colette's decision, in the novel's sardonic last scene, to go and see Fanny's father and ask him to find an opening for Eugène. It is now alright, it seems, both to fancy 'foreign' girls and to let 'foreigners' give the family a helping hand.

If in *En famille* and *Papa doit manger* Marie Ndiaye explores questions of racial prejudice through the prism of the family, she also – and even more tellingly – explores the family through the lens of racial kinship and difference. As an imaginary community, the family, like the nation, is an ideological construct based on a false and divisive dream of homogeneity. In *En famille*, Ndiaye explores unsparingly the constituents of the family myth – its basis in secrets, rituals, entropies and defences; and the perpetuation of its virulence through social, economic, and cultural change. Imbricating this with the question of race, through a protagonist whose veneration for the family is itself a symptom of her exclusion, Ndiaye opens a dossier that she went on to develop in later works, including *Papa doit manger*, and a subsequent play, *Les Serpents*.

At first glance, it is true, *Papa doit manger* might seem diametrically opposed to *En famille*. After all, rather than exclusion the character marked by racial difference enjoys a seemingly sovereign status. Yet as I have sought to argue, in her play Ndiaye makes the fact of paternity, and the family structure of which paternity is a bastion, a potent source of charismatic authority. Maleness and paternity conspire to make Papa's blackness a well-spring of augmented power and impregnability, in the face of which the rest of the family, apart from silent Ami, accept to make infinite sacrifices (and of course Ami the drug addict sacrifices herself in another way, which makes her just as much a victim of the structure Papa holds in place).

One could profitably examine the logic of sacrifice in Ndiaye's work in Girardian terms. For René Girard, sacrifice and victimhood spring from mimetic desire, from wanting what the other wants, and identifying (finding identity) in that convergent act of identification and social bonding.[4] The scapegoat, who is the inevitable product of the workings of human desire in its social context, is excluded so that the solidarity of the 'pack' can be established and consolidated. A bond based on mimetic desire,

---

[4] See in particular René Girard, *La Violence et le sacré* (Paris: Grasset, 1972) and *Le Bouc émissaire* (Paris: Grasset, 1982).

wanting the same as the other wants, deriving one's identity via pathways of mediated desire, determines the creation of a boundary beyond which lies that which is seen as other. The logic and the law of sacrifice are inscribed on the social body just as, in Kafka's Penal Colony, the letter of the law is inscribed on the victim's body. In *En famille*, Fanny (or Fatima) is endlessly sacrificed in order that the family – however abject – may be kept whole. Yet Fanny's complicity (marked by her acceptance of this very name) makes the sacrificial victim an exponent of masochistic self-sacrifice. And Fanny's way of victimising herself is in the end not so different from the ways in which Papa's family ultimately accept to be his sacrificial victims. In both cases it is the sacrificed parties – Maman, Mina, and co., in *Papa doit manger*, and Fanny in *En famille* – who live through the metamorphoses and contortions that attend those who question the law that governs them; while those who incarnate and so, willy-nilly, uphold the law – Papa in *Papa doit manger*, Fanny's endless aunts and cousins in *En famille* – remain strangely immune from change, eternally themselves in the teeth of otherness.

Figuring Out the Family:
Family as Everyday Practice in Contemporary French Women's Writing

Shirley-Ann Jordan

Tous les matins la même histoire: reconstituer la famille[1]

This chapter analyses contemporary instances of the fertile relationship between narrative fiction and family. Its premise is that fiction is a primary site for 'figuring out' the family: for interrogating its structures and ideologies at given historical junctures; for exploring family relationships and the place of the individual within them; and for developing productive figures or tropes which re-imagine family in distinctive ways. My chosen writers, Marie Darrieussecq, Lorette Nobécourt and Marie Ndiaye, may all be described as writers of the family. I discuss several of their texts[2] and I bring the writers together for three reasons. Firstly, because each is forensically and persistently attentive to the fine-grained work of family construction and maintenance, which suggests that a new tendency and focus in family writing has emerged in recent years – a focus on family as everyday practice; secondly, because they share an obsession with the disintegration of the social fabric of family; thirdly, because I contend that their textual attentiveness to family has a peculiarly feminine – even maternal – intensity.

Family disorder and family practice
Dominique Viart and Christian Michel, major commentators on the French novel of the 1990s, link recent developments in the genre to

---

[1] Marie Darrieussecq, *Bref séjour chez les vivants* (Paris: POL, 2001), p. 15.

[2] Darrieussecq, *Bref séjour chez les vivants*; Lorette Nobécourt, *Nous* (Paris: Pauvert, 2002); Marie Ndiaye, *En famille* (Paris: Minuit, 1991), *Rosie Carpe* (Paris: Minuit, 2001) and *Autoportrait en vert* (Paris: Mercure de France, 2005)

changing perceptions of the family – notably to what Elisabeth Roudinesco has called its 'désordre.'[3] Viart's positioning of family at the origin of the need to write, his evocation of parents who are conspicuously absent or excessively present and his related notion of 'défiguration' or formal and linguistic disruption are all relevant to my chosen writers.[4] Michel, speaking in particular of the 'new generation' of novelists, remarks that 'le roman contemporain jouerait la carte du *domus* contre celle de la *polis* ou du *cosmos*' and detects a 'repli sur l'intime' in which the family has a central place.[5] Critically, he observes that family has become 'un lieu instable qui menace de s'effondrer sur lui-même, ou de voler en éclats, sous le coup de révélations inouïes' and the texts discussed in this chapter exemplify his suggestion that 'le milieu familial, loin d'être simple cadre de l'action, devient lui-même l'objet de toutes les interrogations'.[6] Each demonstrates to excess an anxiety about family structure which shows family on the cusp of dislocation and conveys a sense of its fragility. In each stories *about* family have conspicuously given way to the interrogation of key aspects of family practice.

The idea of practice reminds us that in order to understand family it may be less productive to think of it as something that 'is', than as something that 'gets done', as the lead quotation from Darrieussecq suggests. On the one hand, as sociologist Remi Lenoir points out in his recent *Généalogie de la morale familiale*, family is so naturalised and taken for granted that it is a principal cognitive model: we think with it.[7] On the other hand, family is by no means a given but requires that we put it to daily use. It is a site of ceaseless construction and reinvention, necessitating the active participation of

---

[3] See Elisabeth Roudinesco, *La Famille en désordre* (Paris: Fayard, 2002).

[4] 'Le besoin d'écrire se lie à une interrogation de l'origine et de la *filiation*. Absence sans recours ou présence excessive, les figures paternelles et maternelles se dérobent au récit et impriment à la langue même une défiguration telle que l'écriture s'en trouve perturbée, et perturbante.' See 'Filiations littéraires', in Jan Baetens and Dominique Viart (eds), *Écritures contemporaines 2: États du roman contemporain* (Paris: Lettres Modernes Minard, 1999), pp. 115-39 (p. 116).

[5] Christian Michel, '"Le réel dort aussi": un panorama du jeune roman français', *Esprit* 225 (October 1996), pp.43-67 (p. 14).

[6] Ibid., p. 15.

[7] 'L'idée même de constituer la famille comme un objet de pensée est comme impensable puisque déjà pensé depuis la nuit des temps.' *Généalogie de la morale familiale* (Paris: Seuil, 2003), p. 26.

its members to ensure its perpetuation. It is held together by a number of interactive processes of communication, recording, remembering, collection, narration and representation. Family photography in particular has given rise since Barthes' *La Chambre claire* to a rich vein of theoretical and creative work on the family on which I draw to discuss representations of family disorder in my chosen writers.[8] Allusions to home movies, photographic descriptions (or 'imagetexts'[9]) and literal photographs all play a role in their writing.

Béatrix Le Wita's *Ni vue ni connue*, an ethnographic study of family as everyday practice in a French bourgeois milieu, emphasises as its title suggests the concealed nature of family maintenance work as well as the legendary 'discretion' of the bourgeoisie.[10] Her study records the manifestations and intricate rules of family maintenance mechanisms, from the arrangement of home space as family space, with its heirlooms, photographs and portraits to the production and circulation of albums, journals, chronicles, anecdotes and jokes. In particular, knowledge of genealogy and an ability to recognise and re-narrate transmitted tales about the idiosyncracies of kin deceased and living are key 'daily' skills and confirmations of belonging and Le Wita speaks of 'une façon de parler famille'.[11] Such devices for ensuring family order and cohesiveness are inflected in particular ways within the bourgeois family where they appear especially scrupulous, methodical and exhaustive, but they nevertheless remain a template for family in general.

The ethnographer's description of a 'coin photo' in the bathroom of Mme O. mère offers a good example of the self-exhibition of family and the putting of family to daily use.[12] Its

---

[8] Roland Barthes, *La Chambre claire* (Paris: Gallimard, 1980). Other studies of family photography on which I have drawn include: Anne-Marie Garat, *Photos de familles* (Paris: Seuil, 1994); Marianne Hirsch, *Family Frames* (Cambridge, Massachusetts: Harvard University Press, 1997); Annette Kuhn, *Family Secrets* (London: Verso, 1995); Pierre Saint-Amand, 'La Photographie de famille dans *L'Amant*' in Alain Vircondolet (ed.), *Marguerite Duras* (Paris: Rencontres de Cerisy, Éditions Écriture, 1994), pp. 225-240.

[9] The term is used by Hirsch to explore the idea that all family photographs are visual texts combining narrative and image (p. 271, note 2).

[10] Béatrix Le Wita, *Ni vue ni connue. Approche éthnographique de la culture bourgeoise* (Paris: Éditions de la Maison des Sciences de l'Homme, 1988).

[11] Le Wita, *Ni vue ni connue*, p. 149.

[12] *Ni vue ni connue*, pp. 128-9.

paintings and photographs of people and gatherings celebrate rites of passage, unions and unity, property, place and achievement. It represents – and in so doing seeks to perpetuate – family coherence, exemplifying Anne-Marie Garat's analysis of the family photograph as the consoling naturalisation of the concept of family.[13] At once sacred and casual it is foregrounded, yet also sunk into the texture of everyday life there in the bathroom behind other daily necessities such as toiletries and hairbrushes. As Le Wita comments, 'à l'intérieur des familles, la généalogie circule de manière innée: on ne recherche pas ses racines, elles sont là, incorporées.'[14] The production and use of staple family maintenance mechanisms such as this plays a large part in my chosen texts which systematically evoke them but deny their effective functioning. Family – especially the consensual version or 'myth' of family fabricated in such representations – becomes questionable and is threatened by the 'révélations inouïes' of which Michel speaks. It is practised as a site of tension, always tenuous, always at risk, necessitating incessant effort.

Pierre Saint-Amand, one of the numerous analysts of photography as family practice, explores the family photograph in a way which is relevant to my discussion. He reminds us that photography provides family with 'son unité rêvée' and 'sa raison d'être': 'Elle confirme le lien du groupe. Elle efface le disparate des vies individuelles' to the extent that 'sans ce rite, si j'ose dire familier, la famille serait livrée à sa fracture, à sa fragilité, à sa déliaison.'[15] Nevertheless, the photograph also already contains within it the tension between construction and disintegration that my chosen texts explore for it is 'toujours funéraire [...] vouée au vieillissement, au jaunissement' and 'destinée à son propre effacement.'[16] Like the family portrait these texts are mourning the family even as they attempt to record it. Thematically and structurally they attempt repeatedly to resort to the mechanisms of cohesion through which family is routinely performed. In each case the effective operation of these mechanisms is thwarted. The texts thus give diverse expression

---

[13] 'Une photographie de famille est comme le portrait d'une très vieille idée. À échelle réduite, elle naturalise un concept pour mieux l'observer, s'assurer de son existence en image'. Garat, *Photos de famille*, p. 116.
[14] Le Wita, *Ni vue ni connue*, p. 139.
[15] Saint-Amand, 'La Photographie de famille dans *L'Amant*', p. 225.
[16] Ibid.

to a shared structure which is ironic, and often bathetic, repeatedly pitting efforts towards cohesion against a fragmentation which comes to feel inevitable. Dislocation is inscribed and repeated at every level, made all the more salient by attempts to counter it. These works are thus albums of family failure which negate the project of family belonging they pursue. Indeed the titles of two of them, Nobécourt's *Nous* and Ndiaye's *En famille*, are ironic announcements of their overall project.

    Across my chosen texts I explore features such as failing constructions of family history, discordant as opposed to consensual memory, spectres and secrets, failing constructions of domestic space as family space, the family photograph as negative metaphor, and ineffectual uses of kinship terminology. I consider how structure and form are used as enactments of dislocation. I also seek to draw out what I consider to be a maternal intimacy at work in these authors' insistence on the daily confirmation of family through naming, talking, thinking, remembering and even through the familial look, touch and smell. I will select just a few examples from texts which gain their effect by being saturated in them.

Darrieussecq

Darrieussecq's experimental family tragedy *Bref séjour chez les vivants* covers 24 hours in the life of the diasporic Johnson family, deploying innovative stream-of-consciousness techniques[17] and harnessing them to interrogate the structure of the contemporary family 'en désordre'. An elaborate experiment with time, consciousness and perception, it gives us access to a series of private attempts on the part of four of its members (a mother and her three grown-up daughters) to hold together the idea of the family against all the odds. It charts the everyday tension between family cohesion and family disintegration. In it, Le Wita's focus on a 'façon de parler famille' is replaced by focus on a 'façon de *penser* famille', for what is narrated here is the effort to keep on conceptualising family, to keep imagining it into being. The thoughts of each protagonist return every few seconds to family members, family memory and self-situation

---

[17] I discuss in detail issues of form in this novel in '"Un grand coup de pied dans le château de cubes": Formal Experimentation in Marie Darieussecq's *Bref séjour chez les vivants*', *Modern Language Review*, 100.1 (January 2005), 51-67.

within the family. The text's fabric is thus thick with reiterated family names, nicknames and kinship terms.

Daily conceptualisation of the family is, however, pitted against competing factors. First, the Johnsons are a broken family: John, the father of Jeanne and Anne, now lives alone; the youngest daughter Nore was fathered by another man about whom we learn nothing and the mother lives with a new partner, Momo. Second, this is a long-distance practice of family: John is in Gibraltar, Jeanne in Argentina, Anne in Paris, the rest on the Basque coast. Mrs Johnson must think across time zones to draw together the family in her imagination, which is always her first instinct upon waking: 'Anne à Paris, Nore ici encore dans son lit, Jeanne là-bas'.[18] Anne maintains a sense of proximity to her elder sister by imagining Jeanne's life as an ongoing home movie. Family is kept together only tenuously through conscious acts of memory and imagination, through sporadic telephone calls or the rare postcards which Mrs Johnson attaches to her refrigerator with magnets. Third, the stream of consciousness narration reinforces the solitariness of protagonists: there is no dialogue, inner worlds appear hermetic and beyond articulation, and versions of family and family events vary from protagonist to protagonist so that the lost families of which they speak are essentially different ones. Finally, the *coup de grâce* to this family is ensured by the repressed memory of family trauma: the death by drowning of the toddler Pierre Johnson while Jeanne and Anne were entrusted with his care. Darrieussecq explains that she conceives her entire writing project as textual accretions around a 'trou noir' – an absence or an obscene secret beyond articulation – in this instance the loss of a brother/son and the recovery of his sea-changed body.[19] In *Bref séjour*, this most key of family memories is taboo: 'Ce à quoi [Madame Johnson] n'a pas le droit de penser. Ce à quoi personne ne doit savoir qu'elle pense encore, minute par minute, dans le trame de tout le reste' (BS 62). 'Comme toute histoire, celle de la famille se raconte' remarks Le Wita,[20] but the Johnson family cannot narrate

---

[18] Darrieusssecq, *Bref séjour chez les vivants*, p. 15. Subsequent references will be given in the text, following the abbreviation BS.
[19] Darrieussecq first speaks of a 'trou noir' at the centre of her writing in interview with Antoine de Gaudemar, 'Darrieussecq, du cochon au volatil', *Libération (Livres)*, 26 February 1998, pp. i-iii (p. iii).
[20] Le Wita, *Ni vue ni connue*, p. 149.

itself to itself coherently through word or image. This chief mechanism of family cohesion is rendered inoperable not solely because the putrefied body of Pierre can have no place in it, but because family members each have different understandings of the family tree. Only Mrs Johnson knows that another man – not John – was the father of Anne; and the youngest daughter Nore, born after Pierre's death, remains unaware that she ever *had* a brother as the family conceals the tragedy from her. Hence Darrieussecq's definition of the Johnsons as 'une famille foutue mais qui essaie de continuer.'[21] What follows are three examples of how failed mechanisms of family maintenance permeate the texture of this work: they concern the photograph or home movie, the heirloom, and home space.

Several shared memories resurface as imagetexts in this disjointed family album: the sisters' wellington boots, a monkey in a zoo, the family Volkswagen, Blackpool Pleasure Beach and other snapshot fragments offer a nostalgic template through which, as readers, we recall our own stock of childhood memories. Especially complex in terms of the construction and deconstruction of family is the memory of a moment of (literally earth shattering) dislocation as together the Johnsons watch while a cliff face fissures and part of a house and garden crash down to the beach with it.[22] Although this is not captured on film, it is as central to individual and family identity as Marguerite Duras's phantom imagetext – the photograph 'qui aurait pu être prise' in *L'Amant*.[23] It is described as a frozen moment – a still picked out of a home video – and significantly it is Nore, who was not a witness to the event, who re-runs the film obsessively in her mind contributing a further example to Darrieussecq's innovative exploration of memory and visual evidence:[24]

> D'ici, souvent, elle attend, de voir ce que tous ont vu. La voir tomber, juste une fois, comme Anne, Jeanne, maman et Daddy ensemble l'ont vue, un dimanche après-midi de 1976, bien avant

---

[21] See François Busnel and Thierry Gandillot, 'Rencontre', *L'Express*, 23 August 2001, p. 12.

[22] This image migrates from text to text in Darrieussecq (see for example pp. 43-4 and p. 70 of *Le Mal de mer* (Paris: P.O.L., 1999)).

[23] Marguerite Duras, *L'Amant* (Paris: Minuit, 1984).

[24] For instance, in *Naissance des fantômes* (Paris: P.O.L., 1998) not only does the narrator's husband literally disappear, he also gradually disappears from the couple's wedding photographs (pp. 47-50).

> sa naissance, dans ce temps qui existe et n'existe pas. Voir tomber
> la falaise: tu aurais vu la tête d'Anne, la tête de Jeanne, les yeux
> ronds de maman. *You should have seen it. You should have heard
> it*, tu aurais dû entendre ce silence [...] il paraît que tout se fige,
> comme avant un cyclone [...] puis le temps reprend, comme un
> film en Super 8 qui aurait sauté quelques secondes. (BS 148-9).

This literally collapsing world means something different to each
family member. Those who lived through the cataclysm of Pierre's
death remember above all the moment of irrevocable fissure which
compelled them to watch a metaphor of their own undoing. Revisiting
the scene repeatedly and charting its erosion, Nore focuses instead on
the permanent exhibition of devastated home space on the headland.
Details of family life evoked by the blue, green and pink wallpaper of
the bedrooms, the fireplace and the washbasin suspended above the
beach are redundant markers of intimacy exposed to public view. The
cinematic devices which frame her re-visioning of the scene include
her fantasy of a slow-motion reverse sequence in which the houses
and cliff pieces are reassembled to fulfil the lost utopia of the perfectly
composed family: 'film à l'envers: les blocs un à un retrouvant leur
place, se réajustant d'où ils ont basculé, s'envolant d'un souffle, d'un
élan' (BS 121). These imagined recordings enact repeatedly the
deconstruction and reconstruction of 'la famille au grand complet'
(BS 53) which is rehearsed at so many levels in the narrative.

The second example is of an imagined family heirloom – a
piece of furniture whose complex structure provides Jeanne with a
method of conceptualising family and which is a variant of the family
tree as it situates family members in clear relation to each other and
takes account of their origins (BS 275-6). This invented inheritance, a
'commode basco-anglo-irlandaise à moulures françaises' has a place
for each person and is a variant of Mrs Johnson's silent daily 'role
call' of the family:

> John sur le vantail de gauche, maman sur le vantail de droite,
> chaque chose à sa place, personne ne dépasse. Dans le tiroir de
> gauche Anne, dans le tiroir de droite Nore, et dans le tiroir du
> fond, celui à double fond mais bien étiqueté: son frère.

Jeanne's imaginary chest expresses her will to order and evokes the
perpetuation of family through transmission, across the generations, of
ancestral history embodied in property. It is an ironic image, however,

because unlike the heirloom with which one remains in everyday contact through storage, dusting, polishing and gazing it has no concrete reality. In addition it is a Pandora's box of disorder, with Jeanne's defensive motto '*I'm not guilty*' sculpted in the round on the front, and with the seeds of family disorder stored beneath the false bottom of the lower drawer.

My third example is Mrs Johnson's inability to convert domestic space into family space. The original Johnson family home lies empty, intact and shrine-like: 'Même les poupées sont restées [...] Maman qui passe une fois par semaine pour voir si tout est en ordre' (BS 104). In the new house, devoid of memories and subject to Momo's heavy-duty home improvements, she engages in an ambivalent practice of family 'hygiene', constructing family space only with caution and hesitating between construction and erasure. The fridge magnets she uses to keep visible the impersonal postcards she receives from Jeanne produce a more temporary display than the shrine shown by Le Wita, and a support which seems to reinforce the comparative sterility and coolness of this long-distance relationship: 'jamais rien de personnel, cartes postales pour dire quoi, qu'elle est vivante?' (BS 15) Anything more permanent or all-encompassing in terms of family representation is impossible because, as she reflects in a thought which shows how deeply ingrained is the notion of the family portrait – 'Le fond du tableau, le cadre de l'ensemble' (BS 200) is always Pierre's body.

Mainly, Mrs Johnson militates against the emotional weight of family clutter and debris through an obsessive process of cleaning and tidying ('Il faudrait passer le balai' (BS 57); 'Il faut aussi ranger le salon' (BS 235); 'Frotte, frotte, crise de ménage' (BS 64)). Notably – and significantly given her struggle with repressed memories – she expresses disgust at the *underneath* of things: the silverfish that scurry from under the shower mat (BS 24); the grime under the condensation on the windows: 'C'est gras là-dessous, nettoyer cette vitre à l'Ajax' (BS 59). Taking in her washing, she meditates on her own mother's experiences of wash days – on the sores upon her hands and especially on 'cette soupe infâme' (BS 239) of family excretions with which she dealt. If this *cas limite* of practices of family proximity provokes such disgust in Mrs Johnson, it is in part due to her revulsion at Pierre's washed-up body: 'Cet amas de boue en putréfaction, ligoté d'algues et de mucus: votre fils' (BS 127). It evokes her acute awareness of being the hub of what is left of family, but also her exhausted rejection of the role. Mothers throughout Darrieussecq's work contemplate abandonment ('parfois on a envie [d'abandonner ses enfants] au bord de l'autoroute ou on se prend à regretter de ne pas l'avoir fait' (BS 198)) yet irrevocably brood over lost family cohesion. In this sense, the mothers of the *desaparecidos* watched by Jeanne as they return incessantly to walk around the Plaza de Mayo, filling it with their lamentations (BS 89), are a telling metaphor for the motherly attentiveness to the ghosts of family in Darrieussecq's writing.

Nobécourt
Nobécourt's *Nous* is on conventional terrain for the French novel: a thoroughgoing excoriation of the bourgeois family as a suffocating institution, it focuses on moments of cruelty or abuse which are routinely occulted in the interests of family survival. Like much of her fiction it encourages reflection on the distinction between family as private everyday experience, and family as shared self-representational narrative or public performance. Her family narratives constitute an anti-album since they accumulate moments (often imagetexts) which are antithetical to the fundamentally utopian genre of the family album. What is habitually pushed beyond the frame in the interests of family coherence is now laid bare.

The protagonists of *Nous* form an extended family: the central, failing couple Yolande and Nathan, their respective parents and siblings and their own child. Introduced as a list of dramatis personae, each becomes known to us through the isolating, fragmented form of the interior monologue and as in Darrieussecq's *Bref séjour* each remains drawn to the family as the chief means of accounting for self identity. When they think, they think family. In particular, despite the fact that all of them are parents, all speak their interior monologues as the wounded children they have never ceased to be and remain preoccupied by their relationship with their own parents at the expense of that with their children. The novel's structure is designed to uncover discrepancies in family memory and thus to pinpoint the events from which unresolved trauma springs. For instance, the attempts of Yolande's father Hubert to construct family – very much along the lines shown by Le Wita – are revealed as profoundly divisive.

The self-appointed custodian of family history, Hubert protects through narrative and image the reputation of his own family and also significantly of the generic family as an institution. 'Dans nos milieux', he proclaims in a defiant pitting of myth against reality, 'nous avons des vies agréables et nobles avec de belles vacances à la campagne comme celles que nous avons passées en 1975 alors que [Yolande] allait avoir sept ans'.[25] It is Hubert who methodically stores in his big bookcase family photographs and a journal in which he claims to have charted 'jour après jour l'ensemble des événements de la famille' (N 99). In an attempt to read beneath the unruffled veneer of family history and recover what was for her the trauma of these 'belles vacances à la campagne' Yolande scrutinises his version of the past, which significantly he has re-written before allowing her access to it (N 101). Missing from the account is the memory of a decisive moment – a memory constituted like a clip from a home movie which Hubert re-views in his interior monologue. With photographic exactitude and considerable pleasure he evokes:

> Le muret de pierres anciennes qui entourait notre maison de campagne [...] ce muret où j'allais souvent uriner après le déjeuner et devant lequel j' avais demandé [à Yolande] de jouer avec mon sexe qui sortait tout gonflé de mon pantalon de toile bleu marine avec sa fermeture éclair dorée, elle avait ce joli short blanc et cette chemisette Petit Bateau à bretelles. (N 102).

The weight of what must be suppressed to bolster family respectability is overwhelming in Nobécourt: systematic beatings of children by their mothers, psychological cruelty and sexual abuse, infidelities and the hidden shame of numerous abortions – including one performed by a resentful husband on his wife, on the kitchen table 'au milieu des restes d'un poulet basquaise' (N 126). Another occulted family snapshot provides a salient articulation of the suppression of secrets upon which family depends. Here Nathan's mother evokes a key moment of domestic misery, frozen in her memory since childhood. It occurs after her mother has had a termination against her father's wishes – although it is less the circumstances that interest me here than the complex play of gazes:

---

[25] Lorette Nobécourt, *Nous*, p. 103. Subsequent references will be given in the text, following the abbreviation N.

> Papa s'observait dans le miroir à trois faces au-dessus du lavabo
> en pleurant tandis que maman, dissimulée dans l'embrasure de la
> porte, le regardait sans qu'il le devine, ignorant que moi aussi je la
> voyais le voir. (N 80)

The emasculated paterfamilias 'privately' watching three versions of
himself as he weeps into the basin suggests that the family is based
around a fragmented and despairing self which must not be brought to
public articulation. Distinctions made in Hirsch's work on family
photographs between 'familial looks' and 'the familial gaze' are
helpful in drawing out the significance of this 'still' memory.[26] The
former pinpoints a central but little theorised aspect of family
experience and family exchange: namely, 'the ways in which the
individual subject is constituted in the space of the family through
looking.'[27] Rather than the gaze of subject upon object, this looking is
described as mutual, affiliative, relational. 'Within the family', Hirsch
asserts, 'as I look I am always also looked at, seen, scrutinized,
surveyed, monitored.'[28] The 'familial look' is contrasted with the
'familial gaze', a shared and public form of looking which involves
the framing and displaying of family in ways consistent with
prevailing family ideology and convention: 'every culture and
historical moment', suggests Hirsch, 'can identify its own "familial
gaze."'[29] The family look is informal, unrecorded and persistent; the
family gaze is a more formal act of myth making (which masquerades
as mere recording). Both forms of looking are constitutive of the
shape of family and the quality of family relations.

In Nobécourt's image, I would contend, is a different kind of
looking – neither the familial gaze nor the familial look. It is a private
moment of looking, but a disintegrative one in which the familial look
is splintered by voyeurism and lack of mutuality. No look is
reciprocated in this web of optical estrangement. The 'snapshot'
deconstructs the family group by placing the father under scrutiny and
by eroding his public status as 'father'. Nobécourt's fathers typically
organise and record moments of family grouping; rather than being
themselves open to scrutiny they control the pattern of familial looks.
Instead, this moment of unusually intense introspection situates the

---

[26] Hirsch, *Family Frames*, pp. 1-15.
[27] *Family Frames*, p. 9.
[28] Ibid.
[29] Ibid., p. 11.

father as the object of five looks: that of his daughter and his wife who secretly view him from behind, and the three looks he casts on himself through the angled panels of the mirror. Cultural norms of the father as the head of the bourgeois household are undermined by his replicated weeping image. Furthermore, the daughter sees the mother's illicit look upon the father and thus obtains an insight into the disharmony of parental relations. The incident, through its patterning of one-way gazes and its unpicking of the mutuality and relational work of family looking, is especially effective in undermining any notion of family as a nurturing social context.

A final, related observation concerns familial touch which is, by comparison with the look, seldom mentioned, although it remains central to the constitution of family through everyday practice. Nobécourt explicitly seeks to recall us to 'le poids des sensations'[30] and her insistence on livid, itching skin is explicitly presented throughout her work as the external manifestation of family damage and of the individual's rejection by and of the family.[31] In *Nous* we find, in addition, a powerful trope of dislocation in the author's emphatic repetition of images of domestic butchery. Protagonists figure themselves as defenceless animals or birds, flayed, plucked and hacked within the family (N 197, 148, 179) and Yolande compares her own pregnant body to that of a cow ready for the abattoir (N 116). Images of tactile brutality are an important aspect of Nobécourt's persistent exploration of family as an emotionally disfiguring environment.

Ndiaye

Marie Ndiaye specialises in family fables and focuses on the tension between connection and dislocation in family groups. Her anxious narratives explore a wide range of kinship relationships – usually from the point of view of a central female protagonist – and are obsessively built around the cyclical reproduction of bad family practice, especially poor parenting. Ndiaye's major family novels, the epic *En famille* and *Rosie Carpe* are a tight weave of abandonment, indifference, cruelty, egotism and estrangement. All share *Bref séjour*'s attention to the minutiae of family maintenance work; all

---

[30] See *La Conversation* (Paris: Grasset, 1998), p. 144.
[31] See especially *La Démangeaison* (Paris: Sortilèges, 1994).

repeatedly underscore the seductiveness of family as a concept, but contrast this with the lived reality of family as corrosive and dangerous to the individual. Their diegetic impetus is therefore achieved through reduplicated patterns of thwarted aspiration, evoking then eroding the familial dream at all levels in the narrative, from its overall thrust to its smallest detail. The stuff of family pours out in an incessant torrent, confronting us with the *trop plein* of a textual fabric which evokes belonging and proximity, then bitterly reiterates exclusion and estrangement at every turn.

One of Ndiaye's particularly distinctive features is her clear indebtedness to the mechanisms of fairy tale. The situations that she develops re-awaken deeply rooted anxieties about rejection, loss and exclusion and as Jean-Pierre Richard has commented, interpreting her texts requires close attention not to individual protagonists or events as realist constructions but to schemata and the functions of protagonists.[32] It is worth noting however that in fairy tales destined for children the potential distress engendered by their rehearsal of damaging family relations is offset by the pleasurable and reassuring context of their telling. In addition, they are explicitly used as a basis for learning. Ndiaye's fairy tales for adults involve no such compensatory device or context. Here I discuss some staple features of these family tales: ironic family reunion scenes, the inefficaciousness of family photographs, the failure of family memory, and Ndiaye's distinctively insistent and ironic use of kinship terminology. My examples are mainly drawn from the recent *Autoportrait en vert*,[33] a text which pursues the author's family project, adding further layers of complexity through autobiographical threads and through new forms of reference to the family photograph.

Ironic family reunion scenes are given fabular expression throughout Ndiaye's writing. *En famille* opens with a painful scene of exclusion in which, after an absence of unspecified duration, the central protagonist Fanny arrives with her suitcase and attempts to

---

[32] See Richard's 'Le Trouble et le partage' in his *Terrains de lecture* (Paris: Gallimard, 1996), pp. 161-86. Evocations of fable and family in *Rosie Carpe* and *En famille* receive fuller discussion in my chapter 'Telling Tales: Marie Ndiaye's Mythopoeic Imagination', in Shirley-Ann Jordan (ed.), *Contemporary French Women's Writing* (Oxford: Peter Lang, 2004), pp. 173-179.

[33] *Autoportrait en vert* was commissioned for the recently established 'Traits et Portraits' series published by Mercure de France, which is dedicated to experimental self-portraiture combining text and image.

gain access to her grandmother's birthday party. She is held at bay by bars, by the family dogs which no longer recognise her, and subsequently by the family's enigmatic refusal to receive and acknowledge her as a member. *Rosie Carpe* begins with the pregnant Rosie sitting in the airport arrivals hall in Guadeloupe, her 'grosse valise bien calée entre ses cuisses' (p. 9) her five-year-old son Titi by her side, anxiously waiting for her brother Lazare, who never arrives but sends a stranger instead. The family into which Rosie is introduced includes members of whom she has never heard and is unrecognisable in terms of its overall structure as well as at the level of the individual (several times at the airport she mistakes other men for her brother). Both heroines continually attempt to consolidate their sense of who and what family is, but their failure is conspicuous at every turn. Familiarity and estrangement are the equally persistent, competing codes which are held in tension in Ndiaye's textual economy whatever the subject.[34] When the subject is family, this tension makes her work especially unsettling.

The disagreeable fluidity of family and the persistent sense of unease about family relations recur in *Autoportrait en vert*. Here too family estrangement is at work on every page and the narrator's quest for coherence and proximity is thwarted by the failure of family memory and by the family's expansion beyond a manageable 'circle' to an unknowable hoard. The wider family is geographically dispersed with no settled home space and the narrator frequently loses track of them. While the new nuclear family she is constructing with her husband seems protected and close, the threat of dissolution remains strong. This is metaphorically suggested by the powerful, rising waters of the Garonne: pregnant with menace the river haunts this text, threatening to flush the family out of its home space. It is a metaphor for the destructive swelling of family beyond recognition and for the erosion of familial categories, behaviours and roles which seem to us 'natural' and 'proper'. *Autoportrait en vert* is a distillation of the problem of recognition (in all senses of the word) which is present in all Ndiaye's family narratives. The failure of family memory also looms large, as reunion scenes with the narrator's estranged father, mother and sisters will illustrate.

---

[34] There is a rich vein of the fantastic in Ndiaye (see again sources under note 30, both of which discuss this element of her work).

Reunions with the father – one in Paris, one in Ouagadougou – highlight the disruption of family roles and relationships. The first reveals not only that the father has yet another wife, but that this wife is the same age as the narrator and was in schooldays her closest friend. The role shift from 'meilleure amie' to 'belle-mère'[35] is unsettling. Children borne to the father by his several wives inundate the family and the narrator fears that this new couple will continue to procreate, 'nous engloutissant tous' and '[brouillant] l'ordre des générations' (AV 36). Upon her second visit, her recognition of her father is challenged as she learns that in Ouagadougou he is known as an architect ('Vraiment, mon père est-il architecte? Je ne savais pas' (AV 83)) although his mastery of house design is a failure symbolic of his failure to control the shape of his family: 'ça n'a ni queue ni tête' (AV 88) his new wife declares. Problems of recognition are compounded during this visit: the father pays scant attention to his disappointed granddaughter Marie, a neglect which is physically confirmed through the cataracts which mean that he literally cannot see/recognise her (AV 85).

The narrator's reunion with her mother reveals a woman who, like many mother figures in Ndiaye, is frostily enigmatic: 'intouchable, décevante, métamorphosable à l'infini' (AV 72) she abruptly re-enters her daughter's life with a postcard signed 'Maman'. Upon it is stuck a small photograph of a baby referred to as '"Ta nouvelle petite sœur"' (AV 65-6). Are this baby and this woman really 'family'? Only the handwriting seems to authenticate the disturbing document and, in keeping with the theme of family secrets so prevalent in the contemporary family narrative, the narrator removes it from the private space of her own family and buries it in the neighbour's chicken pen. Eventually deciding to recognise her mother's new family group, she travels to Marseilles for Christmas where she meets her new father-in-law (again, a man of her own age), her unruly half-sister and a mother who, although she should be the most familiar figure of the trio, is the most alien of all. Waiting at the station for 'la véritable arrivée de ma vraie mère', the narrator sees the approach of 'une femme qui porte les lunettes disgracieuses de ma mère' (AV 67) but the mother is never fully authenticated, recuperable

---

[35] Ndiaye, *Autoportrait en vert*, p. 30. Subsequent references will be given in the text, following the abbreviation AV.

or knowable. There is no affirmation of what we familiarly recognise as a good mother/daughter kinship tie.

The narrator's reunion with her sisters again holds her in suspense between familiarity and alienation and is characterised by a similar unease. Ominously, the two young women come to mind as she reads a book on the parricidal Papin sisters and she dimly recalls rumours that they have become alcoholics or drug addicts, although in fact they live innocuously enough in their flat in the Parisian *banlieue* and seem pleasant to the narrator. In particular, they afford familial physical contact which is agreeable to her as she embraces their heavy bodies – although this simple pleasure is also undermined. Earlier in the text the narrator has established that the skin of her own children has a natural smell of honeysuckle, evoking through this observation the pleasure derived from the closely tactile quality of family relations. In the case of her sisters however, their honeysuckle odour is an artificial fragrance: both repeatedly spray into the atmosphere a pungent air freshener during the narrator's visit (AV 78), producing an olfactory overload which, like other textual details, highlights the unnatural in family relations. In this as in Ndiaye's other reunion scenes, it is uncertain whether the self will be nurtured or damaged by renewed contact.

Ndiaye's family narratives also turn the family photograph against its own familial purposes.[36] In *Autoportrait en vert* one of the ways in which the narrator's father reveals his egotism is through his collection and display not of family photographs, but of numerous photographs of himself (AV 30). Photographs of strangers who have just become or are soon to be 'family' (the baby on the mother's postcard; the sister's fiancé) produce neither recognition nor pleasure. More importantly, family photographs are not just evoked and described in this text; they also have a concrete presence and are reproduced on nine of the book's pages.[37] Of unknown origin and probably dating from the early nineteen hundreds, these images have

---

[36] Examples from *En famille* include Fanny's jealous theft of family photographs from her grandmother's sickroom (p. 22); uncle George's unaccountable shredding of the photograph of Fanny as a baby (p. 26) and a set of informal wedding snapshots so clumsy and unorthodox that they threaten family posterity (p. 295). A detailed study of photographic imagetexts and incidents in Ndiaye would be productive.

[37] There are also art photographs (1994-7) by Julie Ganzin which are enigmatic images of landscape or of women communing with landscape, and which require separate analysis.

no connection with the narrator/author and her family; they are enigmatic signifiers, interwoven with the textual fabric, and contributing to the work's uneasy production of a new site of meaning for family. Worn with handling and in some instances slightly damaged, they have their own silent history. They focus on solitary women, mother and child groupings, the house and home space. None includes a father figure and all share a certain quality of constraint, evoking the repressed stories which haunt all family photographs. Like the photographs of strangers used as a springboard in Garat's *Photos de familles* they are part of a broad meditation on family ties, structures and representations which incorporates but extends beyond the narrator's own experiences. Through their presence, the notion of family as enigmatic and alienating rather than familiar is enforced. They are unreadable: arranged in series or as diptychs, their sequencing demands, yet resists interpretation. They call into question perception and recognition: for example, a diptych of a woman sitting at a writing desk which at first glance appears made up of identical images turns out to include subtle differences (AV 28). Their composition and genre are recognisable, but the individuals photographed repel us as non-members of their family group. We are not privy to their unarticulated stories and the intensely private nature of the family photograph means that we remain outsiders with no emotional investment in the specifics, only in the generic pattern. Certain aspects – for instance the grasping quality in the relationship of a mother to a child[38] – may evoke unease. The most important feature for my purposes is the fact that these photographs do not operate, as family photographs should, through the production of pleasurable familiarity; instead they confirm that family is a puzzle and opaque. They are visual statements which reduplicate the combination of familiarity and estrangement present in all Ndiaye's written iterations of family.

The last distinctive feature of Ndiaye's texts which I wish to address is their unusual saturation in kinship terms. *En famille* and *Rosie Carpe* insistently designate family protagonists not through their

---

[38] The quality of maternal grasp in one of Ndiaye's chosen photographs (pp. 63 and 71 show us three slightly different versions of it) is comparable with that depicted in the central mother-child photograph of Kuhn's *Family Secrets* (see pp. 54-7). Kuhn's personal meditations on the family photograph and its repressed stories offer a useful companion text for reflections on *Autoportrait en vert*.

name alone, but through their family relation to the central protagonists: Fanny is surrounded by protagonists designated over and over as 'Tante Colette', 'son cousin Eugène', 'son oncle Georges', 'Tante Léda' and 'l'aïeule', while Rosie's narrative refers to her brother Lazare as 'frère', 'frère aîné', 'frère unique' and 'tonton'. The conspicuous superfluity of information concerning family ties has a number of effects. For example, each text obsessively and ostentatiously declares itself as a *roman familial*. In addition, we are brought repeatedly to consider family structure and kinship ties. What does it mean to stand in a particular role relationship to another family member – to be a 'sister', 'mother', 'father', 'aunt', etc.? What are the programmes of action, the tacit contracts which are understood to adhere to these roles within the moral framework of family?

Autoportrait en vert too is subject to saturation in family terminology as the narrator seeks to grasp and to know her children, mother, father and sisters. There are also disquieting variants: she refers not to half-brothers and sisters but to 'les enfants de mon père' (AV 35) or 'la nouvelle famille de ma mère' (AV 69). Familiar family terms may have an unpleasant taste: when the mother refers to 'son *mari*' the narrator has an extreme reaction ('Ce terme me ravage' (AV 66)); when she signs her strange postcard with the emotionally binding 'Maman' (AV 65), the effect is disturbing. Like Fanny and Rosie, this narrator (Ndiaye herself?) attempts to speak the family into existence through excessive naming, but the proliferation of kinship terms, like other devices in Ndiaye's narrative, has ironic, nostalgic and interrogative rather than affirmative functions. It is one of the many idiosyncratic devices through which Ndiaye interrogates family as everyday practice, subtly making strange of the quotidian to test everything we hold dear about the family as a familiar ideal, and producing family groups which are not only intriguing, but unusually, powerfully repellent.

Conclusion
What do these various textual practices of family tell us? That literature remains a prime site for representing, exploring and rehearsing family; that a number of prominent texts and new authors in recent French fiction place family firmly at the centre of their investigations, focusing with nostalgia upon its desirability but emphasising overwhelming problems of family construction and

maintenance; that some women writers may be said to bring a maternal solicitude to family through unusually insistent attentiveness to the detail of everyday family practice. Perhaps we can also claim that these family narratives stand metaphorically for larger stories of dislocation, insecurity and lost belonging. The dogs which keep Fanny at bay just outside the coveted enclave of the family home seem a disproportionate image for the maintenance of family integrity and evoke borders, boundaries and any number of diasporic groups or displaced individuals who seek an integration which remains elusive. Giving expression to this broader sense of fragmentation, Darrieussecq comments: 'Je sens, sans folie le monde au bord de la dissolution. On vit une époque où les gens essaient désespérément d'établir des réseaux pour faire tenir tout ça.'[39] The chief of these 'réseaux' remains family, and the detailed, persistent blighting of family in Darrieussecq, Nobécourt, Ndiaye and a good many of their contemporaries is a significant fictional development which gives simultaneous expression both to the need for family coherence, and to the haunting fear of its loss.

---

[39] In Alain Nicolas, 'Marie et les cerveaux', *L'Humanité*, 13 September 2001, p. 8.

Maudire, dire les maux ou chercher les mots pour dire? L'écriture du souvenir dans la fiction de Lorette Nobécourt

Nathalie Morello

Les quatre romans que Lorette Nobécourt a publiés à ce jour – *La Démangeaison* (1994), *La Conversation* (1998), *Horsita* (1999) et *Nous* (2002)[1] – mettent chacun en scène une narratrice très mal dans son être, qui ne cesse d'énoncer l'impossibilité d'appréhender un moi qui échappe et reste toujours étranger à soi, et qui cherche dans l'interrogation de son histoire personnelle l'origine de son éclatement identitaire. A l'exception de la narratrice de *La Conversation*, toutes évoquent un passé qui, sans être identique d'un texte à l'autre, tend à se confondre en un seul: une enfance vécue sur le mode de la frustration, dominée par toutes sortes de maladies psychosomatiques qui disaient un immense manque affectif face à une mère distante et froide et à un père autoritaire et intransigeant, une enfance solitaire qui reflétait un sentiment de non-appartenance au sein d'une famille bourgeoise et catholique jugée plus soucieuse de maintenir les apparences que de veiller au bien-être des siens. Quant à la narratrice de *La Conversation*, elle évoque ses nombreuses maladies d'enfance, constate au détour d'une phrase 'à quel point le Moloch Familial est atroce' (C 32), mais elle ne s'étend pas sur ses relations avec ses parents, se concentrant essentiellement sur les expériences qu'elle a

---

[1] *La Démangeaison* (Paris: Sortilèges, 1994); *La Conversation* (Paris: Grasset, 1998); *Horsita* (Paris: Grasset, 1999); *Nous* (Paris: J-J. Pauvert, 2002). (Les références de pages pour ces romans seront par la suite indiquées dans le texte, précédées des abréviations suivantes: D pour *La Démangeaison*, C pour *La Conversation*, H pour *Horsita* et N pour *Nous*.) Nobécourt a également publié un texte court, "L'équarrissage", dans une collection intitulée *Dix* (Paris: Les Inrockuptibles, 1997) et un essai: *Substance* (Paris: J-J. Pauvert, 2001).

vécues en dehors du cercle familial. Le discours très critique qu'elle tient sur 'le ravage des mères' (C 26) offre cependant assez de points communs avec les reproches que les autres narratrices adressent à leur propre mère pour que l'on puisse y lire la généralisation d'un conflit mère-fille qui trouve son origine dans une expérience particulière.[2]

Un même projet est explicitement posé de livre en livre: dire la vérité, toute la vérité, rien que la vérité sur ce passé encombrant, et c'est sur le mode accusateur que s'écrit la vie de famille. Dans *La Démangeaison*, Irène raconte une 'infâme persécution d'enfance' (D 82), durant laquelle elle a souffert d'un manque d'amour parental responsable à ses yeux d'une terrible maladie de peau. Elle trouve un plaisir évident à 'mettre à nu l'horreur banale, sempiternelle du petit groupe affreux que sont les [s]iens' (D 43), et ne s'en prive d'ailleurs pas:

> Et la famille; eux qui me tordaient de l'intérieur. Ah, cette vomissure, ce vivier de miasmes qui s'accrochaient les uns aux autres, se haïssaient, se dévoraient, la famille, vermines, miasmes d'arrière-pensées atroces qui ravageaient ma gueule d'enfant, qui agitaient mes nerfs pour me laisser exténuée, vaincue au bord du jour. (D 19)

Dans *La Conversation*, la narratrice, également nommé Irène, monologue toute une nuit face à son avocate chargée d'assurer sa défense dans le procès qui lui est intenté pour tentative de meurtre sur son amant. Dans un flot de paroles de plus en plus exalté, elle livre dans un désordre croissant des bribes de son passé, son objectif étant de 'dire les choses toutes nues' (C 49). Dans *Horsita*, Hortense se fixe pour but de découvrir la vérité sur les agissements de son père durant la deuxième guerre mondiale. Convaincue qu'il ment lorsqu'il explique avoir simplement vécu à cette époque-là, comme tout le monde, elle se prépare à 'regarder en face la vérité mise à nu' (H 149), tout en s'acharnant à remuer le passé pour finalement constater 'il a manqué le père, il a manqué la mère' (H 207). Dans *Nous* enfin, Yolande retrace les douze années de sa relation avec son amant Nathan et projette de dire 'seulement ce qui est vrai, loin des mensonges qui ont gangrené nos vies (N 33), n'hésitant pas au

---

[2] J'ai approfondi cette question dans 'Un coupable peut en cacher une autre: Lutte "à mort" avec la mère dans les romans de Lorette Nobécourt', *Nottingham French Studies*, 43.3 (Autumn 2004), 70-82.

passage à dénoncer 'ces marécages de névroses où viennent
s'engloutir, génération après génération dans les secrets et la honte, la
totalité des familles' (N 131).

Cette quête de vérité autour du thème de *La Haine de la
famille*, pour reprendre le titre d'un roman contemporain de Catherine
Cusset,[3] a été lu sur le mode autobiographique par nombre de critiques
qui n'ont pas hésité à confondre Nobécourt et ses narratrices, souvent
par le simple fait de souligner les points communs entre auteure et
héroïnes, mais parfois aussi de façon plus flagrante, lorsque par
exemple, dans des colonnes jugées respectables, *La Démangeaison* est
présenté comme le récit de 'l'eczéma qui la [Nobécourt] fait souffrir
depuis qu'elle a trois ans et qui, aujourd'hui encore, dans les moments
de stress recommence à la brûler',[4] alors qu'ailleurs *La Conversation*
devient 'le film des aveux de Lorette Nobécourt'.[5] Dans cette logique,
ses textes s'apparenteraient à cette tendance de la littérature
d'aujourd'hui regroupée dans la catégorie 'autofiction' et que l'on
qualifie, souvent avec des intentions péjoratives, de narcissique, voire
d''égolâtrique'. C'est ce terme qu'emploie Claude Artaud pour décrire
une jeune littérature française issue selon lui du culte du 'Me, myself
and I' (*Horsita* inclus), cette autofiction qui 'revendique la nette
prééminence d'un narrateur, *identifié sans ambiguïté à l'auteur*, qui
ambitionne de tout dire sur lui-même' (c'est moi qui souligne cette
remarque qui ne s'applique assurément pas à *Horsita*), et par là-même
dénonce 'quiconque a pu les faire souffrir, tout en vomissant
ceux/celles qui tentèrent de les faire jouir. D'un ressentiment affiché,
d'une agressivité de pit-bull, ces vraies-fausses victimes pratiquent
une délation rapprochée qui finit par mettre mal à l'aise…'[6]
Privilégiant le 'je', c'est une littérature que beaucoup disent aussi être
à l'image de la culture, et au-delà, de la société dans laquelle elle
s'écrit, qui se recroqueville sur l'intimisme, le confidentiel, le
psychologisme dans une quête effrénée de réel, d'authenticité…
quand ce n'est pas de succès médiatique et commercial. Dans son livre
La Littérature sans estomac, Pierre Jourde fustige une grande partie
de la littérature contemporaine qui selon lui

---

[3] Catherine Cusset, *La Haine de la famille* (Paris: Gallimard, 2001).
[4] Pascale Frey, 'Lorette Nobécourt en sa cellule', *Lire*, septembre 1999
(http://www.lire.fr/portrait.asp?idC=33802&idTC=5&idR=201&idG).
[5] Jean-Luc Douin, 'Le corps du délit', *Le Monde des livres*, 6 mars 1998.
[6] Claude Artaud, 'Je est un autre…', *Le Monde des débats*, octobre 1999.

Peut se ranger dans la catégorie 'document humain'. N'importe quoi est bon, suivant l'idéologie moderne de la transparence et de l'individualisme. Les confidences de M. Untel sont intéressantes par nature, parce que Untel est intéressant dans sa particularité. C'est l'idéologie des jeux télévisés, de la publicité, des *reality show*, de *Loft story* et des ouvrages d'Annie Ernaux. La plupart du temps, dans tous ces genres, le résultat est accablant, et sert pour l'essentiel à se rencogner dans le confort de la médiocrité, dans un narcissisme à petit feu, qui n'a pas même l'excuse de la démesure. Pour engendrer autre chose, la confession exige une stature humaine dont ceux qui la pratiquent sont fréquemment privés. Reste cette excuse de la médiocrité: la sincérité.[7]

De par la perspective qu'elle adopte, l'écriture de Nobécourt pourrait bien aussi être dans la ligne de mire directe de tous ceux et celles qui identifient et condamnent une tendance croissante vers la victimisation, à l'instar par exemple d'Elisabeth Badinter dont le livre *Fausse route* a fait grand bruit.[8] Les narratrices de Nobécourt s'affichent toutes en effet comme des victimes innocentes, des circonstances familiales d'abord – 'Oh oui, je suis née sans haine. Innocente, absolument' (D 23) –, et sociétales ensuite: 'le système est coupable et nous sommes innocents' (C 53). Bref, ses textes apporteraient des larmes supplémentaires à cette littérature dite 'pleurnicharde' qui se complait dans le ressassement d'un passé vécu comme étant douloureux et aliénant. A ce titre, ils s'inspireraient de l'œuvre d'Annie Ernaux à qui ses détracteurs/trices, Jourde en tête, reprochent de reprendre de livre en livre le double topos du 'dire le vrai' sur la famille comme locus premier de l'aliénation de l'être.

Voilà donc quelques-uns des reproches auxquels s'expose l'œuvre de Nobécourt, qui constituerait un autre exemple, parmi tant d'autres, de cette littérature du moi jugée tour à tour ou tout à la fois sans grand intérêt autre que marchand et qui a tant fait parler d'elle ces dernières années. Le but de cet article est d'explorer le projet d'écriture du passé chez Nobécourt. Il s'agira tout d'abord d'argumenter qu'il ne se résume pas à la simple représentation d'une complainte personnelle sur le thème du célèbre 'Familles, je vous hais!', à lire sur le mode autobiographique.[9] Il apparaîtra que l'écriture des souvenirs sert de

---

[7] Pierre Jourde, *La Littérature sans estomac* (Paris: L'Esprit des Péninsules, 2002), pp. 17-18.
[8] Elisabeth Badinter, *Fausse route* (Paris: Odile Jacob, 2003).
[9] André Gide, *Les Nourritures terrestres* (Paris: Mercure de France, 1897).

motif à partir duquel se construit une problématique plus ambitieuse centrée sur le questionnement de la langue, qui ne se réduit pas chez Nobécourt à un simple moyen dans la dynamique créative, mais constitue une fin en soi. Dans cette optique, cette écriture du souvenir se situe dans une réflexion tout à fait contemporaine sur le rapport ambigu entre le soi et la langue.

Dans son livre *Individu et mémoire familiale*, Anne Muxel identifie trois fonctions principales de la mémoire familiale:

> Une fonction de transmission, s'inscrivant dans la continuité d'une histoire familiale et s'attachant à en perpétuer les particularismes; une fonction de reviviscence liée à l'expérience affective et au vécu personnel; enfin une fonction de réflexivité, tournée vers une évaluation critique de sa destinée.[10]

Elle explique que ces fonctions coexistent au sein d'un même récit de mémoire familiale mais que la façon dont le sujet les hiérarchise et les articule nous renseigne sur le sens qu'il tente de donner à cette mémoire.[11] Il apparaît clairement que l'écriture de Nobécourt privilégie la troisième. Dans ce cas de figure, le sujet porte un regard critique sur son parcours existentiel, et dénonce à la fois le trop plein d'une mémoire jugée encombrante – 'Il faut pourtant en finir de tous ces souvenirs accumulés comme des éponges de sang sous mes cheveux et qui coulent inlassablement dans mes yeux' (C 113) –, et le trop vide généré par un sentiment de manque affectif qui entrave la pleine réalisation de soi – les non-dits, les manques et les frustrations qui ont empêché la femme de trouver 'un sujet, le pronom premier', (H 219). 'Ce qui est dénoncé, résume Muxel, c'est l'impossibilité de se sentir doté d'un capital d'affection et de confiance pour affronter sa propre vie, pour faire face aux autres': c'est précisément ce dont se plaint Yolande lorsqu'elle dit des enfants non-désirés qu'ils doivent constamment: 'hisser cette justification de nos vies qui nous manque tel l'appui indispensable au déploiement des êtres que nous sommes' (N 255).[12] Dire les maux de l'enfance et maudire la famille, c'est aussi selon Muxel exprimer son opposition souvent radicale vis-à-vis des idées et comportements adoptés par les modèles parentaux – 'ais j'ai voulu être tout, après. Tout de moi, rien d'eux (D 22), s'exclame par

---

[10] Anne Muxel, *Individu et mémoire familiale* (Paris: Nathan, 2002), p. 13.
[11] Muxel, *Individu et mémoire familiale*, p. 39.
[12] *Individu et mémoire familiale*, p. 34.

exemple Irène –, et construire peu à peu sa propre version du passé et la présenter en opposition à la mémoire 'officielle' véhiculée par une norme familiale aliénante, pour pouvoir enfin s'en affranchir et se projeter dans un temps à venir. Enfin, se retourner sur son parcours personnel, c'est tenter de comprendre sa situation présente et mieux circonscrire son identité actuelle. Le constant va-et-vient qu'opèrent les narratrices de Nobécourt entre le temps passé des souvenirs et le temps présent du mal être témoigne de la fonction cognitive du souvenir: 'il faut bien que vous compreniez qui je suis, ce qu'il m'est arrivé et pourquoi j'en suis venue à cela' (C 72), explique Irène à son avocate; Hortense écrit à son père: 'je trouverai la vérité parce qu'elle est mon souci et que l'on s'imagine qu'il est important de connaître son origine' (H 126); Yolande quant à elle 'cherche dans les marais du passé une quelconque raison à toutes ces défaites' (N 261) qui ont progressivement abouti à l'échec de sa relation sentimentale avec Nathan.

On reconnaît là bien sûr la fonction éminemment cathartique attribuée à la mémoire réflexive, qui exprime, selon Muxel,

> Une vision interne, une introvision qui rappellerait le procédé de l'*"insight"* décrit dans la cure analytique, autorisant la réalisation du transfert qui marque la fin de l'analyse, en permettant au sujet d'accéder à la compréhension de son parcours en même temps qu'à la conscience de ce qui faisait souffrance pour lui. Mémoire éclairante, mémoire salvatrice, la fonction du souvenir est d'élucider et du même coup de faire acte de lucidité.[13]

L'hypothèse qui met en avant la fonction thérapeutique de l'écriture des souvenirs chez Nobécourt paraît convaincante. Dans un effet de mise en abîme de l'écriture de soi dans *La Démangeaison* – lorsque au milieu de son récit Irène raconte comment après avoir écrit son histoire la démangeaison disparut – le soulagement euphorique que ressent la narratrice trouve un écho probable dans le soulagement que peut éprouver l'auteure après avoir écrit son livre. Les paroles d'espoir qui closent ce premier texte, mais aussi tous les autres, confortent davantage cette hypothèse. La narratrice de *La Conversation*, la seule qui n'ait pas accès à l'écriture, ne s'écrit-elle d'ailleurs pas:

---

[13] *Individu et mémoire familiale*, p. 31.

> Ah, si j'avais pu peindre, ou écrire – écrirai-je un jour? – ou composer de la musique, que la vie m'eût été plus tendre, j'aurais pu trouver ces sortes de canalisation qui calment le monde et mes nerfs, mais je n'ai rien de tout cela, n'est-ce pas? (*C* 115)

On pourrait objecter ici que l'écriture ne calme ni le monde ni les nerfs dans l'univers de Nobécourt, ni pour la narratrice de *La Démangeaison*, qui voit sa maladie de peau réapparaître quelques mois plus tard, ni pour l'auteure, qui revient de livre en livre sur le sujet de son passé. On pourrait répondre à cela que l'écriture de soi s'étale sur plusieurs textes, et que chacun correspond à une étape nécessaire dans le processus analytique qui mènerait progressivement vers la guérison. En effet, on remarque que chacun des textes semble aller toujours un peu plus loin dans le dévoilement des épisodes marquants, voire traumatisants, et vient éclairer certains aspects mystérieux des précédents récits, comme si toute l'horreur vécue ne pouvait être dévoilée que par degrés, étape par étape (il est possible d'envisager ici que le sentiment exprimé par la narratrice de *La Démangeaison* de se sentir tiraillée entre le désir de dire la vérité et la peur de faire de la peine aux siens (D 60), trouve lui aussi un écho probable dans l'esprit de l'auteure). Selon cette hypothèse, les révélations faites dans *Nous* concernant la tentation de la mère d'avorter de Yolande – expliquant l'obsession de mort qui caractérise toutes les narratrices – et le comportement incestueux du père alors que Yolande allait avoir sept ans – expliquant les mystérieuses apparitions fugitives d'une fillette âgée de sept ans dans les deux textes précédents – constitueraient ainsi le but jusque là différé et ici enfin atteint.[14]

On remarque également qu'à l'image de la femme qui s'enfonce de livre en livre dans un tourbillon de non-sens au fur et à mesure que s'écroulent ses repères, avant de réapparaître beaucoup plus sereine dans *Nous* alors qu'elle annonce s'être enfin libérée de son passé, l'écriture semble elle aussi suivre la progression des états psychiques qui marque le cheminement analytique: elle devient d'un texte à l'autre de plus en plus angoissée et convulsée, pour atteindre à

---

[14] Ces deux événements déterminants sont symbolisés dans le personnage énigmatique d'Horsita, cette part innocente d'Hortense, qui est tour à tour 'ce fœtus agonisant, animal sanguinolent que je ne pouvais attraper d'aucun côté sans lui faire mal de façon effroyable' (H 180) et aussi, sans aucune explication, cette fillette 'qui n'aur[a] jamais plus de sept ans' (H 207).

la fin de *Horsita* le comble de la confusion, avant de devenir nettement plus maîtrisée et posée dans le dernier roman. Après donc une descente progressive aux enfers qui se vit et s'écrit en quelque sorte 'en direct' dans les trois premiers romans, *Nous* symboliserait la guérison.

L'hypothèse de l'écriture thérapeutique ne manque donc pas de fondement, mais elle laisse dans l'ombre un argument incontournable: les quatre textes de Nobécourt ne sont pas autobiographiques. Il est vrai, comme l'ont souvent rappelé les critiques, que certains détails qui figurent d'un texte à l'autre s'inspirent d'une expérience personnelle que Nobécourt a confirmée dans divers entretiens accordés à la presse: par exemple sa naissance en 1968, sa maladie de peau, son éducation catholique, la naissance d'une fille, un père âgé qui avait une vingtaine d'années durant la dernière guerre. A partir du troisième roman, les narratrices écrivent et publient des livres dans lesquels elles parlent de leur passé familial, renforçant davantage la ressemblance entre auteure et narratrices. Par contre, on sait que Lorette Nobécourt est la troisième d'une famille de trois filles, alors que ses narratrices n'ont jamais qu'une sœur. Le premier livre de Grégoire Bouillier, *Rapport sur moi*, que certains journalistes ont présenté au public comme étant 'la réponse de l'amant à l'amante' tant la relation qui y est dépeinte entre les deux amants ressemble à celle représentée dans *Nous*, donne une version très différente du passé de l'amant, sapant davantage la pertinence d'une lecture autobiographique.[15] On pourrait continuer ici de vérifier point par point l'authenticité des faits rapportés en les confrontant à la vie personnelle de l'auteure, mais il paraît vain de s'engager sur le terrain marécageux de l'exactitude référentielle, d'abord parce qu'il est impossible d'établir la véridicité des informations collectées, mais surtout parce qu'il existe de nombreuses variations factuelles d'un texte à l'autre qui condamnent une telle entreprise à l'impasse analytique.

On s'en tiendra donc à suivre la grille de lecture proposée par les textes. Tous portent l'inscription 'roman' sur leur couverture, et les noms (des narratrices, de l'amant et père de l'enfant, des parents, de la sœur) qui changent d'un texte à l'autre ne renvoient évidemment pas à des personnes identifiables dans la réalité. Aucune trace donc d'un

---

[15] Grégoire Bouillier, *Rapport sur moi* (Paris: Editions Allia, 2002).

éventuel pacte autobiographique, pour reprendre l'expression de Philippe Lejeune.[16] Au contraire: dans *La Conversation*, Irène aime à entretenir la confusion entre réalité et fiction quand elle confie: 'Je n'invente rien, jamais, mais si je racontais ma vie qui me croirait' (C 180), tandis que dans *Horsita*, Hortense réfute explicitement une éventuelle lecture autobiographique lorsqu'elle lance: 'ce n'est pas autobiographique au moins? les imbéciles!' (H 236). *La Démangeaison* est le seul récit qui suive une progression chronologique et qui puisse initialement laisser croire au récit de vie classique, les autres textes privilégiant, comme on l'a déjà dit, la narration éclatée et polyphonique. Dans ce premier roman, l'inscription de la naissance dans la toute première phrase – 'Et voilà, je suis née paralysée' (D 11) – n'est pas sans rappeler le modèle rousseauiste. Or, au lieu de l'inscrire dans le temps et dans l'espace, la narratrice l'associe dès le départ à ce qui est présenté comme l'élément déterminant qui a constitué sa personnalité, à savoir une conscience aiguë de sa différence, détournant ainsi la trajectoire attendue du récit. Quant au 'Et voilà' initial, qui renvoie au 'Voilà' isolé qui clôt le texte, il donne un ton quelque peu ironique au récit qu'il encadre. De plus, la limite entre fiction et réalité est dans ce texte brouillée lorsque Irène confie à la fin de son récit: 'J'ai menti déjà; beaucoup. Je n'ai jamais eu de petite sœur, jamais. Je suis la dernière d'une famille de trois enfants. La dernière oui. Mais qu'est-ce que cela change?' (D 116). Alors que l'auteure semble ici se substituer momentanément à la narratrice (mais rien ne permet d'affirmer avec certitude que ce 'je' renvoie à l'auteure), les faits rapportés et le personnage principal sont définitivement relégués dans le domaine de la fiction. Quant à *Nous*, c'est un texte qui non seulement 'invente' la parole prêtée à tous ceux et toutes celles qui sustentent le récit de la narratrice, mais insiste aussi le plus fréquemment sur les défaillances de la mémoire (abondance de 'je ne me souviens plus' et ses nombreuses variantes), minant là encore la valeur autobiographique de la représentation de son parcours.

Enfin, Nobécourt elle-même insiste sur le caractère fictionnel de son écriture lorsque, dans un entretien accordé aux *Inrockuptibles*, elle explique:

---

[16] Philippe Lejeune, *Le Pacte autobiographique* (Paris: Seuil, 1975).

Mais moi, je ne suis pas mon texte. Je ne pourrais pas dire les
mêmes choses sinon [...]. Dans *L'Equarrissage*, qui est mon texte
le moins fictionnel, j'ai pris le prénom d'Hélène parce que LN
sont mes initiales. Mais c'est encore masquer, car on peut dire à la
fois que tout s'est passé comme ça et pas du tout, en fait. La
fiction permet aussi d'évacuer: il vaut mieux écrire certaines
choses que d'aller les faire. Ce n'est pas un paravent, la fiction.
On est à la fois beaucoup plus et beaucoup moins que ses livres.
La fiction permet en fait des nudités plus grandes. Il y a des
choses que je n'oserais pas dire, et qui m'apparaîtraient comme
des mensonges s'il n'y avait pas la fiction. Paradoxalement, elle
me permet d'être plus juste.[17]

Nobécourt met donc en scène des narratrices qui lui ressemblent sans
être elle, et des expériences intérieures et relationnelles qui s'appuient
sur des situations réellement vécues mais dont la représentation laisse
libre cours à l'imagination. On se retrouve ainsi dans la logique du
mentir-vrai, à suivre la quête effrénée d'une vérité sur un passé plus
ou moins transposé. Mais peu importe en fait que l'écriture du
souvenir s'appuie sur des événements circonstanciels qui ne sont pas
nécessairement conformes à une réalité vécue, d'abord parce que de
toutes les manières, tout récit de passé est une inévitable
reconstruction qui ne peut rendre la réalité, et ensuite parce que chez
Nobécourt, l'enjeu autour de la vérité ne concerne pas l'exactitude des
faits, mais la mise en mots d'émotions qui signent la singularité du
sujet.
    Les quatre textes témoignent tous, à différents niveaux, de
cette conscience aiguë de la difficulté de rendre la réalité du passé et
de déjouer les pièges de sa reconstruction *a posteriori*. De nombreuses
réflexions méta-discursives interrompent régulièrement le récit
d'événements passés pour énoncer des hésitations, des imprécisions,
des oublis. La fonction interprétative ressort clairement lorsque Irène
construit sous nos yeux une expérience passée: 'Il y avait un homme,
un jour d'un certain âge, l'histoire débute ainsi, d'accord? Il y avait un
homme d'un certain âge un jour [...]. Non je reprends. Je portais une
longue jupe rouge [...]' (C 96-97). D'autres remarques articulent très
explicitement la fiction que chacun-e crée de sa propre vie, à l'instar
d'Hortense qui dit à propos de son enfance auprès de son père:

---

[17] *Les Inrockuptibles*, 18-24 février 1998, p. 25.

Parfois je me demande si tout cela est bien vrai, si je n'ai pas rêvé tout ça. On se construit tous une histoire à laquelle on finit par croire. Cela s'est peut-être passé comme ça, mais sans doute pas tout à fait. Il y a sûrement eu dans son histoire une part de réalités objectives que la mémoire ne peut pas rendre. (H 55)

Hortense souligne également le caractère éminemment sélectif de sa mémoire quand elle concède d'un revers de phrase: 'Mais bien sûr ce n'était pas que cela [la souffrance de son enfance]. C'était aussi les croissants du dimanche matin, l'ennui anodin et simple des après-midi de congé, et tout le reste' (H 82). Enfin les deux derniers romans contiennent en eux une critique sévère de la quête de vérité menée avec tant d'efforts par les narratrices. Dans *Horsita*, l'amant attaque violemment l'entreprise de la narratrice dans une mise en abîme du roman lui-même:

J'ai lu *Horsita* [...]. J'ai éprouvé une véritable nausée à la lecture de ton texte qui se veut le défenseur hardi de la vérité. Tu voudrais nous faire croire que le mensonge te répugne, mais tu as tellement trafiqué ton histoire qu'elle suinte le mensonge à chaque ligne pour moi, moi qui connais la vérité, la vérité vraie, oui, moi qui connais les faits. Tout cela m'a sincèrement dégoûté. Quelle sensation de vertige quand tout est vrai et faux à la fois, quand chaque ligne introduit un doute dans mon esprit, car tu modifies, certes imperceptiblement les choses, mais cette accumulation de modifications, même imperceptibles, change profondément l'ensemble. Et c'est ça qui est atroce et qui provoque chez moi un terrible malaise: que l'on ne puisse jamais dire exactement où, ni comment tout cela a été falsifié. (H 210)

Dans *Nous*, c'est tout le travail passé de la narratrice-écrivaine qui est remis en question dans une mise en abîme de sa carrière, d'abord par l'amant Nathan qui mentionne le travail de Yolande 'livre après livre' (N 21) avant de rappeler 'cette force de notre amour dont j'aimerais que tu te souviennes Yolande, pour cesser de te réclamer d'une version de notre histoire qui est seulement la tienne' (N 75), et ensuite par la sœur de la narratrice qui se dissocie de 'son histoire qu'elle trafique dans ses livres année après année' (N 143), avant d'évoquer 'tous ces événements qui sont une autre vérité de notre enfance, que l'incapacité à vivre de Yolande a si parfaitement occultée' (N 144).

Les textes de Nobécourt mettent en avant l'impossibilité de trouver sens dans l'interrogation d'une histoire familiale qui ne peut offrir d'appui solide puisque le sujet ne peut faire confiance en ses souvenirs. L'enjeu autour de la vérité ne se situe pas dans le questionnement des faits, puisque, comme le dit la narratrice de *La Conversation*, la vérité des faits n'existe pas, chacun a sa version (C 121). Cette même narratrice laisse augurer de l'échec de cette entreprise lorsqu'elle demande: 'Croyez-vous que je dois réellement vous raconter *toute* ma vie? [...] Tous nos secrets n'ont-ils pas finalement aucune importance? En quoi nous définissent-ils plus qu'autre chose?' (C 60, en italique dans le texte). Et plus qu'à un voyage dans les méandres d'une fausse mémoire des faits, l'œuvre de Nobécourt nous invite à un vrai voyage au bout de la langue, cette autre chose plus susceptible de définir l'être.

Ainsi, au delà de la représentation d'une enfance malheureuse, *La Démangeaison* peut être lu comme le récit d'une prise de conscience que le langage n'est pas ce qu'il paraît. Après des années de frustration à se sentir réduite au silence, Irène éprouve un plaisir évident lorsqu'elle découvre enfin le pouvoir salvateur des mots, d'abord ceux des autres à travers la littérature des 'plus *grands*' (D 56, en italique dans le texte), puis les siens alors qu'elle parvient à trouver les mots pour écrire ses maux, et se sent totalement libérée une fois que '*le* texte' (D 76, en italique dans le texte) est enfin terminé et que sa peau devient lisse. Le long passage qui se rapporte à cette première expérience de l'écriture est étonnant de rage et de bonheur exaltés à l'idée de pouvoir inscrire sa propre voix en opposition à celle des siens qui, selon elle, cherche par tous les moyens à l'étouffer:

> Je nommais le tout [...] jouissances effrénées de la langue... [...]
> Enfin! Sujet, attributs de sujet, objet, objets de ma haine, de la
> leur, ah enfin! Toutes les ellipses, le non-dit cent fois trahi, et la
> phrase à construction impersonnelle... un monde que je quittais!
> Enfin! Les mots, les sons, ma voix! (D 70-71)

Mais l'émerveillement laisse place à la stupéfaction lorsque la maladie réapparaît quelques mois plus tard, et la narratrice de prendre conscience que cette langue qu'elle avait cru sienne, propre à exprimer le 'je' tant espéré, ne lui appartient en fait pas, mais qu'elle l'a héritée de sa famille:

> Et moi ayant parlé j'avais vérifié que j'étais de cette pâte-là
> également, de celle fomentée de bassesse parcimonieuse, de
> mesquinerie sordide, car j'avais tant râlé, et tant maudit, mais

> hérité de tout ce qu'ils m'avaient transmis, et ma rage, ma colère
> c'était aussi d'eux que je la tenais, c'était d'eux dont je m'étais
> nourrie, et à mon tour ayant crié, j'avais tué, exterminé, égorgé,
> décapité. (D 87)

À cours de langue, Irène se réfugie dans le silence – 'je ne nommais
plus rien' (D 92) –, et laisse désormais son corps malade exprimer sa
révolte. Mais le silence représente ici un autre échec puisqu'il renvoie
le sujet à cette fracture identitaire qui trouve son origine dans
l'impossibilité de trouver 'la langue, son présent' (D 77).

La prise de conscience de l'échec du langage et du silence
s'ouvre sur le questionnement de plus en plus poussé de la langue elle-
même. Ainsi, dans *La Conversation*, Irène exprime les opinions que
'les mots ne sont plus rien' (C 32) et que la société actuelle repose sur
une forme de totalitarisme issue de l'organisation des camps durant la
guerre (C 184, 188), sans toutefois établir de lien causal entre ces deux
observations. Le lien est clairement établi dans *Horsita*, initialement
par l'intermédiaire du personnage de l'amant Samuel qui impute
l'effondrement du socle du langage à cette fracture qu'a constitué la
deuxième guerre mondiale, et plus précisément la Shoah:

> À Auschwitz, ils ont organisé le meurtre du langage et maintenant
> nous subissons le bruit assourdissant de la communication
> planétaire qui tend à nous faire oublier ce meurtre. Les mots ne
> portent plus leur sens. Les individus ne se parlent plus parce que
> le sens des mots a été contaminé à Auschwitz. (H 110)

Il ajoute ensuite que seul le langage pourrait 'mettre ce lien maléfique
à nu, afin de l'interrompre et d'établir une unité nouvelle' (H 111).
Hortense s'approprie cette théorie lorsqu'elle s'exclame dans les
pages finales qu''ils ont assassiné la langue à Auschwitz' (H 236). Les
mots sont maintenant 'vides de vérité' (H 237): 'nous sommes
maintenant tous ensemble couchés dans la nuit d'Auschwitz, sans
appui, sans cette langue de mots qui nous servait autrefois de support,
de possible établi où travailler l'amour, et maintenant?' (H 230). C'est
par ailleurs la mise en écriture de ce rapport historique entre la langue
et le nazisme que Bertrand Leclair a saluée dans sa lecture d'*Horsita*,
accusant bon nombre de critiques de choisir de critiquer un style jugé
grossier pour ne pas avoir à confronter la représentation d'un scandale
qui ne s'admet pas, celui d'

> Une épilepsie du langage qui est celle de toute une époque, une
> époque qui tente avec le concours de tous, plutôt que de
> l'affronter au risque d'y perdre sa voix à prétendre chanter, de la
> résoudre dans la communication, de 'déparler' pour éviter
> d'affronter la part d'ombre de la langue.[18]

Dans *Nous*, Nathan tient sensiblement le même discours à partir de
l'effondrement du mur de Berlin lorsqu'il explique à Yolande que
l'Histoire a totalement contaminé non seulement les rapports entre les
êtres (N 19-20), mais aussi la langue (N 73), mais c'est avant tout et à
nouveau la langue héritée de la famille qui est mise en accusation dans
ce quatrième roman. Elle l'était déjà à l'occasion dans *Horsita*,
notamment lorsque Hortense se remémore cet épisode de son enfance,
lors de vacances en famille:

> Nous vîmes un été des cohortes de limaces dans les montagnes
> des Cévennes. Elles sortent en masse après la pluie. Nous ne les
> avions pas trouvées répugnantes. Quelqu'un dit:
>   — C'est répugnant.
> Nous avions dit:
>   — Oui, elles sont répugnantes…
> C'était cela que nous avions appris: le mensonge. Avec tant
> d'innocence. (H 52)[19]

Mais elle l'est de façon plus insistante dans *Nous*. Yolande fait le
même constat qu'Hortense lorsqu'elle énumère toutes ces phrases
apparemment anodines qu'elle dit avoir fait siennes sans mesurer leur
véritable charge morale, sociale et politique, ni leur pouvoir aliénant:
'Yolande, quand on est d'un certain milieu on ne dit pas "au plaisir"
mais "à bientôt", on ne dit pas "caca", on dit "popo", on ne dit pas
[etc.]' (N 63). Son amant ne mâche pas ses mots lorsqu'il attaque
violemment ceux des parents:

> Cette méchanceté larvée que tu [Yolande] n'entendais même plus,
> qui restait coincée comme des fibres de viande entre leurs dents et
> qu'ils attrapaient d'un coup de langue pour la cracher en un jet de

---

[18] Bertrand Leclair, *Théorie de la déroute* (Paris: Editions Verticales, 2001), pp. 117-
121 (p. 121). Leclair précise que le mot 'déparler' 'signifie non pas le silence, mais au
contraire la surabondance d'une parole dénuée de sens' (p. 120, note 1).
[19] Dans *Horsita*, le pronom 'nous' est régulièrement employé pour faire référence à
Hortense et à Horsita, cette 'autre' intériorisée à qui s'adresse souvent Hortense.

mots bref où bavait je ne sais quel poison de je ne sais quelle histoire. (N 42)

L'écriture de Nobécourt souligne ainsi l'inadéquation d'une langue doublement contaminée par l'usage qu'en fait une famille prisonnière de son histoire particulière, elle-même prisonnière de l'Histoire collective. Différentes stratégies sont progressivement mises en place qui servent à attirer l'attention sur l'inadéquation du langage. C'est d'abord l'écriture de mots nouveaux, créés pour rendre la singularité d'un sujet qui cherche tant bien que mal à trouver une parole exacte, susceptible de rendre le plus précisément possible les émotions: *lacrymonials*, *suintance* (D 22, 92), *faisance*, *frière* (C 37, 112). Ces inventions lexicales sont mises en italiques, comme le sont également d'autres mots du vocabulaire courant, ou parfois une phrase entière, avec pour effet de faire pression sur le langage. Le sont également l'inclusion de plus en plus fréquente d'un texte à l'autre de mots ou phrases d'origine latine ou en langue étrangère (prédominance de l'anglais dans *La Conversation*, de l'espagnol dans *Horsita*), parfois là aussi inventés: '*what is this unlucking life?*' (H 32).

Dans *La Conversation*, la narratrice cherche sans le trouver le mot précis – '(il y a un mot pour cela)' (C 12) –, en décline d'autres pour rendre le sens exact – 'orfraie, dit pour *osfraie*, du latin, *ossifragus*, qui brise les os, de *os*, os, et *frangere*, briser, c'est un oiseau de proie nommé aussi aigle de mer' (C 173, en italique dans le texte) – et regrette aussi les limites de la langue qui ne peut tout recouvrir: 'Qu'il serait beau le mot de *frière* s'il existait' (C 112, en italique dans le texte), ou encore 'qu'est-ce que *cela*, comment nommer *cela*?' (C 62, en italique dans le texte). Elle interroge directement le langage lorsqu'elle demande à son avocate: 'Que regardez-vous? Ah, ça... "Séraphin, subvertir, irriguer, bramer, lémures, bestiaux, s'invaginer, coprophage, lombes, insurrection, déraison, photophores, salamandre", oui c'est une liste des mots dont je voudrais connaître *exactement* le sens, ça vous inspire?' (C 29-30, en italique dans le texte).

Dans *Horsita*, la narratrice continue de s'interroger sur la langue – '*epilambaneien*, quel est ce mot?' (H 223, en italique dans le texte), 'qu'est-ce que ce mot de *nuidité*? il m'en pousse de partout du langage' (H 241-42, en italique dans le texte) –, mais totalement déstabilisée par les résultats peu concluants de son enquête sur le

passé de son père, elle finit par se perdre au moment même où elle
perd la langue:

> Alors, mon corps est tombé par petites strates, nerveusement, dans
> des frémissements inarticulables, et comme chacun de mes petits
> organes venait s'affaisser sur le sol, le langage, la langue elle-
> même est descendue en déconstruction, Ya ko rougéa mila non
> amorati. (H 217)

L'équation entre le soi et le langage est renforcée deux pages plus loin
lorsqu'elle implore: 'je cherche un sujet, le pronom premier, donnez-
moi la langue, par pitié!' (H 219), une supplication mainte fois répétée
qui s'élève au-dessus du nons-sens d'un discours discordant. Les
quarante dernières pages de ce roman évoquent une plongée en chute
libre dans le vide où le sujet se perd totalement en perdant la langue,
et illustrent parfaitement l'incipit de ce roman: 'C'est une croix que la
vérité. Je vous parle pourtant d'un abysse où les mots n'ont plus sens'
(H 11).

   La Conversation et *Horsita* se terminent tous les deux sur un
message d'espoir qui se rapporte à la quête d'une parole libératrice
parce que juste, à savoir qu'elle établira une correspondance exacte
entre le 'je' qui éprouve, le 'je' qui pense et le 'je' qui énonce. C'est
d'abord Irène qui dit à son avocate:

> J'espère encore Anna ce jour où plus rien n'aura d'importance, où
> j'écrirai les mots qu'il faut. Un jour tu verras, ça me coulera des
> doigts, je ne pourrai rien arrêter […]. Je dirai tout un jour tu
> verras, je pourrai même mettre des mots sur ce qui n'en supporte
> pas. (C 207-208)

Hortense attend elle aussi de trouver une 'langue nouvelle' (H 240,
241) alors qu'elle constate: 'j'ai échoué dans le langage et dans le
corps, j'inventerai la langue unie' (H 243), une langue unie pour dire
un sujet enfin unifié dans la langue:

> Horsita, quelle est ta langue, quel alphabet ton corps porte-t-il?
> C'est cela que nous devons chercher, c'est cela que *je* dois
> chercher. Moi qui n'étais pas Hortense, qui ne suis pas même
> Horsita, mais cette voix emmurée, à genoux, qui gémissait dans le
> fond de ma gorge, qui danse aujourd'hui dans mon corps si
> vivant. Et dans la langue, je prêcherai, oui, je prêcherai la joie. (H
> 246, en italique dans le texte).

Nous témoigne que le stade du chaos est dépassé et l'écriture s'installe dans cet état de 'joie' tant espéré à la fin des deux romans précédents. L'échec du langage demeure certes le principal accusé dans la mesure où il reste à l'origine de la fracture identitaire du sujet. Abus de paroles d'un côté: 'je ne comprenais pas même certaines des phrases que je prononçais [...] des phrases qui, au moment même où je les formulais, me scindaient en deux parties distinctes dont l'une ne pouvait plus communiquer avec le monde' (N 64-65). Carence de paroles de l'autre côté, lorsque les sentiments, les émotions n'ont pas trouvé à s'exprimer dans la langue autorisée par la famille et par la société, laissant si souvent la narratrice 'muette', si souvent emmurée dans le silence. L'inadéquation du langage est aussi présentée comme étant la cause principale de l'échec des rapports entre les êtres. C'est ce que montre si bien le récit de toutes les relations manquées évoquées dans *Nous*, et en particulier celle entre Yolande et Nathan. Unis au départ par 'l'alphabet sacré de notre langue' (N 25), ils s'éloignent peu à peu l'un de l'autre au fur et à mesure que les autres s'immiscent dans 'ce dialogue qui ne concernait que nous-mêmes' (N 44). 'Et nous nous sommes finalement donnés aux autres, Nathan, perdant l'unicité de notre langue' (N 167), constate finalement Yolande, brisant à ce même moment la continuité narrative construite autour de la reprise d'un mot ou d'une phrase et qui établissait jusqu'alors un dialogue suivi entre Yolande et Nathan, par delà les interventions des membres de leur famille respective. Ces citations illustrent bien les propos de Nobécourt selon lesquels le langage est 'la source de tous nos malentendus mais aussi notre seul espoir de salut', salut possible lorsque s'accomplit 'le miracle de la compréhension d'autrui'.[20] Ce miracle ne peut cependant perdurer qu'au prix d'un travail de tous les instants sur la langue, et c'est ce travail difficile mais essentiel que tous les personnages de *Nous*, y compris Yolande, n'ont pas fait. Venant régulièrement se heurter contre un 'mur de malentendus' (N 77), qui s'échafaude à partir du 'mur de silence' (N 167), et du 'mur du langage' (N 265), ils demeurent tous enfermés dans 'une citadelle de pierre [...] frappant en vain ces briques de mots coulées dans le ciment du mensonge qui forment le langage où gît murée la vérité muette' (N 241).

---

[20] Entretien avec Lorette Nobécourt, http://www.edition-grasset.fr/textes/t_des-no.htm.

La langue choisie dans *Nous* pour rendre les pièges de la langue contraste cependant grandement avec celle des deux textes précédents: à l'écriture tourmentée, puis convulsée, succède une écriture fluide et limpide, une écriture qui, comme l'a justement écrit Jean-Luc Douin, accouche 'de fulgurances poétiques dignes d'Henri Pichette, d'hallucinantes scènes dignes de la chorégraphe-dramaturge Pina Bausch, d'une houle verbale, un torrent lyrique, phrases très longues, pas ronflantes pour un sou, qui coulent de source et de lumières'.[21] La parole semble bien en effet désormais 'couler' des doigts de la narratrice, la langue être enfin 'unie', comme le souhaitaient Irène et Hortense.

L'explication de ce changement est donnée à la fin du roman. Le voyage initiatique de toutes les narratrices vient ici se confondre dans cet autre voyage que Yolande entreprend de faire au Vietnam et au cours duquel elle parvient enfin à se réconcilier avec elle-même et les autres:

> J'ai compris Nathan qu'ainsi va le monde qui accouche sans cesse d'hommes et de femmes qui, tels des insectes, se débattent inconscients dans ces deux toiles d'araignées que sont leur désir et l'Histoire, et je suis retournée vers nos villes avec, dissimulée dans le creux de mes mains, la certitude d'un trésor, je t'ai perdu à Saigon et avec toi une certaine idée de moi-même. (N 278)

Cette conscience nouvelle explique ce sentiment de 'douceur sans pitié' (N 279) qui caractérise le regard que la narratrice a jusque-là porté sur son passé et celui qu'elle porte désormais sur le présent et sur l'avenir, mais aussi et surtout la langue. '[T]es gestes étaient neufs, tes mots s'incarnaient de cette matière particulière qui n'appartient qu'à la vérité' (N 267-68), dit Nathan de cette femme nouvelle qui semble bien être parvenue à démolir ce mur du langage qui la séparait d'elle-même et des autres, réparant ainsi la fracture d'antan.

Les circonstances exactes qui entourent cette prise de conscience soudaine restent quelque peu floues, corroborant ainsi l'hypothèse de la primauté de la quête langagière. Après donc s'être farouchement débattue dans les filets d'une langue jugée morte, parce que prisonnière d'une idéologie qui vise à mieux contrôler les êtres en homogénéisant l'expérience humaine, dépossédant ainsi chacun-e des

---

[21] Jean-Luc Douin, 'La loi des incompréhensions universelles', *Le Monde des Livres*, 30 août 2002.

émotions et surtout de la parole qui lui sont uniques, l'héroïne de Nobécourt renaît lorsqu'elle parvient à redonner épaisseur à la langue. D'où cette écriture à la fois débordante et maîtrisée, dense et aérienne, qui caractérise tout le roman. Après avoir exposé les clichés, phrases toutes faites et lieux communs qui privilégient 'l'émotion unique' tout comme ils renforcent la 'pensée unique', l'écriture parvient enfin à s'élever au-dessus du carcan ordinaire et jouit enfin de la pleine richesse du langage. Cette houle verbale, ce torrent lyrique, ces phrases très longues que mentionne Jean-Luc Douin se nourrissent de nombreuses métaphores originales qui rendent vie à la langue. Bertrand Leclair explique à ce propos que si 'le stéréotype colle les mots à leur signification courante dans une expression repliée sur elle-même, il les entrave au point qu'on ne les entend plus', au contraire la métaphore, lorsqu'elle est inédite,

> Est littéralement un moyen de transport du sens des mots qui, les déplaçant, les décolle de leur signification courante, […] entraînant dans un même mouvement l'écrivain et son lecteur sur les *terra incognita* de cet univers infini qu'est la langue.[22]

La langue retrouve enfin vie, rendant ainsi vie aux émotions individuelles et, partant, rendant la pleine mesure de la vie à celui ou celle qui les éprouvent.

Cet accord enfin trouvé entre émotion et parole débouche sur une nouvelle concordance temporelle. Alors qu'à la fin des deux précédents romans, un gouffre apparemment infranchissable séparait le présent du futur, les derniers mots de Yolande suggèrent qu'ils se confondent ici dans un même temps sans limites: 'et ainsi Nathan, tout peut advenir, tout peut advenir puisque nous sommes enfin innocents' (N 280). Ainsi se clôt le voyage au bout de la langue, en donnant accès à tous les possibles immédiats qui s'offrent désormais devant soi.

Dans un entretien paru à la sortie de *La Conversation*, Nobécourt expliquait que ce qui lui importait le plus en tant qu'écrivaine, c'était de 'trouver sa propre langue, ce qui fait que personne d'autre n'aurait pu écrire ce que je raconte'.[23] C'est cette même quête qui s'écrit dans son œuvre, à travers des récits qui en

---

[22] Douin, 'La loi des incompréhensions universelles', pp. 18-20.
[23] Entretien avec Lorette Nobécourt, http://www.fnac.fr/html/lorette_nobecourt.html.

retracent les différentes étapes, une quête au cours de laquelle le sujet se perd en perdant le sens des mots. Et ce n'est qu'après avoir pris la pleine mesure de 'la viscosité du sens' (H 228) qu'il parvient finalement à se reconstruire, dans le travail de décontamination de la langue qui peut alors commencer. 'Que me reste-t-il désormais sinon mes pauvres mots' demande Yolande (N 90): les mots les plus justes pour accorder le plus précisément possible l'émotion et la parole, répondant ainsi au vœu qu'Hortense avait émis dans *Horsita*: 'Si chaque individu pouvait accorder sa langue et son corps, alors quelle vérité!' (H 153). C'est dans cette quête-là de vérité, autour de la langue, que le sujet peut espérer éprouver son authenticité et son unicité, et ainsi s'affirmer vivant.

'Se mettre au service de la vérité, [...] c'est se mettre au service de la langue' dit la narratrice d'*Horsita* (H 153). Se mettre au service de la langue pour donner sens à la langue, c'est en fin de compte donner sens tout court, dans la mesure où s'élabore là un projet de vie qui donne sens à la vie, dans tous les sens du terme. Voilà qui répond à cette question qui hante l'œuvre de Nobécourt:

> Que faire maintenant que nous sommes ici, tous ensemble, grouillant devant l'équation finale, sans aucune raison valable de vivre ou de mourir, de mettre fin à nos jours, ce qui représenterait une énergie qui n'est déjà plus de notre ressort' (C 163).

L'écriture de Lorette Nobécourt semblera amère et impudique, voire indécente, à ceux et celles qui choisissent d'y voir la transposition d'une existence sabotée par l'influence jugée aliénante de la famille, et des parents en particulier. Mais lire les romans de Nobécourt sur le mode autobiographique pour y voir un simple lavage de linge sale en public, c'est à mon sens se méprendre sur un projet d'écriture qui prend certes appui sur le roman familial, mais pour déplacer l'enjeu vers des questions beaucoup plus symptomatiques de notre époque contemporaine.

En ce sens, ses romans s'inscrivent dans cette nouvelle tendance de la littérature contemporaine que Dominique Viart a analysée à partir de romans masculins dans 'Filiations littéraires',[24] où

---

[24] Domique Viart, 'Filiations littéraires', in Jan Baetens et Dominique Viart (eds), *Ecritures contemporaines 2* (Caen: Minard, 1999), pp. 115-39.

les questions de filiations ont pleinement intégré les questions de soupçon qui pèsent sur la langue:

> Bien conscient que le sujet ne se trouve que dans la langue, et qu'il est à la fois révélé par elle en même temps que déformé et trahi par elle, l'écriture contemporaine s'installe dans cette conviction que l'épreuve de la langue *est* une épreuve du sujet. Une telle certitude exclut bien toute velléité d''écrire comme', tout 'retour à': les formes académiques en effet ne peuvent se concevoir qu'en tant qu'elles sont entièrement dissociées d'une préoccupation du sujet-dans-la-langue, car la langue qu'elles offrent au sujet, toute normalisée par ses codes esthétiques, n'est pas propre à le dire. C'est là que prennent toute leur valeur les propositions de Michel Deguy autour de la question de 'configuration'. Chaque sujet en effet se configure dans l'économie même de sa langue au moins autant sinon plus que dans le propos qu'il tient ou la fiction qu'il met en œuvre.[25]

En d'autres termes, et pour en revenir à Nobécourt, au lieu du célèbre 'Familles, je vous hais', on évoquera plutôt une variante de cette exclamation tout aussi célèbre: 'dis-moi ce que tu écris, je te dirai non pas tant qui tu hais, mais qui tu es'.

---

[25] Viart, 'Filiations littéraires', p. 134 (en italique dans le texte). Dominique Viart renvoie ici à Michel Deguy, *Figurations* (Paris: Gallimard, 1969).

II. Contes familiaux

Dans la Pente du toit d'Anne-Marie Garat: élaboration, déconstruction du conte familial

Catherine Rodgers

Dans la pente du toit est un livre sur la famille, sur l'amour et la haine qui y circulent, sur la nécessité qu'éprouve une femme de comprendre sa place dans la généalogie familiale afin de pouvoir s'en libérer.[1] La mort atroce de son père qui a dépéri d'un cancer à la gorge et celle de sa sœur, victime elle aussi d'un cancer, ont plongé la narratrice de *Dans la pente du toit* dans la confusion mentale. Elle qui écrivait des fictions ne peut plus, et même 'écrire est devenu impensable' (DPT 7). Pourtant elle y parviendra. En ceci, *Dans la pente du toit* est une sorte de nœud de Möbius, un texte à la structure non linéaire dont la genèse ne peut être reconstruite chronologiquement, texte impossible et pourtant bien réel. Le texte final garde plusieurs phases de sa genèse de la même façon que le roman familial est le creuset où se déposent les histoires de plusieurs générations. Certains passages particulièrement à vif donnent l'impression d'avoir été rédigés pendant les agonies du père et de la sœur de la narratrice, d'autres suggèrent que du temps s'est écoulé depuis leur mort. Les trois premières pages du texte se présentent paradoxalement comme une sorte de précipité du reste du récit tout en annonçant la teneur: elles anticipent sur certaines des phrases qui y figureront, mais n'ont pu être écrites qu'à la fin. *Dans la pente du toit* est un texte au montage subtil qui, par ses mots, sauve la narratrice de bien des maux.

---

[1]Anne-Marie Garat, *Dans la pente du toit* (Paris: Seuil, 1998). Les références de page seront dorénavant indiquées entre parenthèses dans le texte, suivant le sigle DPT.

Dans la pente du toit est à ce jour le huitième texte d'Anne-Marie Garat (née en 1946), qui depuis en a publié cinq autres.[2] A côté de son travail d'écrivaine, elle enseigne le cinéma et la photographie et son œuvre écrite témoigne de ses intérêts pour ces deux autres médias: plusieurs de ses personnages évoluent dans ces milieux,[3] certains aspects de la structure de ses livres rappellent le montage cinématographique, mais surtout on verra que son analyse de l'écriture emprunte au processus de développement des photographies.

Les textes de Garat présentent une grande cohérence thématique par delà des situations et événements qui eux varient: elle s'attache à montrer l'exploration par un personnage du sens de la vie à la suite d'un événement qui a fait exploser le système qu'il avait plus ou moins bien édifié pour affronter la périlleuse entreprise qu'est le simple fait de vivre. Déstabilisé, le personnage tente de comprendre ce qui l'avait constitué, l'équilibre instable qu'il était parvenu à mettre en place et qui est maintenant détruit. Il opère une sorte de 'déplacement intérieur'[4] qui l'amène à revisiter son enfance, ses relations à ses parents, grands-parents, à interroger la langue même qui l'a formé. *Dans la pente du toit* s'inscrit dans cette thématique, mais cette fois-ci le texte est présenté par sa narratrice comme autobiographique, alors qu'auparavant, Garat, selon ses propres déclarations, ne faisait pas 'du roman autobiographique'.[5]

Dans un premier temps, peut-être un peu naïvement, je vais tenter de démêler l'histoire familiale de la narratrice pour mieux

---

[2] Anne-Marie Garat a publié entre autres: *L'Homme de Blaye* (Paris: Flammarion, 1984); *Voie non classée* (Paris: Flammarion, 1985); *L'Insomniaque* (Paris: Flammarion, 1987); *Le Monarque égaré* (Paris: Flammarion, 1989); *Chambre noire* (Paris: Flammarion, 1990); *Aden* (Paris: Seuil, 1992); *Photos de familles* (Paris: Seuil, 1994); *Merle* (Paris: Seuil, 1996); *L'Amour de loin* (Actes Sud, 1998); *István arrive par le train du soir* (Paris: Seuil, 1999); *Les Mal Famées* (Arles: Actes Sud, 2000); *La Rotonde* (Arles: Actes Sud) et *Nous nous connaissons déjà* (Arles: Actes Sud, 2003). En particulier elle a obtenu le Prix François-Mauriac pour *L'Insomniaque*, le Prix Alain-Fournier pour *Chambre noire*, le Fémina pour *Aden* et le prix Marguerite Audoux pour *Les Mal Famées*.
[3] En particulier, le personnage principal est photographe dans *L'Homme de Blaye*, et dans *Chambre noire* deux des personnages sont aussi photographes, alors que la protagoniste éponyme de *Merle* est monteuse de film.
[4] Terme employé pas Anne-Marie Garat à propos du personnage central d'*Aden*, dans une entrevue réalisée par Hélène Gaudreau, 'Migrations intérieures', http://www.nuitblanche.com/archives/g/garat.htm.
[5] Gaudreau, 'Migrations intérieures'.

comprendre l'effet dévastateur qu'ont les morts de son père et de sa sœur sur elle. Certes toute mort d'un être proche induit un sentiment de perte chez le survivant, mais dans le cas de la narratrice, celle-ci est près d'y laisser la raison. Dans un deuxième temps, l'histoire familiale sera considérée sous un angle plus critique, non plus comme la relation objective du passé, mais comme une construction, un conte élaboré essentiellement par la mère qui fixe la narratrice à une place déterminée. Finalement, c'est au travail d'écriture de la fille et aux stratégies qu'elle adopte pour prendre sa distance par rapport au filet maternel que l'on s'attachera afin de saisir à quel point la fille construit ou déconstruit le conte familial et en ce faisant répète ou transforme la figure maternelle.

Des agonies de son père et de sa sœur, la narratrice décrit surtout celle du père. Elle raconte comment il subit un acte chirurgical qui s'apparente à de la boucherie et qui le laisse égorgé, sans voix aucune et sans avenir. Les descriptions – saisies de réel dans son horreur brute – sont à la limite du supportable. Par comparaison, la narratrice décrit peu le supplice tout aussi affreux de sa sœur: elle aussi a un cancer et subit des séances de rayons qui la brûlent (DPT 22) ainsi qu'une chimiothérapie qui lui fait perdre ses cheveux (DPT 26). Certes la narratrice aborde la diminution des facultés de sa sœur à cause de la maladie: cette dernière éprouve des difficultés à s'exprimer et son œil se met à loucher (DPT 22), mais elle ne laisse deviner l'horreur de ses derniers jours que dans un paragraphe dans lequel sa sœur est réduite à ce 'monceau livide affaissé pantelant' ou 'ce corps ivre ligoté de douleur, mugissant' (DPT 26). Et pourtant il me semble que c'est surtout la mort de sa sœur qui précipite la narratrice dans un questionnement profond sur son être.

Déjà elle doit se dépêtrer de la culpabilité 'normale' que la psychanalyse attribue à tout-e aîné-e qui aurait survécu à la mort de son/sa cadet-te. A ce sujet, rageusement, ironiquement – avec un petit élément de doute quand même? – la narratrice rapporte le discours conventionnel de la psychanalyse selon lequel l'aînée, par jalousie pour l'amour des parents, souhaiterait la mort de sa cadette (DPT 179). D'ailleurs la Bible, avec Abel et Caïn avait déjà reconnu cette rivalité, sa résolution par le meurtre du plus jeune et la culpabilité qui s'ensuit pour l'aîné, culpabilité qui affecte ensuite plusieurs générations de ses descendants. Mais le cas de la narratrice est plus complexe à cause de la spécificité de sa famille. En effet tout le passé

familial la détermine comme responsable de la mort de sa sœur et par
essence mauvaise. Pour comprendre cette fatalité, il faut remonter
l'histoire des générations. On est alors confronté à plusieurs
phénomènes qui convergent tous pour renforcer la culpabilité de la
narratrice.

D'abord la répétition traverse cette famille: rien n'y est
simple. Au fur et à mesure que la narratrice trace son
génosociogramme[6] se met en place de plus en plus clairement le motif
de la répétition, répétition car les personnages sont doubles, mais aussi
parce que les situations se reproduisent.

Le phénomène de répétition, repéré par Freud,[7] est devenu
central pour les psychogénéalogistes. Le descendant 'répète' dans son
corps, par ses actions, ce qu'a vécu un de ses ancêtres sans pour autant
être nécessairement conscient de ce qui s'est passé dans la génération
précédente. Une sorte de connaissance transgénérationnelle
inconsciente existerait donc qui pourrait faire que la mère de la
narratrice meurt presque lors de la naissance des jumelles (la sœur de
la narratrice et sa jumelle qui est mort-née) parce que sa propre mère
est morte en couche. Schützenberger voit en la répétition une sorte de
fidélité aux ancêtres:

> Répéter les mêmes faits, les dates ou les âges qui ont fait le roman
> familial de notre lignée est une manière pour nous d'être fidèles à
> nos parents, grands-parents et ancêtres, et donc à leurs faits, gestes
> et tragédies, une façon de poursuivre la tradition familiale et de
> vivre en conformité avec elle.[8]

---

[6] Le génosociogramme est défini ainsi par Anne Ancelin Schützenberger: 'une sorte
d'arbre généalogique fait de mémoire (c'est-à-dire, sans recherche d'information et de
documents), complété des événements de vie importants (avec leurs dates et leurs
liens) et du contexte affectif [...]'. Elle précise que 'ce qui est important, c'est la
façon dont l'auteur de cet arbre "fantasmatique" perçoit les personnages et les liens
qui les unissent et qui le lient à ses ascendants et collatéraux et leurs rôles'. *Aïe, mes
aïeux!* (Paris: Desclée de Brouwer/La Méridienne, 1993), p. 89.
[7] Freud aborde bien le problème de certaines personnes qui ont le sentiment d'"une
orientation démoniaque de leur existence', avec l'occurrence d'éléments extérieurs
qui se répètent, mais il l'analyse en terme de névrose, dite névrose de destinée (voir
Jean Laplanche et J.-B. Pontalis, *Vocabulaire de la psychanalyse* (Paris: PUF, 1967)).
[8] Anne Ancelin Schützenberger, 'Empreinte de nos ancêtres: recherches en
psychogénéalogie clinique' in Patrice Van Eersel et Catherine Maillard, *J'ai mal à
mes ancêtres! La psychogénéalogie aujourd'hui* (Paris: Albin Michel, 2002), p. 18.

Pour commencer ce ne sont que des bribes de phrases, assez énigmatiques, qui apparaissent, puis l'histoire se dévoile petit à petit. Du côté de la mère, des deux branches, maternelle et paternelle, se retrouvent des éléments qui viennent se répéter dans la naissance de la narratrice et de ses sœurs. La mère de la narratrice est l'aînée de trois sœurs: une mort-née et une autre qui a causé, par sa naissance, la mort de leur mère. Cette 'mauvaise-née' fut bannie du toit familial par le père qui ne pouvait plus supporter de vivre avec l'enfant qu'il considérait avoir causé la mort de sa femme. Or la narratrice est l'aînée de trois sœurs. Des deux jumelles qui lui ont succédé, et dont la naissance a failli coûter la vie de sa mère, une seule a survécu, l'autre étant mort-née. Cette jumelle atrophiée a été séparée de sa jumelle vivante à coups de ciseaux dans la cuisine, puis vite emballée dans du papier journal, avant d'être ensevelie dans le terrain vague (sorte de limbes spatiaux) qui borde la maison de l'impasse (autre image de non-sens) où habitent les parents. Le père n'est pas mentionné; seules des figures féminines (mère, narratrice, sage-femme, jumelles) hantent cette scène fantastique. On voit comment d'une part l'histoire familiale se répète par la lignée maternelle, et d'autre part comment elle constitue les sœurs, quelle que soit la génération, en une 'bonne' et une mauvaise 'sœur'. Sans entrer dans le détail assez complexe de l'arbre généalogique de la narratrice, les mères sont aussi dédoublées et même démultipliées. Ainsi la sœur de la mère est envoyée en garderie chez Mariette qui partage sa maternité adoptive avec Laurie (DPT 44). La mère de la narratrice n'a pas moins de trois mères: sa vraie mère, puis la marâtre Tatie Paule et à vingt ans elle est 'adoptée' par Louise Desforêts, cordon bleu. Or comme le dit la narratrice: 'La trinité des mères de ma mère, plus *bonne-maman* la mauvaise, pose un problème. Je les ai toutes sur le dos' (DPT 45).

La répétition entre mère et fille n'est pas la seule en jeu. En effet, le motif du double descend aussi du côté du grand-père maternel. Alors que celui-ci est prisonnier pendant la guerre de 1914-1918, il ne parvient à survivre que parce qu'il garde secret tout l'hiver la mort de son compagnon de peine, un Belge avec lequel il partage la tranchée qu'ils ont creusée et dans laquelle ils se lovent l'un contre l'autre la nuit sous leur pelisse comme dans une matrice contre le froid: 'ensemble ils dorment très vieux très glacés entortillés l'un à l'autre, un frère sans tombe ni linceul ni croix de bois' (DPT 148). Ne pas signaler la mort du Belge lui permet de récupérer chaque soir la

bouillie d'orge qui est servie dans la chaussure droite de chaque
prisonnier. Le grand-père survit ainsi grâce au cadavre de son 'frère'.

La sœur rescapée de la narratrice répète donc à la fois
l'histoire de son grand-père et de sa tante: 'ma sœur a *failli* lui [ma
mère] coûter la vie, la vie de ma sœur a pour prix celle de sa jumelle'
(DPT 178). Le lien est clairement établi dans le passage suivant qui
décrit la sœur à sa naissance: 'Vois téter cette petite goulue rescapée,
comme elle a d'appétit à vivre, elle a tout mangé, sa part et celle de sa
sœur, son orge amniotique du pied droit, elle ne lui a rien laissé, quelle
ogresse' (DPT 178).

Le motif du double vient, dans cette famille, se combiner à
une autre tendance déjà entrevue, à savoir que le survivant est le
mauvais parent. Ainsi la grand-mère paternelle – ironiquement
surnommée 'bonne-maman' – apparaît comme mauvaise ainsi que le
grand-père maternel qui non seulement ne doit sa survie qu'à la mort
de son compagnon belge, mais qui n'a pas su bien s'occuper de ses
filles après la mort de sa femme. Tous deux 'ont eu grand tort de
survivre, de vivre' (DPT 98).

Avant sa mort, c'est la sœur de la narratrice qui est sur la
sellette: c'est elle la mauvaise qui a survécu grâce à la mort de sa
jumelle en lui prenant sa nourriture dans le ventre maternel. Mais avec
sa mort, la responsabilité est en quelque sorte transférée à la
narratrice, d'autant plus que la narratrice et sa sœur sont perçues
comme jumelles (DPT 182). Schützenberger rappelle les travaux
d'Ivan Boszormenyi-Nagy qui a identifié une loyauté familiale qui est
'*déterminée par l'histoire de la famille* et par le type de justice que
cette famille pratique et par les *mythes familiaux*'.[9] On peut facilement
comprendre le mal-être de la narratrice. Dans la logique de sa famille,
elle est devenue la mauvaise survivante qui a acheté sa vie par la mort
de sa cadette, et elle devient hantée par le fantôme du bon double
disparu.

Même si, puisque nous pouvons lire ces histoires, elles n'ont
pas été complètement ensevelies et que la narratrice a pu y avoir
accès, il est aussi évident qu'elles sont entourées de silence, et que ce
n'est qu'avec effort que la narratrice est parvenue à leur donner forme.
Ainsi, au sujet de l'histoire du grand-père il est dit qu'il n'en écrit rien
à sa sœur, n'en dit rien à sa femme, ni à sa fille, même qu' 'il a oublié'

---

[9] Ancelin Schützenberger, *Aïe, mes aïeux!*, p. 56.

(DPT 149); 'il se taisait [...] pour endormir le mal des histoires qui auraient dû ne jamais avoir lieu' (DPT 150). Seules la narratrice et sa sœur glanent des bribes de l'histoire, des années plus tard.

De même la naissance de sa sœur et de la jumelle mort-née est entourée de non-dit. Malgré le rabâchage par la mère de cette double mise au monde traumatique, seule la narratrice est 'instruite de l'histoire' (DPT 178). Sa sœur survivante ne se souvenait pas, ne voulait pas entendre parler des circonstances de sa naissance, ce qui a cantonné la narratrice dans le non-partage du secret. De plus la narratrice ne peut savoir où elle-même se trouvait à ce moment-là (DPT 179). Ce non-dit l'obsède d'autant plus fortement que tous ces secrets se combinent et se renforcent les uns les autres. Le petit cadavre de la jumelle mort-née vient figurer tous les doubles disparus, tous ceux qui sont morts avant terme, et il hante, tel un fantôme, la narratrice:

> Tombeau: le manque, la béance, est que cette créature soit larve, soit fantôme indécidable, inachevée qu'elle tienne dans ma paume, fève d'épiphanie, poupée du diable. Son cerveau d'embryon transparent bat sous les fontanelles. Géante elle occupe le ciel, sous forme de nuage, rouge violine les soirs de l'estuaire, couchée sur le fleuve à la pliure d'horizon. Le plus souvent naine ridée, flaccide, en peine d'amour elle me tient lieu de sœur, perdue d'avance. Son corps est nu à jamais, tatoué à vif du suint de sa peau, sa face invisible est de l'espèce humaine. Sa face inachevée ouvre des yeux brûlants trop grands pour le visible, une bouche trop vaste pour l'ouïe. Sans ressemblance elle m'appartient, me regarde, inregardable. Elle occupe un temps de l'expérience sans connaissance et cependant m'instruit de l'innocence, du crime simultané de naître et d'en mourir. Elle habite un temps sans repos, ma vie ne peut *comprendre,* contenir, cette béance d'un savoir impensable, infigurable, où s'engendre et s'achève une image de moi proprement imaginaire, pétrie de matière organique, chair, vase, glaire et membrane, extrême matérialité d'un corps ancien, vivant et mort, qui est le mien et l'autre, mon double et moi-même, qu'aucune synthèse ou fusion ne réconcilie, dont je suis séparée, et cependant solidaire dans le temps antérieur de l'inexistence, loin de mon genre, de mon identité, encore loin de mon nom, inappelée, indésirée. Ce néant blanc d'avant naître, d'avant loger en un jardin de douleur, préalable à toute histoire, ressemble à la mort. Il contient toutes les histoires car la morte sans visage, sans nom, sans ressemblance, enfouie sans sépulture sous ce quartier, cet infernal chantier de ma mémoire, continue de grandir, de vieillir. Morte

elle n'a pas lieu de mourir, pas de lieu où mourir, elle vieillit en
moi, sans guérison, d'un vieillissement d'amour, inassouvi,
genèse et agonie. Elle est mon sommeil, ma détresse, et c'est
pourquoi de même ma petite sœur chérie morte de mort lente cet
automne, brûlée par la chimie, les rayons, chauve, irradiée et puis
réduite en cendres selon son vœu elle *voulait être incinérée,* nulle
part ne repose, ne s'achève, nulle part non plus ne rejoint l'amour
inassouvi, cet endroit secret, introuvable, qui n'a ni centre de
gravité, ni place dans l'univers. (DPT 180-81)

Le fantôme devient point de fuite, où les contraires se rencontrent et
s'échangent, où le sens se perd, vaste potentialité et impossibilité
simultanées. Le fantôme renvoie à la narratrice une image d'elle-
même inimaginable devant laquelle sa raison vacille.

   L'événement traumatique de la naissance de la jumelle mort-
née, qui fait écho aux autres morts prématurées et sans sépulture
survenues dans la famille de la narratrice serait en lui-même suffisant
pour créer un trouble chez la narratrice. Mais il se pourrait qu'elle
souffre d'un 'fantôme', comme le suggère le texte. En effet, à
plusieurs reprises, la narratrice fait référence à un 'ange de la sécurité'
(DPT 57), figure louche et énigmatique. En particulier elle fait un
cauchemar où sa sœur (cancéreuse) et elle trucident ce personnage
suspect et le font disparaître en le découpant et en le cuisant, puis elle
se rend compte que c'est en fait sa sœur la victime, les deux jumelles
(la cancéreuse et la mort-née) ayant été condensées et déplacées dans
la figure de l'ange de la sécurité. Ce cauchemar fait ressortir la
culpabilité de la narratrice qui en écrivant, en 'cuisinant' les
événements et les gens, les fait disparaître. Un pacte implicite avait en
effet été passé entre elle et sa sœur: c'est elle l'aînée, douée de parole,
qui ferait disparaître le fantôme de sa sœur mort-née (DPT 38).

   Cette figure de l'ange de la sécurité demeure mystérieuse dans
le récit, mais un épisode troublant dans *Les Mal famées* pourrait venir
combler les non-dits de *Dans la pente du toit.* En effet *Les Mal famées*
semble reconstituer la jeunesse de la mère de la narratrice de *Dans la
pente du toit* pendant la guerre, alors qu'elle et sa mère adoptive
habitent la maison bordant le terrain vague. Toutes deux sont amenées
à supprimer un personnage trouble venu les faire chanter parce
qu'elles hébergent une petite fille juive dans une scène horrible où les
'gargouillements' et la 'purée rouge' qui s'échappent de sa bouche
rappellent le 'bouillon gras' et les 'glouglous' du cauchemar de *Dans*

la pente du toit.[10] Elles profitent ensuite d'un bombardement pour se débarrasser du corps et ne sont jamais inquiétées. Ce meurtre, si c'est bien la mère qui l'a commis, serait un secret non verbalisé de *Dans la pente du toit*.

On peut cependant se demander si ce meurtre, commis par la mère dans *Les Mal famées*, est bien celui d'un adulte maître chanteur. Se pourrait-il qu'il s'agisse en fait d'un avortement? Dans *Chambre noire*, l'ancêtre Constance fait disparaître plusieurs fœtus qui sont ensuite enterrés à la va-vite et dans la honte par la servante qui porte, comme la mère adoptive dans *Les Mal famées*, une broche bleue. Dans *Les Mal famées*, c'est la femme de l'employeur de la mère et de sa mère adoptive qui connaît des fausses couches suspectes, et toutes les deux ainsi que les autres domestiques doivent faire disparaître les traces sanguinolentes de ces avortements nocturnes.

Certes il ne s'agit que de spéculation, et seuls les liens et coïncidences mentionnés ci-dessus permettent d'envisager l'hypothèse d'un avortement. En tout cas la narratrice de *Dans la pente du toit* s'approche dans son cauchemar d'un non-dit qu'elle ne peut pas mieux cerner dans son récit. Même si elle n'est pas consciente de l'évènement enfoui sous ces images énigmatiques, cela ne veut pas dire qu'elle n'est pas affectée profondément par ce traumatisme, au contraire.

Pour mieux comprendre le mal-être de la narratrice, il est utile de faire appel au concept de fantôme développé par Nicolas Abraham et Maria Torok.[11] Pour qu'il y ait fantôme, il faut qu'il y ait à l'origine un traumatisme mental que Schützenberger explique comme 'un événement trop dur pour l'esprit et le cœur, trop affreux, inhumain, monstrueux, que nos structures mentales, individuelles et collectives, n'arrivent pas à digérer'.[12] Ce traumatisme mental, s'il n'est pas

---

[10] Anne-Marie Garat, *Les Mal famées*, pp. 199-200. Dans *Les Mal famées* il est écrit que les deux femmes pendant le meurtre sont de 'chaque côté de la tête comme en prière' (MF 200), ce qui poursuit le thème de 'l'ange'.

[11] Nicolas Abraham et Maria Torok, *Le Verbier de l'homme aux loups* (Paris: Aubier-Flammarion, 1976) et *L'Ecorce et le noyau* (Paris: Flammarion, 1987). Esther Rashkin dans *Family Secrets and the Psychoanalysis of Narrative* (Princeton: Princeton University Press, 1992) présente de façon concise leurs théories sur les secrets, cryptes et fantômes.

[12] Préface d'Anne Ancelin Schützenberger, in Nina Canault, *Comment paye-t-on les fautes de ses ancêtres: l'inconscient transgénérationnel* (Paris: Desclée de Brouwer, 1998), p. 7.

verbalisé, parce que les mots manquent pour le représenter, ou parce que ceux qui ont participé à l'événement effroyable en éprouvent trop de honte, trop de peur, devient un secret. Secret qui peut s'encrypter dans l'inconscient du descendant: le descendant devient porteur du secret du parent sans en être même conscient. Mais ce secret encrypté peut passer dans l'inconscient d'un membre de la génération suivante où il se fait fantôme: 'l'apparition du fantôme indiquerait donc les effets sur le descendant de ce qui avait eu, pour le parent, valeur de blessure, voire de catastrophe narcissique'.[13] Un fantôme est donc 'une absence de représentation, un trou dans les mots, une défaillance des paroles de nos parents sur la sexualité et la mort, telles qu'eux-mêmes – ou leurs ancêtres! – ont eu à les assumer'.[14] Un fantôme ne se constitue d'ailleurs pas uniquement par le non-dit; l'événement traumatisant peut aussi être 'masqué par des explications mensongères'.[15] Abraham et Torok précisent que *le fantôme qui revient hanter est le témoignage de l'existence d'un mort enterré dans l'autre*.[16] Définition à prendre à la lettre dans le cas de la narratrice!

Un fantôme perdure, parfois sur plusieurs générations qu'il hante, si le traumatisme n'est pas redécouvert, parlé et entendu. Il faut donc non seulement remonter au traumatisme, mais lui donner forme et trouver un-e interlocuteur/trice compréhensif/ve avec qui partager le secret. Il est intéressant de noter que le père et la sœur qui ne parlent pas meurent tous deux d'un cancer, sorte de maladie que certains psychogénéalogistes voient comme l'aboutissement somatique du non-dit.[17]

Que la narratrice ait 'hérité' des traumatismes de la mère n'est guère surprenant car dans sa famille l'identification de mère en fille est très forte. A tel point que la fille reçoit une image du vécu traumatique de l'autre. A la fin d'un passage rappelant par son intensité, son imprécision et ses images celui cité plus haut sur le

---

[13] Abraham et Torok, *L'Écorce et le noyau*, p. 430.
[14] Explication de Didier Dumas, reprise par Nina Canault, *Comment paye-t-on les fautes de ses ancêtres*, p. 26.
[15] Canault, *Comment paye-t-on les fautes de ses ancêtres*, p. 53.
[16] Abraham et Torok, *L'Ecorce et le noyau*, p. 431, en italique dans le texte (ainsi que toutes les autres italiques de cet article).
[17] Voir Didier Dumas: 'Un excès de *fantômes*, et l'on voit les lignées s'éteindre par cancer, psychose de l'enfant, suicide ou autre accident de la vie. On voit ainsi comment la vie et la mort se transmettent dans les familles', Canault, *Comment paye-t-on les fautes de ses ancêtres*, p. 161.

fantôme de la petite jumelle mort-née, la narratrice voit ce qu'elle n'a pas pu voir, ressent ce qu'elle n'a pas pu vivre: elle voit, devient sa mère de quatre ans regardant par la fenêtre ouverte passer le cercueil de sa mère morte, et elle devient cette partie de sa mère qui disparaît, emportée par la morte: 'Debout à la fenêtre, je me souviens, je dors les yeux ouverts, paralysée de jouissance atroce, c'est la mort de ma mère enfant' (DPT 143). La narratrice a hérité, consciemment ou inconsciemment, du traumatisme de sa mère qu'elle a introjecté. Le traumatisme vécu par la mère a dû en effet être intense, sa propre mère étant morte alors qu'elle-même n'avait que quatre ans, à un âge donc où la séparation entre la mère et la fille est loin d'être en place.[18]

Cette identification de la fille à la mère se retrouve, à un degré moindre, dans le cas du père ou de la sœur, autres objets d'amour de la narratrice. Lors de leur mort, la narratrice, par un phénomène reconnu chez les mélancoliques,[19] s'identifie à l'objet d'amour perdu. S'adressant soit au père, soit à sa sœur, elle leur dit: 'Je suis ta défunte, tu m'emportes en mourant tu me tues' (DPT 55).

Une autre manifestation des identifications très fortes qui unissent les membres de cette famille est l'empreinte originelle qui semble relier les membres de cette famille. La narratrice en fait l'expérience lors de la mort de son père. Dans le visage émacié du mourant, elle décèle une sorte de visage primordial, de vieil enfant, que le père aurait lui-même hérité de son père lors de sa mort. Cette empreinte de visage, sorte d'essence de l'être, serait révélée et transmise à la génération suivante (DPT 29).

L'on comprend donc à quel point le destin de la narratrice semble déterminé par son héritage généalogique, à la fois par ce lien secret et primordial qui unit les visages des membres de la famille – un air de famille au sens fort du terme – et par les phénomènes d'identification profonde entre mères et filles, de répétition entre les générations et de secrets. Prise dans ce filet, est-il surprenant qu'elle souffre d'images récurrentes de toiles d'araignées noires (DPT 102)? Plusieurs fois tout au long du texte, la narratrice reprend avec ironie et

---

[18] Que l'on se tourne vers la théorie freudienne ou vers les réflexions élaborées par Abraham et Torok, le début de la vie est marqué pour la fille par une confusion identitaire avec la mère.

[19] Freud, 'Mourning and Melancholia', in *The Standard Edition of the Complete Psychological Works of Sigmund Freud*, volume XVI (London: The Hogarth Press, 1955), pp. 243-58 (p. 249).

amertume la phrase 'nous étions une famille unie', car la cohésion se
retourne en piège dont on ne peut se libérer. Or cette toile a été
essentiellement tissée par la mère de la narratrice. Couturière de
profession, elle assemble, monte, coud, brode. C'est elle qui a élaboré
l'histoire familiale. A plusieurs reprises la narratrice se rend compte
que tout ce qu'elle sait est passé par les mains, les paroles de la mère.
Ainsi 'il [mon père] m'a peu parlé de mon grand-père paternel et
même je crois que je n'en sais rien qu'au travers des propos épars de
ma mère' (DPT 28), 'toute son histoire [au père] est contenue dans
celle de ma mère' (DPT 29), 'Ma mère avance masquée, elle parle au
nom du père' (DPT 31) et 'tout ce que je crois savoir de leur passé est
une confection de ma mère [...elle] nous habille[r] de toutes ces
fictions' (DPT 32).

    Par contraste le père ou bien ne dit rien ou parle par clichés.
La narratrice consigne, sans commentaires, un échantillon de ces
expressions toutes faites et puériles qu'il utilise (DPT 23). Elle
rapporte aussi la seule tentative paternelle pour lever le silence sur ses
ascendants: il se met à réciter son arbre généalogique, limité à des
noms, des dates, des relations. Cette liste, retranscrite en italique (DPT
30), dénuée d'explications, reste sans retentissement: elle est
incompréhensible. De plus la mère, irritée sans doute par cette
intrusion dans son domaine à elle, le convainc que c'est de la vieille
histoire, et, rabroué, il se tait. Son cancer à la gorge qui lui ôte la voix
ne vient en ce sens que concrétiser ce qu'il a subi toute sa vie:
l'impossibilité de s'exprimer.

    La mère brode la légende familiale, crée une mythologie avec des
bons et des méchants, elle invente des histoires fondatrices. Ce faisant,
elle renforce certainement la cohésion familiale. Dans 'Se libérer des
secrets de famille: une condition préalable à toute psychothérapie',
Serge Tisseron reconnaît le rôle positif de la mythologie familiale,[20]
mais il met aussi en garde contre les secrets nocifs, ceux en particulier
qui sont dissimulés ou qui causent de la souffrance chez un membre
de la famille. Or il ne fait aucun doute que la mythologie familiale
s'est élaborée au dépens de certains membres de la famille et en
particulier s'est fondée sur l'ostracisme des grands-parents et surtout
celui de 'bonne-maman'. La narratrice attribue en partie à un
ressentiment de classe le besoin qu'éprouvent les parents de se

---

[20] In Van Eersel et Maillard, *J'ai mal à mes ancêtres!*, pp. 147-69 (p. 159).

démarquer de leur propre parent et donc la création par la mère de toute une légende qui fonde la méchanceté de son propre père et de la mère de son mari, 'bonne-maman'. Le père et la mère étant tous deux issus de la classe ouvrière, incapables de trouver une représentation adéquate de leur situation dans la culture, ils auraient pris leur revanche sur leurs oppresseurs les plus proches: leur parent survivant respectif (DPT 98). Le père se serait déchargé sur sa femme de la tâche de faire des histoires, faute de s'inscrire dans l'Histoire. Dans le passage suivant ressort toute l'ambivalence que la narratrice ressent vis-à-vis de sa mère:

> Je crois qu'il laissa à ma mère le soin de la chronique, d'établir, étendre le récit, il lui laissa la tâche redoutable de servir la version officielle, ce dont elle s'est chargée, avec courage, avec ténacité, instruisant le procès révisionniste et totalitaire, enseignant à ses enfants comment s'aliène la mémoire, à moi comment s'engendre le roman. C'est une lourde charge de responsabilité celle qui vous engage au mensonge des fictions, au travail de l'imaginaire qui dénature et embaume la vérité dans ses déguisements terribles, séduisants, l'habille des beaux habits d'Arlequin en lambeaux rapiécés, surfilés, recousus de fil blanc, repassés au fer chaud, d'amour et de peur. Je te salue ma mère. (DPT 99)

Dans cet extrait, on voit comment la narratrice reconnaît l'héritage maternel et en même temps s'en détache: *Dans la pente du toit*, en tant que texte, est porteur de la légende familiale entreprise par la mère, une continuation du travail de cette dernière, mais aussi il s'en distancie par toute une série de stratégies.

Quoique nous fassions, de toute façon, comme l'explique Schützenberger: 'nous vivons prisonniers d'une invisible toile d'araignée dont nous sommes aussi l'un des maîtres d'œuvre'.[21] Mais dans ce cas-ci la fille reprend consciemment les histoires élaborées par la mère, et elle a donc sa responsabilité dans le roman familial. De plus en tant qu'écrivaine de fictions, la narratrice prolonge la tâche maternelle. Pourtant, si la mère coud la légende familiale, la narratrice écrit dans la cuisine (prolongeant l'amour de la cuisine de sa grand-mère adoptive). La couture et la cuisine: deux activités qui répondent à la fois de la nécessité et du plaisir, deux métaphores bien féminines pour le travail d'écriture, mais qui indiquent d'emblée des différences

---

[21] Ancelin Schützenberger, *Aïe, mes Aïeux!*, p. 13.

entre les constructions de la mère et de la fille. On coud pour produire
des vêtements, pour habiller le corps, pour l'abriter et le maintenir au
chaud, mais aussi le masquer, ou le déguiser (les 'habits d'Arlequin').
La couture fonctionne essentiellement par assemblage de matériaux.
La cuisine s'apparente plus à la chimie; elle opère une véritable
transformation des ingrédients de départ, qui, à la fin du processus,
peuvent être méconnaissables. Si toutes les deux peuvent être un art et
flatter les sens, la cuisine me paraît toucher plus à l'essentiel: elle nous
nourrit. Sans elle, pas de survie.

Et dans le cas de la narratrice, il s'agit bien de survie, car la
culpabilité qui l'assaille menace son équilibre mental. En un certain
sens, le travail que fait la narratrice pour écrire *Dans la pente du toit*
s'apparente à une thérapie, et ceci pour deux raisons. D'abord
l'écriture en elle-même peut avoir une fonction thérapeutique, et dans
certains cas remplacer une analyse.[22] Et l'écriture fonctionne de cette
façon pour la narratrice. Elle éprouve un besoin irrésistible,
'immonde' (DPT 52), d'écrire pendant l'agonie de son père et de sa
sœur, alors même que cet acte la révulse. Elle le compare
implicitement à une fausse couche ou un avortement, un acte qui lui
permettrait d'évacuer 'une larve morte de naissance, sans nom sans
visage' (DPT 52), en d'autres mots, de se débarrasser aussi, en lui
donnant une représentation, du fantôme de la petite mort-née, lui-
même porteur de bien des secrets, dont peut-être l'hypothétique
avortement. Écrire lui paraît interdit tant cela lui apparaît obscène face
à l'agonie de ses proches. C'est pourtant le moyen pour elle de
survivre, de 'se sauver d'eux' (DPT 52), de trouver 'un *traitement
approprié*' (DPT 53), un abri dans la langue, un arrangement
linguistique, littéraire qui fasse que l'horreur brute devienne dicible.

D'autre part, dans toutes ses recherches de reconstruction du
roman familial qui aboutissent à l'élaboration de son
génosociogramme, elle suit les conseils des psychogénéalogistes.[23] La
narratrice tente de rassembler les bouts épars de son histoire familiale,

---

[22] C'était certainement le cas pour Marguerite Duras, comme le rappelle Michel David
dans *Marguerite Duras: une écriture de la jouissance. Psychanalyse de l'écriture*
(Paris: Desclée de Brouwer, 1996), p. 16.
[23] On se référera par exemple à John Bradshaw, *Family Secrets* (London: Piatkus,
1995) ou à Elisabeth Horowitz et Pascale Reynaud, *Se libérer du temps généalogique.
Comment déprogrammer son destin par la psychogénéalogie* (Paris: Editions Dervy,
2002).

mais aussi de voir à travers et au-delà du roman familial élaboré par sa mère. Nina Canault explique que 'le travail généalogique transforme le fardeau de l'histoire familiale en un matériau dont le sujet peut exploiter la richesse d'information tout à son aise'.[24] Il ne s'agit pas pour la narratrice de nier totalement les histoires maternelles, mais de leur redonner leur juste valeur, et de s'en détacher. Comme nous l'avons vu, la verbalisation, du moment que le discours est ensuite reçu, est souvent suffisante pour libérer le patient du poids de son héritage ou d'un vécu traumatique. *Dans la pente du toit*, texte publié et lu, reçu donc, est la voie de secours de la narratrice.

Si le texte incorpore les fictions maternelles, il porte aussi la marque de la distance de la narratrice par rapport à celles-ci, et dans sa conception de l'écriture la narratrice se démarque du travail de la mère. A plusieurs reprises, elle dénonce l'entreprise maternelle. Par exemple,

> Comme tu y allais, ma maman chérie, c'était beau, c'était juste, je buvais tes paroles [...] je me souviens de la chanson et des paroles, moi et mes sœurs homozygotes, la morte et la vivante, ensemble nous avons retenu la chanson des terribles enfantements. (DPT 157-8)

La mère, à coups de fictions, crée un patron, qui enserre les membres de la famille, qui donne une interprétation dichotomique, en noir et blanc du monde et des gens. Elle simplifie, réifie. Ses deux filles (la narratrice et sa sœur survivante) deviennent ses 'poupées chéries' (DPT 182), interchangeables, habillées, façonnées par elle.

Par contraste, le père ne veut pas faire d'histoires, il se méfie des mots, préfère le silence. Le simple fait d'écrire est donc vécu par la narratrice comme un acte contre le père (DPT 79).[25] La fille va tenter de trouver son chemin entre ses deux modèles parentaux contrastés.

A cause de la culpabilité qu'elle ressent à écrire, la narratrice réfléchit souvent au cours du texte sur ce qu'elle est en train de faire, et cela permet de repérer les difficultés qu'elle perçoit dans l'écriture,

---

[24] Canault, *Comment paye-t-on les fautes de ses ancêtres*, p. 80.
[25] On ne peut s'empêcher de penser à Annie Ernaux qui connaît le même dilemme, d'avoir à écrire aussi contre le père et contre sa classe d'origine. Voir *La Place* (1984), par exemple.

les solutions qu'elle adopte, et de juger comment elle se positionne
entre le modèle féminin et masculin.

Ecrire, quand on ne peut plus écrire des fictions et qu'il faut
écrire sur le réel, que ce soit sur des évènements passés ou présents,
est ressenti par la narratrice comme une tâche impossible. En effet
rendre compte directement de la réalité présente est une tâche vouée à
l'échec. Face à la mort, à son obscénité, la narratrice, au début, ne peut
rien faire d'autre que de laisser 'l'ordinateur saisi[r]' (DPT 7). Elle
produit 'de l'inécrit, congelé' (DPT 7). Elle ne reconnaît pas ce
'cadavre textuel' qui sort, 'justifié' (DPT 8) de la mémoire de son
ordinateur. Il est tout aussi difficile de rendre compte directement d'un
événement passé, car, comme elle l'explique vers la fin du texte, un
décalage existe toujours entre l'événement et sa mise en mots, un
décalage temporel irrattrapable (DPT 182-3). Pour elle, tout écrit est
une forme de trahison, une sorte de mise à mort de la vie, de ceux que
l'on aime et d'une partie de soi. Face à cette infirmité de l'écrit existe
la tentation de se taire comme le père car 'quand on commence à
raconter c'est très dangereux pour soi et pour les autres' (DPT 139).
Elle se demande aussi si on peut se taire par amour, 'pour endormir le
mal des histoires qui auraient dû ne jamais avoir lieu' (DPT 139).

L'écriture est aussi génératrice de culpabilité chez la
narratrice car c'est un temps soustrait à la vie 'où [elle] poursui[t]
aveugle et sourde l'entretien imaginaire avec des fantômes des
spectres, tandis qu'eux vivants et morts réels réclament' (DPT 184).
Pourtant la narratrice va écrire, trouver sa propre voie/x entre le
silence paternel et les fictions réificatrices maternelles, sa culpabilité
et son besoin impérieux d'écrire, et ce faisant elle se sauve de la
dépression, de la répétition et de la hantise. Sa solution est périlleuse,
instable, à l'image de Bohumil Hrabal, qui selon la narratrice, écrivait
dans la pente du toit, et qui un jour perd l'équilibre et meurt d'une
chute de cinq étages. [26]

---

[26] Bohumil Hrabal (1914-1997), écrivain tchèque, a publié de nombreux textes dont
Les Noces dans la maison, sa trilogie de mémoires (*Les Noces dans la maison*, *Vita
nuova*, *Terrains vagues*, traduit du tchèque par Claudia Ancelot (Paris: Editions
Robert Laffont, 1990)) dans laquelle sa femme lui raconte sa vie à Prague. Sa mort, le
3 février 1997, par défenestration du cinquième étage d'un hôpital de Prague, est
survenue parce que la table sur laquelle il était juché pour nourrir les pigeons a glissé
et est tombée. La narratrice a donc quelque peu romancé les circonstances de sa mort.
Celle-ci est intervenue au milieu de l'écriture de *Dans la pente du toit* (1er janvier-17
février 1997).

Elle explique comment elle va tenter un temps de rester fidèle à son père et à sa méfiance des histoires en démêlant les niveaux de fiction: 'Je tente de départager ce qui appartient au conte familial, aux contaminations de la lecture et à la réalité véridique' (DPT 78). Cette hiérarchisation est en fait impossible, car comment toujours être consciente de ce qui dans notre sensibilité a été formé par nos lectures ou les films que l'on a vus (DPT 77)? D'ailleurs, à la fin du livre, après le texte proprement dit, en italique, sur une feuille séparée, elle cite les auteurs qui lui 'tenaient compagnie' (DPT 187) lors de l'écriture de ce texte, et dont on peut retrouver des citations 'd'une manière ou d'une autre' (DPT 187). Cette intertextualité déclarée, mais dont la divulgation est différée – aucune référence exacte n'est donnée, et ce message est découvert par le lecteur/la lectrice une fois qu'il/elle a fini de lire le texte – souligne bien l'entreprise littéraire de la narratrice et sa volonté de marquer le fait que l'expérience de la vie et sa représentation passent nécessairement pour elle par les mots des autres. La signification de cette intertextualité par rapport au projet paternel est ambiguë. En intégrant, sans le signaler d'emblée, les fictions des autres dans son récit, elle marque sa distance d'avec la croyance du père selon laquelle il est nécessaire de distinguer réalité et fiction. Mais en reprenant les mots des autres pour exprimer sa propre expérience, ne se rapproche-t-elle pas du père qui faisait appel à des clichés? L'intertextualité, parce qu'elle ouvre le texte et établit des ramifications avec d'autres œuvres, s'oppose assurément au travail de renfermement, de cohésion du roman familial maternel.

Pas plus que la photographie, l'écriture ne peut être une saisie objective, innocente du réel. D'ailleurs pour expliquer son concept d'écriture, elle se sert de l'analogie avec le travail du photographe. Certes la pellicule reçoit la lumière du sujet qui est pris en photo et en garde l'empreinte brute, mais ensuite le photographe, au moment du développement, joue avec la deuxième lumière, celle qu'il peut contrôler: 'le tireur *développe* le négatif, corrige et négocie sa matière [...] de sa main d'escroc, d'enchanteur manipulateur, il travaille, rature, il triche [...], il compose' (DPT 160). Dans *Photos de famille*, Garat montre aussi comment elle peut rendre compte de son enfance par l'écriture d'une image, image qui prend sa vérité dans les circonstances de son enfance, mais qui n'est pas un souvenir. Cette image composite est une fabrication, une recherche dans la langue. Mensongère et pourtant vraie. Ce n'est que par un travail de transformation (de cuisine) qu'elle peut redonner sens, vie à l'expérience brute. Contrairement à la mère, elle souligne le travail de maturation, tout l'artifice nécessaire pour rendre compte de la complexité de l'expérience humaine.

Cette conception de l'écriture non-fictionnelle rend la détermination du genre de *Dans la pente du toit* très délicate. Sur la couverture même du livre, le titre apparaît en dessous de l'inscription 'Fiction & Cie', et au-dessus de la dénomination 'récit'. Si le récit de la narratrice est de nature autobiographique (même si cette autobiographie est fortement construite), il est beaucoup plus délicat de rattacher ce récit à l'auteure elle-même. Certes des éléments frappants sont repris dans plusieurs des textes de Garat – comme la tresse de cheveux prélevée sur le cadavre de la grand-mère maternelle et soigneusement conservée dans un tiroir – et semblent du coup renvoyer à la vie de l'auteure, mais on ne peut guère s'avancer plus loin dans la spéculation puisque la narratrice demeure non nommée. Étant donnée sa conception de l'écriture, on peut, même si l'on fait l'hypothèse que la narratrice est Garat, s'attendre à un travail considérable de création.

Quelle que soit sa nature exacte, *Dans la pente du toit* est certainement un texte soigneusement composé, monté. On y assiste à la recherche d'une mise en mots et d'une forme. Les mêmes histoires/images y sont reprises plusieurs fois, avec un 'tirage' différent, comme si l'écrivaine s'essayait à différents récits possibles des éléments traumatiques qui ont traversé son histoire familiale. Des parties de texte sont répétées, incorporées à des discours différents, attribuées à divers personnages, ce qui en modifie le sens. Plus que la cohésion, la narratrice favorise la fragmentation, elle expose les coutures, le montage de son texte. En ceci son texte est la pratique de ce qu'elle nous confie sur l'écriture du passé:

> Reste l'habit d'Arlequin de nos souvenirs, les images et les mots de la mémoire aliénée, de nos fictions littéraires, fragments épars d'intelligence, d'émotion, de douleur, cousus ensemble de fil blanc, dont les coutures, les raccords de montage ont plus de vérité que ce qu'ils prétendent assembler. (DPT 183)

D'un côté, en les exposant, elle défait les coutures faites par la mère; d'un autre elle remonte, à sa manière, les éléments épars de son histoire.

Un montage adopté par la narratrice qui est particulièrement frappant est le dédoublement de l'instance narratrice. La narration est en fait assurée par deux instances qui se succèdent: la narratrice et son mari, mais son mari lui raconte son histoire à elle. En cela elle reprend la structure narratrice adopté par Bohumil Hrabal dans sa trilogie de mémoires. C'est ce stratagème qui débloque la possibilité d'écrire et peut-être est-il efficace parce qu'il reproduit le mode d'être de la narratrice qui est hantée par l'image du double. La distinction n'est ni réaliste ni soutenue entre les deux voix narratrices, le 'je' du mari étant absorbé par celui de la narratrice dans certains passages pourtant apparemment narrés par lui. Que voir en cette appropriation de la voix du mari? Une autre forme de prise de pouvoir maternel (la narratrice étant mère – bien sûr! – de deux filles non distinguées dans le texte) puisque le véritable mari, tel le père, n'a pas la parole, ou au contraire un effort pour donner la parole au mari? Peut-être est-il surtout significatif que la narratrice ne puisse s'éprouver comme une. Ce dédoublement pourrait être interprété comme une précaution contre l'annihilation du moi: le double – que ce soit la sœur ou même Hrabal – étant mort, la narratrice se dédouble à nouveau pour se protéger.[27] La narratrice n'écrit-elle pas dans la pente du toi?

Un autre effet des changements de perspectives, des reprises et éclairages différents est l'épaisseur et l'ambivalence que la narratrice redonne ainsi aux événements et personnages. Dans le récit maternel, 'bonne-maman' apparaît comme la mère indigne qui a conduit son mari à une mort prématurée, a indirectement causé la mort de son aîné et maintenu ses fils, dont le père de la narratrice, dans la pauvreté. A cette figure maléfique, la narratrice oppose sa propre vision d'une bonne grand-mère de conte de fée ('dodue farineuse de poudre sucrée de rondeur', DPT 166) qui possède une grotte à la vierge dans son beau jardin embaumant les fleurs. C'est dans ce même jardin, qualifié de 'jardin des délices' (DPT 169), que la narratrice enfant fait sa première expérience du danger de mort quand son oncle la soulève et la suspend au-dessus d'un puits, expérience de terreur et de jouissance confondues. Ainsi, l'enfant, 'ravie épouvantée' est 'en adoration devant les choses de la vie leur double triple sens associés' (DPT 169). Avec ce souvenir enfoui – il ne resurgit qu'à la fin du livre

---

[27] Une des fonctions premières du double est en effet d'être une assurance contre la mort du moi, comme le rappelle Freud dans The 'Uncanny', *The Standard Edition of the Complete Psychological Works of Sigmund Freud*, Volume XVII, 1955, p. 235.

– la narratrice retrouve la complexité que sa mère s'est efforcée
d'éradiquer de la vie. D'ailleurs cette complexité se retrouve dans le
texte, jugé 'difficile' par des critiques.[28]

Malgré les différences que nous venons d'identifier entre les
récits maternels et celui de la narratrice, mère et fille se rejoignent
finalement dans leur appréhension de la vie. Vers la fin du texte,
réfléchissant sur la capacité maternelle à s'abstraire de la douleur, la
narratrice arrive à l'hypothèse que sa mère parvient à s'extraire de
l'horreur du réel car elle bénéficie d'une conception de la vie 'qui lui
permet d'inventer 'à côté' de la vie un texte, mimétique au suprême
degré, qui est comme la vie même, insincère mais vrai, d'une vérité
concentrée exaspérée, le texte d'un monde dédoublé' (DPT 175). Ici la
narratrice ne fait pas allusion aux fictions maternelles, simplistes, mais
efficaces. Il s'agit du mode de vie même de la mère. Mais de qui
parle-t-elle vraiment ici? De sa mère ou d'elle-même? Ce texte n'est-il
pas celui que nous lisons? Mère et fille, en fin de compte, ne font-elles
pas la même chose lorsqu'elles sont confrontées à l'insupportable? La
fille répète-t-elle le mode de vie de la mère? ou bien projette-t-elle sa
propre façon d'appréhender le monde sur sa mère?

Dans la pente sur le toit est un texte qui porte les marques
d'un combat, combat qu'une femme mène contre le roman familial
qui lui assigne une certaine place, maléfique et porteuse de culpabilité,
dans la généalogie familiale. Mais aussi combat de l'écrivaine qui doit
s'affranchir non seulement du modèle simplificateur et destructeur
offert par les fictions maternelles qui ont créé ce roman familial, mais
aussi des préjugés contre les mots hérités du père, avant de tenter de
trouver sa propre voie.

Dans la pente du toit n'apporte pas de réponse simple; au
contraire, ce texte torturé, pétri de culpabilité, de questionnement,
débouche sur des conceptions ambivalentes des relations familiales et
des réflexions complexes sur le rôle de l'écriture dans la
construction/déconstruction du roman familial. Mais la narratrice
parvient à une certaine acceptation de l'écriture à la fin du texte. En
effet, même si elle reconnaît que l'écriture ne lui apporte pas
l'absolution, elle se réconcilie avec l'idée d'écrire: 'écrire n'a ni cause
ni pardon à trouver sinon dans la résolution d'une langue, d'une

---

[28] Voir 'Après leur mort' le compte rendu de Carole Vantroys, *Lire* (mars 1998). Voir
http://www.lire.fr/critique.asp/idC=34315/idR=218/idG=3.

matière sensible, qui acquiesce un peu à l'expérience humaine, maintenant' (DPT 185). Or il ne fait aucun doute que *Dans la pente du toit* nous plonge au cœur de l'expérience humaine.

Coming out of the Family? Julien Green's *Jeunesse* (1974), Hervé Guibert's *Mes Parents* (1986) and Christophe Honoré's *L'Infamille* (1997)

Owen Heathcote

For Sébastien Nouchet

Definitions of the family are contested and changing. As Jeffrey Weeks notes: '"Family" is a powerful symbolic term, embracing a variety of meanings. It is also a highly ambivalent and fiercely contested term in the contemporary world, the subject of endless polemics, anxiety and political controversy'.[1] A similar point is made by Mary Bernstein and Renate Reimann in their introduction to *Queer Families, Queer Politics*:

> The term "family" carries great emotional and cultural force. Yet few agree on what constitutes a family. Official and legal definitions of "family" range from groups of individuals who cohabit and are related by blood in the first degree, marriage or adoption [...] to definitions that include grandparents or non-married cohabiting couples [...]. In everyday terms, family can be any two or more people who feel emotionally committed to each other.[2]

Indeed, so capacious and so contested is the term family, that some individuals and groups prefer to opt for potentially alternative forms of unions and contracts such as, in France, the *pacte civil de*

---

[1] Jeffrey Weeks, 'Elective families: lesbian and gay life experiments', in Alan Carling, Simon Duncan and Rosalind Edwards (eds), *Analysing Families: Morality and rationality in policy and practice* (London: Routledge, 2002), pp. 218-28 (p. 218).

[2] Mary Bernstein and Renate Reimann, 'Queer Families and the Politics of Visibility', in Mary Bernstein and Renate Reimann (eds), *Queer Families, Queer Politics* (New York: Columbia University Press, 2001), pp. 1-17 (p. 2).

solidarité,[3] and/or to replace the term family by the notion of 'intimate citizenship' which, according to Ken Plummer, 'does not imply one model, one pattern, one way. On the contrary, it is a loose term which comes to designate a field of stories, an array of tellings, out of which new lives, new communities and new politics may emerge.'[4]

It can be seen that there are two ways in which the emotional and cultural force of the term family is being contested or changed. On the one hand, the family can be rejected completely as, for example, a hegemonic, hetero-normative and indeed homophobic institution where, as Philippe Masanet writes, '[l]'homosexualité ne peut se vivre que dans le secret et dans la honte'.[5] On the other hand, the family can be extended so as to move beyond what Bernstein and Reimann see as the '[h]eteronormative assumptions about appropriate gender roles [which] underpin the hegemonic view of the family'[6] and encompass gay marriages and 'homoparentalité' and thus include 'des dispositions fondées réellement sur l'éthique de la responsibilité et non plus seulement sur les liens du sang'.[7] This latter is certainly the future sought by Masanet in a post-PaCS France: 'Le chemin parcouru fait espérer des familles ouvertes, homosexuelles ou hétérosexuelles, où la pleine égalité soit vécue et défendue pour les enfants comme pour les adultes. C'est aujourd'hui le sens des efforts à poursuivre'.[8]

The above situation in relation to the family has three further implications for the representation of gender and sexuality. Firstly, as

---

[3] According to Ramon Fernandez, however, 'Le PaCS n'a rien à voir avec la famille et par conséquent ne la menace en rien': quoted by Philippe Masanet in his article 'Famille' in Louis-Georges Tin (ed.), *Dictionnaire de l'homophobie* (Paris: PUF, 2003), pp. 167-70 (p. 170).

[4] Ken Plummer, *Telling Sexual Stories: Power, Change and Social Worlds* (London: Routledge, 1995), pp. 151-52.

[5] Philippe Masanet, 'Famille', p. 168. For the association between homosexuality and shame, see Sébastien Chauvin's article 'La Honte' in Tin, *Dictionnaire de l'homophobie*, pp. 222-26. The association has also been much developed by the premier gay critic and theorist, Didier Éribon. See for example his *Une morale du minoritaire: variations sur un thème de Jean Genet* (Paris: Fayard, 2001), pp. 292-93.

[6] Bernstein and Reimann, 'Queer Families', p. 3.

[7] Martine Gross, 'Homoparentalité', in Tin, *Dictionnaire de l'homophobie*, pp. 218-222 (p. 222). For a more sceptical view of 'le mouvement intégrationniste', see Danielle Charest, 'Les Contrats apparentés au mariage: une fuite en arrière', in Natacha Chetcuti and Claire Michard (eds), *Lesbianisme et féminisme: histoires politiques* (Paris: L'Harmattan, 2003), pp. 277-87.

[8] Philippe Masanet, 'Famille', p. 170.

Ken Plummer's reference to 'a field of stories, an array of tellings' suggests, actual stories themselves have a contribution to make in the changing perceptions and status of the family. As Plummer also indicates: 'The "coming out" narratives of gay and lesbian personal experience, just like the "breaking the silence" stories of rape survivors, played crucial and critical roles in the development of gay and feminist politics.'[9] Secondly, the actual notion of 'coming out' is itself a predominantly linguistic or a representational move – a form of empowerment through language. If the 'coming out' narrative is indeed empowering, it is because coming out is always already a narrative, because coming out combines representation and politics in a multiple *mise en abyme*. Thirdly, however, the very notion of 'coming out', implying as it does a 'closet' from which one emerges, is politically double-edged: as Lawrence Schehr has argued, the very notion of the closet represents a 'naïve metaphor of repression and liberation' and the closet can itself be seen as 'a heterosexual construct foisted on homosexuality'.[10] By such a reckoning and in such a context, the 'coming out' narrative can, and perhaps should, also be a 'coming in' – a coming out of the hegemonic, hetero-normative, homophobic family while at the same time allowing for a coming in to a more capacious, more accepting and more empowering, alternative form of family. At the same time, moreover, at least if Schehr's critique is to be met, the 'coming out' narrative should also question its own emotional, political and epistemological status: the narrative should also question the very need to come out at all: here, too, the coming out should be into a homosexuality which no longer sees itself as needing to be defined in terms of either 'out' or 'in'. The narrative does, therefore, need to question the need for its own existence.

In order to see whether any or all of the above criteria can be met by what may be seen as 'coming out' narratives, it may be useful to turn to three texts which deal with the relationship between young

---

[9] Ken Plummer, *Telling Sexual Stories*, p. 149.

[10] Lawrence R. Schehr, *Alcibiades at the Door: Gay Discourses in French Literature* (Stanford: Stanford University Press, 1995), p. 9. Also quoted by Diana Knight, 'Skeletons in the Closet: Homosocial Secrets in Balzac's *La Comédie humaine*', *French Studies*, 57 (2003), 167-80 (p. 168, note). See also Lawrence R. Schehr, *The Shock of Men: Homosexual Hermeneutics in French Writing* (Stanford: Stanford University Press, 1995), pp. 20-21.

gay men and their families – Julien Green's *Jeunesse*, Hervé Guibert's *Mes Parents* and Christophe Honoré's *L'Infamille*. These texts have a number of points in common: each has a young male protagonist exposing and exploring his desire for other men and the extent to which that desire defines him in relation or in opposition to other members of his family. Each text does, therefore, in different measures, ask whether those families are ignorant, accepting or rejecting. Given, moreover, that the texts were variously published in 1974, 1986 and 1997, they may show a progression of ignorance, acceptance or rejection – or in the relevance of any such attitude in an increasingly liberal climate. At the same time, the texts also raise questions about the coming out process itself: who is coming out to whom? Is the young man coming out to his family, to the reader, or to himself? And, since, in at least some cases, the protagonist is remembering, or trying to remember, how he felt when he was younger, what is the role of memory and thus of textual re-construction here? If coming out is a textual re-construction, does the text also suggest that coming out, and the homosexual identity that is thereby posited, are also constructs, and thus, as Schehr would doubtless wish, also deconstructible since complicit with the hegemonic, the hetero-normative and the homophobic? Finally, what are the effects on the family here, when faced with the actual or potential homosexuality of one of its members? Do they re-group in solidarity against the newly perceived alien or do they themselves change and become, to some extent, homosexual? To what extent can these texts be said to chart the queering of the family through literature?

   Julien Green's *Jeunesse* (1974) represents the fourth and final volume of his autobiography, after three earlier volumes entitled *Partir avant le jour*, *Mille chemins ouverts* and *Terre lointaine*. All four volumes were published in 1984 under the global title of *Jeunes années*, where *Jeunesse* itself is retitled *Ardente jeunesse* and where a further short text entitled *Fin de jeunesse* is inserted between the main text and its conclusion.[11] *Jeunesse* is, then, a text which is subject to

---

[11] See Carole Auroy, *Julien Green: le miroir en éclats* (Paris: Les Éditions du Cerf, 2000), p. 6, note, and p. 168. The editions used here are Julien Green, *Jeunesse* (Paris: Plon, 1974) and, for *Fin de jeunesse*, Julien Green, *Jeunes années. Autobiographie 2* (Paris: Seuil, 1982). Pages references to these editions will be given in parentheses in the text after J (for *Jeunesse*) and FJ (for *Fin de jeunesse*).

two forms of re-writing. On the one hand, by recalling a period some fifty years prior to the act of writing, *Jeunesse* is inevitably selective. As Green himself observes: 'Tous mes souvenirs sont, en effet comme des tableaux séparés par d'assez grands espaces, mais ils sont nets' (J 122). Despite this clarity of memory, the text, equally inevitably, fuses and confuses past and present, for, as Green also writes: 'le garçon de 1922 assume le rôle de mémorialiste et l'écrivain de 1973 travaille sur sa dictée' (J 296). Indeed, as Carole Aury notes of Green: 'l'autobiographie ne saurait être pure et simple reproduction du réel, puisqu'elle suppose un travail d'écriture et de mise en récit, quel que soit d'un autre côté son souci de fidélité aux faits'.[12] Secondly, that inner 'travail d'écriture' is highlighted and complemented by the adding of further material and a process of re-titling some ten years after the initial publication. *Jeunesse* is, moreover, also complemented and to a certain extent re-contextualised, by the regular publication of the *Journal* and, indeed, by such other additional material as Green's radio interview with Jacques Chancel, also in 1974, commenting and elaborating on the 1974 edition of the text. As Green remarks in this interview, *Jeunesse* is not just an objective record, but one of those 'fantasmes [qui] deviennent des romans', which not only enable him to explore and better understand the past but which also constitute 'une façon de se libérer'.[13] Rather than just a supposedly neutral, predictable 'dictation', whose value is determined by its reproductive accuracy, *Jeunesse* is, therefore, open, active and interventionist. For if *Jeunesse* describes Green as a closeted homosexual, the act of writing liberates not only the Green of the present but also the closeted Green of the past. At one and the same time, *Jeunesse* re-writes the closeted past as a preparation for an uncloseted present. Autobiography is always already, here, a kind of double exorcism.

One of the main ways in which Green prepares for an uncloseted present at the same time as foregrounding a supposedly closeted past is through his representation of his family and his life in that family. Given the periods Green describes (beginning in 1922) and, even, first publishes *Jeunesse* (1974), it might be assumed that his family would be one of the main sources of reprobation for a

---

[12] Carole Aury, *Julien Green: le miroir en éclats*, p. 12. See also Marie-Françoise Canérot and Michèle Raclot (eds), *Julien Green: le travail de la mémoire* (Paris: Société internationale d'Études greeniennes, 2001).

[13] France-Inter Interview with Jacques Chancel, 1974.

desire which Green sees as incontrovertible as it is congenital: 'La chair, je le pressentais, était un abîme où je risquais de me perdre' (J 57). However, since his mother died on 27 December 1914, when Green was 14, his mother was already dead not only before *Jeunesse* but some seven years before the period when *Jeunesse* opens (1922), and is thus in no position to intervene in her son's sexual development. After his wife's untimely death, Green's father seems to have retreated into a long period of mourning which contributed to detaching him from his remaining six children, including the youngest, Julian/Julien.[14] Although, then, his older sisters, particularly Mary, seem to guess his longing for the American Mark – 'Comment n'eût-on pas compris que je l'adorais? Mary comprenait' (J 164) – no-one passes any comment: 'Ni mon père ni mes sœurs ne me posaient aucune question à ce sujet' (J 18) – and not necessarily because his father would rather ignore his son's homosexuality but because he does not want him to become a priest (J 18). Moreover, rather than try to separate Julien from Mark, his father actually gives Julien money so they can travel together (J 169) and consistently turns a blind eye to his son's increasingly frequent, extended *sorties en ville*, picking up men and spending time (and money) having sex in unprepossessing hotels. His father seems more concerned about the above-mentioned vocation or about Julien's signing his own name on his own works – 'Un gentleman [...] ne s'expose pas à voir son nom imprimé dans une feuille de deux sous' (J 263) – than in his son being exposed, to him or to the world, as homosexual.

If there is a closet in *Jeunesse*, it hardly seems to be in the family. On the contrary, the family home acts as a haven and as springboard for frequent and repeated sexual adventures. On one occasion, Julien even takes a man home for sex (J 199). It is, moreover, also in the home that the young Julien draws homoerotic pictures and writes homoerotic stories. Even if he subsequently destroys these, it is not really for fear of their discovery by the family: 'En fait, je ne me souciais pas beaucoup de ce que pensait la famille' (J 35). Thus, rather than represent a 'coming out' narrative, at least in terms of the family, Green is not only already out in *Jeunesse*, but

---

[14] For Green's family tree, see *Album Julien Green. Iconographie choisie et commentée par Jean-Éric Green et légendée par Julien Green* (Paris: Gallimard, 1998), pp. 130-31. It was in 1924 that Green changed from 'Julian' to 'Julien' (ibid., p. 128).

questioning even the need to be 'out' in relation to his family. Indeed, by the time he writes *Jeunesse* his father is also long dead – in 1927 (J 232). Any chance that *Jeunesse* might have been seen as Green's *Nœud de vipères* is, therefore, neutralised by his family's deaths in the same way as Isa's death neutralises Louis's vengeance in Mauriac's novel. However, in the case of *Jeunesse*, Green is always already out of the closet to the extent that the closet seems barely ever to have existed – and, in any case, is but a glass closet for all to see and even relish: 'Je compris que le secret que je cachais si mal émoustillait les personnes présentes et qu'elles s'attendaient à je ne sais quelles polissonneries, mais c'était bien mal me connaître et rien ne se passait de ce qu'on espérait' (J 222).

However immaterial the attitude of Green's family in *Jeunesse*, at least with fifty years' hindsight, it is still clear from the above reference to 'rien ne se passait de ce qu'on espérait' that sexual desire is still, for Green, shot through with pain and shame: 'La chair, je le pressentais, était un abîme où je risquais de me perdre' (J 57). Although he never fully identifies the source of that pain and shame, it is clear that his conversion to Catholicism in 1916, at the age of fifteen,[15] and his repeated references to his 'vocation' and to the disculpating effect of prayer and worship, often after contact with other men, accounts for some of his intermittent but persistent rejection of (his) sexuality. As he remarks at the end of his interview with Jacques Chancel: 'Peut-être que la sexualité que j'ai reçue m'a été donnée pour que je la refuse'.[16] However, it is also clear that religion, like the family, is no real barrier – he still goes in search of sex both before and after prayer – and that what he really rejects is not homosexuality but sexuality, not homosex but sex: 'j'oubliais que j'avais du mal à m'accepter moi-même. *C'était la sexualité entière que je refusais*, qu'elle fût ou non celle de la majorité' (J 215, cf. FJ 463). It is thus also clear that Green's sexual inhibition is not just internalised parental, social or religious oppression but a peculiar – one is almost tempted to say queer – form of self-conscious self-denial: 'Par une bizarrerie de ma nature que je n'ai jamais pu m'expliquer, je fis alors le contraire de ce que je désirais, fuyant l'amour [...]' (J 80). It is therefore not Green's father who confines

---

[15] See *Album Julien Green*, p.75.
[16] France-Inter Interview.

him to the closet – not that father who provides him with the image of
'un grand chêne': 'Nous vivions à l'ombre de cet arbre qui nous
protégeait' (FJ 479) – but, for some reason, Green himself. And one of
the main ways in which Green becomes his own closet lies in his
relation to art.

Green's notion of, and relation to, art, restricts him in a
number of ways. Firstly, he has a preference for a certain kind and
quality of Olympian male beauty – 'les statues grecques, la peau
dorée, les yeux clairs' (FJ 488) – which is rarely encountered and even
more rarely available. Secondly, even when he encounters such
beauty, he tends to make it as unresponsive as the statue it recalls; he
turns it (back) into art: '"Vous êtes, lui disais-je pareil à un objet
d'art." Il fronça le sourcil. "Je suis un homme", fit-il d'un ton digne'
(J 12-13).[17] Thirdly, other forms of 'actual' art are either too indirect
and too mediated to provide erotic satisfaction (cf. J 263) or so clearly
'des voluptés de remplacement' (J 279) that they *displace and
disembody* desire: 'je fabriquais un univers de rechange peuplé de
fantômes sensuels' (FJ 465). And the more successfully Green's art
displaces reality by putting sex on the page, the more likely he will
later destroy those very same writings and drawings (J 35, FJ 465).
Whether art evokes bodies or bodies become art, the analogies and the
complicities between art and eros defeat, or are defeated by, the
writer/viewer, and the best Green can do is recall the indissolubility of
desire, pain and art: 'au plus profond de ses rêves surgit le visage
extasié de l'enfant torturé d'amour' (FJ 501).

There are, however, two important compensations and both
concern the closet and the family. For in two rather different ways,
Green's relationship to art dismantles, even as it describes, the closet.
Firstly, Green tucks away his erotic drawings and stories in 'un
placard [qui] renfermait tous mes secrets' (FJ 465) – a closet he
sometimes locks and sometimes has to leave open, with the result that
on at least one occasion his papers are rifled and lost (J 183, FJ 480).
At the centre of *Jeunesse* is, therefore, once again, a closet which is
potentially transparent and penetrable – by his sister and thereby to his
father. Secondly, at the same time as exposing the complicities
between art and desire, Green refuses to share 'une sorte d'*amitié*

---

[17] However, in Hamburg, Green manages to have contact with his Greek statues, with
'ces membres parfaits comme pour mieux me faire voir ce que je n'avais encore
jamais vu qu'en marbre ou en bronze' (FJ 488).

amoureuse' (J 41) with the brotherhood of fellow homosexual artists
who might have alleviated his pain and fulfilled his desire by
introducing him to the very idols he seeks. However, as we have seen:
'rien ne se passait de ce qu'on espérait' (J 222). Thus, paradoxically
but perhaps courageously, Green neither comes out of his own family
since that is no closet, but nor does he comes into another, alternative
homosexual family, since that is, perhaps, more exclusive and more
complicitous than his own. At the same time as seeming to describe
the anguish of closeted homosexuality, Green in fact deconstructs two
closets and detaches from two families – 'l'assommante famille, la
tribu, ossements dans une terre lointaine' (FJ 472) and the new
fraternity of 'tout un groupe d'écrivains', 'une minorité importante' (J
214, 214-15). If Green does not need to reject his father and his
sisters, he does not, in *Jeunesse*, need their substitute in the world of
letters. Since his death in August, 1998, at the age of 97, his family is
restricted – if that is the word – to his adoptive son and to his
readers.[18]

Although, in *Mes Parents*, the adolescent Hervé Guibert
comes out to his parents as 'pédé',[19] and although, shortly afterwards,
he picks up a 'beach-boy' in front of '[s]es parents éberlués' (MP
117), there are even more references to real or metaphorical closets in
Mes Parents than in Green's *Jeunesse*. Like his aunt, Suzanne, who
finds papers in a wardrobe drawer 'dont elle connaissait l'existence
mais dont elle n'avait jamais osé enfreindre le secret' (MP 10), like
his mother who keeps supposedly beneficent crosses 'au fond de
quelque tiroir' (MP 54), like his father who keeps a revolver in a
cupboard, creating 'une sorte de diffusion dans tout l'appartement'
(MP 61-62), and like his sister who hides a journal 'où il n'est
pratiquement question que de sa tentative d'empoisonnement de mes
parents' (MP 27), the young Hervé conceals love letters behind books
'tout en bas de [s]on armoire' (MP 90-91). From the outset, then, the
family is and has its closets and these closets are invariably associated
with violence – not just the revolver and projected poisoning but the
locked kitchen where the father forcefully injects his children as if

---

[18] Jean-Éric Green is also a novelist, publishing, under the name of Éric Jourdan, such
violently erotic works as *Les Mauvais anges* (Paris: La Découverte, 1991; first pub.
1956), *Révolte* (Paris: Seuil, 1991) and *Sang* (Paris: Seuil, 1992).
[19] See Hervé Guibert, *Mes parents* (Paris: Gallimard, 1986), p. 91. All other
references will be given in the text, following the abbreviation MP.

they were in the abattoir where he works (MP 27), the suffocating confinement of holiday journeys in the family car (MP 41-43) and the similar 'espace réduit' of the family boat where Hervé actually masturbates as his mother talks to him across their darkened cabin (MP 102). If, then, sexuality, closets, violence and the family are constantly associated in *Mes Parents*, it is hardly surprising that Hervé's first actual sexual encounter, at the age of four or five, should be at school, in an actual closet, where he is lured and enclosed with the slightly older Christian (MP 23-24) or that he has real or fantasised sexual contact with both his mother, who fondles his penis (MP 22), and his father, who caresses him almost to the point of a shared orgasm (MP 33). Thus although indeed Hervé comes *out* to his parents, there is a sense in which he does not need to because he simply replicates when 'out' what he experiences when 'in', and because he never really leaves that family-closet: 'ils ont gagné, mes géniteurs, puisque après un temps qui semblera d'errance je suis revenu de moi-même dans ma prison' (MP 149). Despite an increasing number of real or fantasised sexual affairs, Hervé Guibert seems even less liberated than Julien Green: for, unlike Green, Guibert does not seem able to dismantle or circumvent the violence of the family closet.

However seemingly great this failure, there are a number of related aspects to *Mes Parents* which can be seen to cast a rather different light on the narrative. The first is the above-noted retention of the closet not only before and after Guibert comes out to his parents but by all the members of his family – aunt, mother, father and sister, again regardless of any 'before' or 'after'. If the closet adheres not just to homosexuality but to the at least supposed heterosexuality of a whole family, then, what might be *different* about homosexuality? Either there is no difference, at least at this level, between sexual orientations, since all sexual expression is similarly abjected – by trammelling or invading his body his parents' sexual mores are also compromised – or, by narrating his parents' behaviour from his, homosexual, perspective, Guibert manages to queer his family at least as much as himself: 'Tout ce qu'il y a de plus affreux en moi-même, de plus petit me semble hérité d'eux' (MP 15). Although, then, Jean-Pierre Boulé may be right to argue that Guibert fails in *Mes Parents* to exorcise all parental interdicts and to re-appropriate his own childhood,[20] Guibert in fact achieves something more radical: he shows that not he but his parents are the source of difference and that they, not he, are thereby *othered*. Any queerness is inherited from the heterosexual parental *other* rather than the unique property of the stigmatised, abjected homosexual son. At the same time, Guibert overlays this inherited stigma with a non-stigmatised creation of his own making – the narrative he derives from the failed photographic image of his mother (MP 106),[21] and indeed the multiple narratives he borrows from other texts and reworks into the many-layered text that is *Mes Parents*. By thus borrowing – from himself – and reworking his narrative as did Green, Guibert not only gives himself a whole range of what Boulé calls 'voices of the self'[22] but turns the single-layered, one-dimensional closet into a *mise en abyme* of intersecting or overlapping narratives whose complexity and fluidity defy stigmatised containment. Indeed, the combination of self and other both in himself and in his relationship to his family can be seen to reflect that combination of same and different that is the hallmark of homosexuality. Thus at the same time as he homosexualises the heterosexual family, he constantly undercuts or deconstructs his own monologue and thereby indeed colonises – or, to use a favourite expression of Guibert, operates a form of 'phagocytage'[23] – on what is/are, henceforth, his own textual creation – 'mes parents'. The closet of his parents is, oddly, single, stigmatised and self-destructive whilst his own closets are creative, contradictory and fun.

Featured in a recent issue of *La Matricule des anges* – '[a]vec sa belle gueule d'acteur ou de chanteur rock'[24] – and in the first instalment of 'le magazine des nouveaux genres', *Préférences* – where he is noted for '[sa] jolie gueule butée'[25] – Christophe Honoré is a thirty-four-year-old novelist and children's writer who is increasingly known as a film-director: his *Dix-sept fois Cécile Cassard* (2001) with

---

[20] See Jean-Pierre Boulé, *Hervé Guibert: Voices of the Self*, trans. by John Fletcher (Liverpool: Liverpool University Press, 1999), p. 148.
[21] For a detailed investigation of Guibert writing out (of) maternal absence, see Alex Hughes, 'Reading Guibert's *L'Image fantôme/Reading Desire*', *Modern and Contemporary France*, 6.2 (1998), 203-14.
[22] See Boulé, *Hervé Guibert*, p. 157.
[23] See for example Hervé Guibert, *À l'ami qui ne m'a pas sauvé la vie* (Paris: Gallimard, 1990), p. 216.
[24] *Le Matricule des anges*, 40 (septembre-octobre, 2002), p. 14
[25] *Préférences Mag*, 1 (mars-avril, 2004), p.10.

Béatrice Dalle is now available on DVD and he is currently working
with Isabelle Huppert on a film adaptation of Bataille's *Ma mère* and,
taking another explicitly family theme, on a film called *Le Clan*, with
fellow director Gaël Morel.[26] Although Honoré came to particular
notice with his novel of adolescent violence, *La Douceur* (1999) and a
sequel, *Scarborough* (2002), of even greater interest for consideration
here is his first novel, *L'Infamille* (1997).[27]

Written primarily in the first-person by a young man,
Guillaume, after the presumed suicide of his older brother, Thomas,
L'Infamille is, like *Mes Parents*, a reflection on the potential or actual
'infame' of the 'famille'. This 'infamy' of the family is threefold. The
first problem is that parents and sons, sons together, and Guillaume
and Thomas's former girlfriend, Cécile, are all bonded to the point
that blood ties and sexual ties merge: Guillaume kisses Cécile (I 39),
Guillaume needs his father's kisses (I 25), mother falls in love with
son and sucks his penis (I 58) and the brothers, too, kiss one another –
'ta bouche sur la mienne – un baiser de frères qui ont grandi' (I 101).
As in Guibert the family is, therefore, (in) a kind of closet where
sameness and difference become indistinguishable and, as in Guibert,
where incestuous intimacy produces a second problem: violence. The
children torture animals and both parents separate: the mother goes off
with another man; the father divides his estate and leaves; Thomas
ostensibly drowns himself in his bath. A further twist to the violence,
again as in Guibert, is that narration itself aggravates the pain of the
'infamille': the older Thomas also writes novels which destroy the
family: 'Ces livres-là ont détruit ma famille [...] Ces livres sont la
vengeance de Thomas' (I 98). And even the current narrative, by
Guillaume, seals excessive intimacy and resulting violence in a further
closet which awaits the reader like the dead Thomas awaits the
surviving Guillaume for identification: 'Thomas t'attend dans un
tiroir, Guillaume' (I 42). Although, like Guibert, Honoré seems to
have reversed the stigma of the closet and turned it onto the family
rather than onto its excluded members, there seems, unlike in Guibert,
very little to redeem the infamy of the family.

---

[26] Ibid.
[27] Christophe Honoré, *La Douceur* (Paris: Éditions de l'Olivier, 1999); *Scarborough*
(Paris: Éditions de l'Olivier, 2002); *L'Infamille* (Paris: Éditions de l'Olivier, 1997).
Somewhat after the style of Guibert, *L'Infamille* is dedicated to Honoré's father.
Future references to this text will be given in the text, following the abbreviation I.

This is not, however, the whole story. At the end of his narrative, Guillaume discovers that the body he has been asked to identify is that of his father, not that of his elder brother Thomas. With both their parents thus removed from the scene – their mother with her new man in Canada and their father, having bequeathed them his estate, dead – the two brothers can be re-united not only among themselves but with Guillaume's gentle, handsome lover, Medhi, with whom Thomas begins to identify: 'Je voudrais savoir ce que c'est d'être aimé par mon frère' (I 152). Whether or not Guillaume has finally assumed his homosexuality (cf. I 140) thus matters less than the establishment of the fraternal threesome, Guillaume, Thomas and Medhi, which may even be augmented by a fourth 'brother', the supposedly dead younger brother from the past (cf. I 17-18). By the removal of the heterosexual parents and by their replacement with a blood/sexual brotherhood, Honoré goes even further than Guibert in eliminating the 'infamille' of the parents and further than Green in actually accepting a brotherhood of authors – Guillaume and Thomas – infused with the tender love-making of Medhi (cf. I 89). Thus of all three texts examined here, Honoré's *L'Infamille* is the most fulfilled 'coming out of the family' narrative, because, ironically, the emphasis is not on coming out but on coming in – on coming into a new, homosexualised, family – and because that coming in is relayed through a tentative, unpredictable 'coming together' narrative of brother/lover, self/other and same/different, which offers a new kind of homosexualised family narrative and thus a new form of positive, reparative homotextuality.[28]

What, then, can be concluded from these ostensibly very different texts, written at very different periods – 1974, 1986 and 1997? A first conclusion is that, contrary to what might be expected, none of these texts is in fact a 'coming out' narrative, either to family – who already know, guess or seem to barely care – or to the narrator – for whom this is a process of diminishing importance – or to the

---

[28] On homotextuality as 'the ongoing construction and deconstruction of both homosexuality and its environments', see Owen Heathcote, 'Masochism, sadism and homotextuality: the examples of Yukio Mishima and Eric Jourdan', *Paragraph*, 17.2 (1994), 174-89 (p. 176), and on reparative texts and reparative readings which, it is hoped, counter the above-mentioned association between shame and homosexuality, see Eve Kosofsky Sedgwick, *Touching Feeling: Affect, Pedagogy, Performativity* (Durham, NC: Duke University Press, 2003).

reader – who is diverted on to different issues, such as the identity of the corpse in *L'Infamille*. A second, related, conclusion is that it is the 'original', supposedly heterosexual family which is (in) the closet and that any stigma attached to its homosexual member is either self-constructed (as in Green) or a stigma by association with the family itself (Guibert, Honoré). Either way, residual homosexual stigma is eminently reversible and/or deconstructible and the homosexual narrator is free to accept or refuse alternative brotherhoods, fellowships and blendings of blood ties and sexual relationships. A third, and final, conclusion, therefore, is that there is a certain 'progress' between Green, Guibert and Honoré: whereas Green rejects the offer of a homosexual fraternity of authors and whereas Guibert declines, at least in *Mes Parents*, to replace his family with an alternative arrangement such as 'le Club des 5' he evokes elsewhere,[29] Honoré forges a new family which fuses sex, sexuality and a blood brother. In all three cases, moreover, the splitting of the narrator into multiple identities – self and other, insider and outsider, past and present – both facilitates the othering of stigmatised identities and replicates that mixture of desire for the same and yet other which is the hallmark of homosexuality. In each case, then, a homosexualised family is itself *en abyme* in a homotextualised narrative.

Alas this, too, is, by no means the whole story. However creatively and courageously the narrators in Green, Guibert and Honoré re-write their family scripts and however much they show that not they but their families can be outed – in the sense of ignored, removed or homosexualized – and thereby co-opted into the service of their desire, elsewhere the analogy between families and closets is not so readily deconstructed. Whether in architecture, photography or psychotherapy, the analogy between family and closet remains the norm. As is shown for example by Jean-Baptiste André Godin's 'Familistère', the 'familistère' was a vast workers' closet next to his stove-making factory at Guise near Saint-Quentin. Thus Godin writes: 'Nous réalisons non-seulement l'association professionnelle en vue de l'industrie, mais encore l'association commerciale, pour les approvisionnements de toutes sortes. Sans sortir du Familistère,

---

[29] For example, Hervé Guibert, *À l'ami qui ne m'a pas sauvé la vie*, pp. 154, 200, 209. The five comprise Berthe, Jules, their two children and Hervé.

l'habitant trouve tout ce qui est nécessaire à sa famille'.[30] And, similarly, the recent exhibition in the Musée d'Orsay, entitled 'Figures de l'intime: les albums de famille',[31] offered a celebration of the complicity between the photograph and the private, self-regarding, cellular family unit. Even one of the latest tomes to appear on the subject in France, Caroline Eliacheff's *La Famille dans tous ses états*, manages to avoid discussing what is or might be the family, has barely a reference to the *PaCS*, and never once mentions *homoparentalité*.[32] Perhaps the criminalisation of homophobia, now under discussion,[33] will facilitate the opening up of the family closet. However, the burning alive of a gay man, Sébastien Nouchet, in Nœux-les-Mines in the Pas-de-Calais on 16 January, 2004[34] shows that in some areas the process of deconstructing and homosexualizing the family has as yet not even begun.

---

[30] 'Associations ouvrières. Enquête de la Commission extra-parlementaire au Ministère de l'Intérieur. Déposition de M. Godin', *Études sociales*, N° 5 [n.d.], 65-80 (p. 73).

[31] 'Figures de l'intime, les albums de famille', Galerie de photographie du musée d'Orsay, 11 November 2003-15 February 2004.

[32] Caroline Eliacheff, *La Famille dans tous ses états* (Paris: Albin Michel, 2004). The *PaCS* occurs just once (in brackets) concerning the naming of children (p. 110).

[33] See *Têtu*, 88 (avril 2004), pp. 66-77.

[34] See *Têtu*, 87 (mars 2004), p. 3.

Ordinary Shameful Families: Annie Ernaux's narratives of affiliation and (mis)alliance

Loraine Day

Shame and interest as linked affects and their place in family life

Shame clearly has a place in the violent family scenarios Elisabeth Roudinesco has identified with 'la famille au sens freudien',[1] the privileged locus of affect in Western culture since the demise of arranged marriage. I would say that the same is true of interest, which is after all one way of referring to desire. Shame is hard to avoid in family life, since it is within the family that many of our most intimate experiences occur. What is probably less immediately acceptable is that there is a necessary connection between shame and interest. The affect theorist Silvan Tomkins identifies shame as an affect auxiliary associated with the affect interest-excitement, meaning that shame occurs only in the context of a pre-existing state of interest-excitement.[2] Tomkins believes that shame is triggered when interest-excitement is interrupted but not renounced: shame signals the persisting desire to reinstate the interrupted state of excitement.

---

[1] Elisabeth Roudinesco, *La Famille en désordre* (Paris: Fayard, 2002), p. 158.

[2] Tomkins posits the existence of innate affects (the two that particularly concern me here are 'interest-excitement' and 'shame-humiliation') constituting a biological system which he considers the main motivational force in human behaviour. See Silvan Tomkins, *Affect Imagery, Consciousness, I: The Positive Effects* (New York: Springer, 1962), and in particular p. 337. He is well aware that the relationship between affect and motivation is extremely complex, arguing that: 'The affect mechanism is one mechanism among many that together enable us to feel and act as "motivated". It is, in my view, the single most important component in motivation, but nonetheless partial and incomplete as a "motive" in the ordinary use of that term'. Silvan Tomkins, 'Shame', in D. Nathanson (ed.), *The Many Faces of Shame* (New York: The Guildford Press, 1987), p. 137.

Tomkins characterises shame as 'I want, but – ...',[3] to convey the sense that the restriction shame places on 'wanting' is not absolute: shame involves a partial – not a total – reduction of interest-excitement. Tomkins does not claim that shame is the only affect that creates a barrier to interest: he shows for example that interest is incompatible with states of fear and distress[4] as well as contempt.[5] However, shame stands in a special relation to interest, because it maintains the connection to the cathected object or state, it offers hope: 'from shame there is always a way back'.[6]

I want to suggest that interest and shame must both be taken into account if we want to ask whether a family (in any of the varied forms it may take) 'works' well enough to sustain itself and its members. I shall take interest as my starting point, not least because I agree with Tomkins that interest does come first. As Tomkins says: 'To think, as to engage in any other human activity, one must care, one must be excited, must be continually rewarded. There is no human competence which can be achieved in the absence of a sustaining interest....'[7] I am taking interest as a synonym for desire in its broadest sense,[8] and want to suggest that one very important way of judging whether or not a family 'works' is to ask whether it sustains interest in its members. By this I mean firstly that in a family that works 'well enough', that is to say in which moments of dysfunctionality are more or less contained, the family as a unit will be an object of cathexis for individual members of the family group. Secondly, I mean that one of the things that families need to do, if they are to work 'well enough', is to create an environment in which the individuals in the family are enabled to feel interest in the world around them, so that they may develop and grow.

It is important to note the near certainty of tension here: such families need to be sufficiently flexible to accommodate individual

---

[3] Silvan Tompkins, *Affect, Imagery, Consciousness, II: The Negative Effects* (New York: Springer, 1963), p. 185.
[4] Tomkins, *Affect, Imagery, Consciousness* I, p. 353.
[5] Tomkins, *Affect, Imagery, Consciousness* II, p. 140.
[6] *Affect, Imagery, Consciousness* II, p. 263.
[7] *Affect, Imagery, Consciousness* I, p. 343.
[8] Adam Phillips remarks: 'For Freud psychoanalysis was essentially about the fate of interest; about how each person sustains – or fails to sustain: attacks, sabotages, or gives up on – their appetite for life...' *The Beast in the Nursery* (London: Faber and Faber, 1998), p. 54.

patterns of development, while individual family members need to be prepared for a degree of compromise as they pursue their personal agenda, in the interests of family sodality. Juxtaposing these remarks about the place of interest in family life with Tomkins's idea that shame suspends – but does not destroy – excitement, it might be said that within the family, shame interrupts interest but also signals the persistence of the desire to reinstate the fluency and spontaneity of feeling that is necessary to excitement in the company of others or in the exploration of the world around us.

Like Tomkins, the psychoanalyst Donald Winnicott theorizes the relationship between affect, the body and the sense of self (for Winnicott, 'feeling real' is one of the signs of health[9]). In Winnicottian thought, the capacity to be alone, and to utilise transitional space (the inner space required for the imaginative elaboration of experience) rests on what is referred to as 'the theoretical first feed': that is to say, the 'feed' provided by the good-enough mother with her 'delicate adaptation to the (emotional) needs of the infant', which provides 'the setting for the start of excited relationships'.[10] What Winnicott calls 'aliveness'[11] or 'the capacity to come at the world creatively'[12] would not be possible without the holding provided initially by the primary caretaker, and it may be suggested that Winnicott's 'primary creativity' equates to interest.[13] If all goes well, the absolute dependency of the infant will give way to the desire and capacity for a good measure of independence, but interdependency remains an unavoidable feature of human existence, as human vulnerability to shame amply demonstrates (to feel shame is to acknowledge that others matter). Winnicott does not use the word shame in his accounts of the vicissitudes of development, but I believe

---

[9] Donald Winnicott, *Collected Papers: through Paediatrics to Psychoanalysis* (London: Tavistock, 1958), pp. 304-305.
[10] See Donald Winnicott, *Human Nature* (London: Free Association Books, 1988), pp. 100-104. Winnicott explains that: 'This theoretical first feed is also an actual first feed, except that in real experience it is not so much a matter of a single happening as a build-up of memories of events' (p. 100).
[11] Winnicott, *Human Nature*, p. 102.
[12] Winnicott, *Babies and their Mothers*, ed. by C. Winnicott, R. Shepherd and M. Davis (London: Free Association Books, 1987), p. 101.
[13] See Charles Spezzano, *Affect in Psychoanalysis* (Hillsdale, NJ: The Analytic Press, 1993), p. 134.

it is central to his theorisation of the relational dynamics which
release, inhibit or reboot creativity.

Winnicott has shown that if the infant's earliest spontaneous
gestures are not met by the caretaker, the infant's spontaneity will give
way to a 'false self' that is compliant with environmental provision
(the infant adapts to what is on offer). The caretaker's failure to meet
the infant's need for recognition triggers what might be called shame
in the infant (Eve Kosofsky Sedgwick refers to this early shame as a
'proto-affect' in order to point to the fact that it precedes self-
consciousness),[14] forcing the spontaneous self to go into hiding:

> The development of a false self is one of *the most successful
> defence organizations* [...] and its existence results in the sense of
> futility [...] that which happens in the individual as a reaction to
> environmental impingement feels unreal, futile (later bad),
> however sensually satisfactory.[15]

The suffering caused by compliance at the cost of spontaneity testifies
to the human potential and need for aliveness or creativity, and the
impaired functioning and lack of vitality that attach to the false self
point to the work that needs to be done, by the damaged subject and
by those who can provide compensatory 'holding' (in extreme cases,
an analyst) in order to bring to life the subject who has so far 'not
started to exist',[16] or who has ceased to exist, in an emotional or
psychological sense. Winnicott describes the false self in ways that
suggest a close link with shame (feelings of despair, emptiness,
unreality, discomfort, alienation and futility are all evoked).[17] I want

---

[14] Eve Kosofsky Sedgwick, 'Queer Perfomativity: Henry James' *The Art of the
Novel*', *A Journal of Gay and Lesbian Studies*, 1.1 (1993), 1-16 (p. 5). See also
Michael Franz Basch, 'The Concept of Affect: A Re-Examination', *Journal of the
American Psycho-Analytic Association*, 24 (1976), pp. 765-66.
[15] Winnicott, *Collected Papers*, p. 292. The use of the term 'false self' clearly implies
a contrapuntal 'true self'. Winnicott does use the term 'true self', but insists that it is a
theoretical position associated with undefinability and spontaneity, introduced as a
conceptual tool that is useful as a way of understanding what is lacking in the 'false
self': 'There is but little point in formulating a True Self idea except for the purpose
of understanding the False Self, because it does no more than collect together the
details of the experience of aliveness' (Winnicott 1976: 148).
[16] Winnicott, *The Maturational Process and the Facilitating Environment* (London:
The Hogarth Press, 1976), p. 142.
[17] For an evocation of 'false self' phenomena, see Winnicott, *Collected Papers*, pp.
255-261 and Winnicott, *The Maturational Process*, pp. 140-152. The psychoanalyst

to argue that shame is implicated in Winnicottian false-self phenomena in two ways: on the one hand, shame produces the false self, but on the other hand the false self is a source of shame. These are points to which I shall return.

Shame as a social affect

The relational dimension of shame means that shame is a fundamentally social affect. This is a central theme in an influential body of shame theory (produced mainly in the last thirty or forty years) which posits that shame serves to regulate, preserve and renew the social bonds that are necessary to human existence.[18] Theorists working on the political dimensions of shame have emphasised the relationship between the attribution of shame and the distribution of social power. Subjects who have internalized the negative judgement of others on the basis of skin colour, class, gender, sexual orientation, disability or age (the list is far from exhaustive) are vulnerable to shame.[19]

Annie Ernaux is well known for her work on shame associated with her divided class identity. Her texts explore the cumulative shame generated by her upward social trajectory: shame of her parents and their popular milieu, shame of her identification with them and the bid to detoxify this identification through the acquisition of professional status and a middle-class husband, accompanied by increasingly insistent shame of the betrayal that this involved, and subsequently a re-cathexis of her family of origin, as she found her voice as a writer committed to the exploration (and denunciation) of

---

Adam Phillips, whose own eclectic approach borrows a great deal from Winnicott, comments that 'compliance is always experienced by the child as demeaning' (*The Beast in the Nursery*, p. 104).

[18] The body of theory to which I refer developed from the insights of Silvan Tomkins, *Affect, Imagery, Consciousness*, and Helen Block Lewis, *Shame and Guilt in Neurosis* (New York: International Universities Press, 1971). The collaborative work edited by Melvin Lansky and Andrew Morrison, *The Widening Scope of Shame* (Hillsdale, NJ and London: The Analytic Press, 1985) illustrates a broad spectrum of approaches which share the perception that shame disrupts social bonds. A useful survey of theories which focus on the role of shame in regulating intersubjective relations is provided by Robert Karen, 'Shame', *Atlantic Monthly*, 269.2 (1992), 40-70.

[19] This perspective is developed by Léon Wurmser, Michael Lewis, and Donald Nathanson, amongst others.

the forms of social injustice that stamp shame into the psyche of the
oppressed.

The captivated gaze that the dispossessed bestow on those 'to
whom the world belongs'[20] is powerfully evoked in Ernaux's *La
Honte*, when the eleven-year-old protagonist is mesmerized by the
reflected image of the elegant middle-class couple (father and
daughter?) in the restaurant where she is eating with her own father.[21]
The grumpy mood of the narrator's father, who feels out of place and
slighted (the waiters are slow to serve them, the food is of poor
quality), and the protagonist's own naked envy, mark father and
daughter as victims of what Bourdieu calls symbolic violence. The
envy and embittered fascination with the lives of dominant people and
groups which Bourdieu identifies with *ressentiment*[22] clearly imply a
profound sense of personal inferiority, lack and shame in the self-
perceptions of dominated agents. Like the shame theorists I have
referred to above (and I would include Winnicott here, even though
his treatment of shame is indirect), and like Bourdieu, Ernaux explores
the interpenetration of the personal and the social; like Winnicott, she
draws attention to the relationship between environmental context and
the potential for creativity as a reaching out to whatever the world
offers. In *'Je ne suis pas sortie de ma nuit'*, the narrator reflects on the
circumscribed nature of her mother's existence, and implicitly
acknowledges her own greater freedom: 'Elle ne voulait pas de
limites, mais, à cause de la pauvreté de son milieu, elle avait celles de
la religion, de la morale puritaine, soutiens ou substituts de la dignité'.
Moi je ne me suis jamais voulu de limites'.[23] A more favourable
environmental context has allowed the daughter to explore her
potential for creativity (in a general sense) in a way that was not open
to her mother.

---

[20] Cf. Annie Ernaux, *Les Armoires vides* (Paris: Gallimard, 1974), p. 169. Hereafter
referred to in the text as AV.
[21] Annie Ernaux, *La Honte* (Paris: Gallimard, 1997), pp. 132-133. Hereafter referred
to in the text as H. Throughout this study, page references are drawn from the Folio
editions of Ernaux's texts, except in the case of the recently published *L'Usage de la
photo*.
[22] Pierre Bourdieu and Loïc Wacquant, *An Invitation to Reflexive Sociology*
(Cambridge: Polity Press, 1992), p. 212.
[23] Annie Ernaux, *'Je ne suis pas sortie de ma nuit'* (Paris: Gallimard, 1997), p. 80.
Hereafter referred to in the text as JSP.

The dynamics of shame and interest in *La Honte* and *La Femme gelée*

I now want to examine 'shame scenes' from two of Ernaux's texts, one that revisits her family of affiliation (*La Honte*) and one that revisits her family of alliance (*La Femme gelée*[24]). My analysis will draw on Tomkins's idea that shame suspends but does not destroy positive cathexis, and on Winnicott's belief that excessive compliance to environmental pressures leads to a form of suffering – I have argued that it is akin to shame – that is also a demand, a demand for the recovery or discovery of a sense of aliveness. Bourdieu's ideas about the place of shame in the dynamics of class relations will also be an important point of reference. My discussion will not attempt comprehensive coverage of the range of shame experiences within the family that Ernaux's work explores; rather, I shall focus on the ways in which shame interacts with interest in the context of an upwardly mobile social trajectory.

For my comments on *La Honte,* I shall consider only what I call 'the late-night scene' (H 117-118), when the narrator, her classmates and their teacher are confronted by the narrator's mother as she opens the door to admit her daughter on her return from a school trip. By contrast with the contained and private nature of the celebrated opening scene of *La Honte,* the late-night scene exposes the family (and specifically the narrator's mother) to the gaze of outsiders. Standing on the threshold of the domain that she liked to refer to as 'le château' (H 54), the narrator's mother is revealed in intimate disarray, clothed only in an old, stained nightdress. Her undisciplined, shapeless form is at once in excess and in deficit in relation to the middle-class femininity of the maternal image that has currency at the narrator's school. The entire waiting group falls silent and all eyes, including the narrator's, focus on the dishevelled figure in the doorway: 'Je venais de voir pour la première fois ma mère avec le regard de l'école privée' (H 117).

Here the child protagonist is in a very ambiguous and invidious position. Because she identifies with her mother, she feels included in the critical gaze directed at the older woman. Having seen others observe (and judge) the mother with whom she closely identifies, the narrator internalizes the critical gaze and becomes divided within herself: the

---

[24] Annie Ernaux, *La Femme gelée* (Paris: Gallimard, 1981). Hereafter referred to in the text as FG.

young woman she wishes to become (someone who will travel, make love and have a career) feels ashamed of the child she is (her parents' daughter). On the other hand, the discovery of herself as a subject (a member of the school group) whose critical gaze condemns her mother, is perhaps even more devastating. The primary object of attachment becomes an abject object, with whom identification is simultaneously deeply felt and resisted. The mortification to which the child is subject on this occasion drives a wedge between emotional investments (or interests) previously felt to be complementary: strong cathexis of her parents (especially her mother) no longer sits comfortably with acceptance by her classmates, and the ensuing dislocation sabotages the feeling that the world is hers for the taking, something she had taken for granted until the fateful Sunday when she witnessed paternal violence and parental ignominy (H 54). Shame interferes with the child's relationship to all these objects of interest (her parents, her school friends, herself), but does not dispel the longing to recover the three-way cathexis that she had previously taken for granted.

Making a leap to *La Femme gelée* (a leap back in terms of Ernaux's writing trajectory, forward in terms of the age of the protagonist-narrator), we find images of women as mothers that represent everything that the mother of the late-night scene is not. The narrator of *La Femme gelée* recalls the powerful impression made on her by a classmate's mother: a slender, impeccably turned-out woman in a gleaming kitchen (a woman of the kind later encountered as the narrator's mother-in-law). With hindsight, the narrator sees the trap that her compliance with middle-class norms of femininity led her into: 'Dix ans plus tard, c'est moi dans une cuisine rutilante et muette, les fraises et la farine, je suis entrée dans l'image et je crève' (FG 61).

The shame that is named in *La Femme gelée* refers to the narrator's sense of disentitlement to behaviour and feelings that run counter to social norms: she mentions shame of her parents' role reversal (FG 16, 75), shame of choosing not to go to Confession at school (FG 57), shame of less-than-perfect sexual gate-keeping as a teenager (FG 96), shame at remaining jealous of her freedom, as her marriage approached (FG 110, 123), shame to think of quitting the marriage after a few months (FG 31, 134), shame for wanting time for herself as a young mother (FG 26), shame of failing to appreciate a life everyone seems to think is privileged (FG 172-173). These are feelings of shame that persuaded her to marry despite her doubts, and that kept her married despite her disillusionment. It seems likely (although it is not made explicit) that with hindsight the narrator sees these as examples of misplaced shame: shame of being different, of not fitting in, of wanting to pursue a personal agenda. Paradoxically, the shame that interests me in *La Femme gelée* is not named as such; in fact, it might be identified with Betty Friedan's 'problem with no name'.[25] I believe there is shame in the narrator's recognition of her compliance, her abdication of the potential for creative self-expression in the widest sense, her mutation into the eponymous frozen woman, who no longer even knows what she wants (FG 168, 176). At this point, it is worth noting that Winnicott's 'false self descriptors' (to recap, he refers to feelings of despair, emptiness, unreality, discomfort, alienation and futility) correspond very closely to the state of mind of the narrator of *La Femme gelée,* as well as to that of the child protagonist of *La Honte.* I would argue that the frozen state the narrator describes at the end of the text, and to which the writer abandons her, in fact represents the narrative's point of departure rather than its closure. The activity of writing signals the narrator's refusal to definitively abandon or renounce that part of herself that has been 'frozen'; she writes to figure out how through marriage she came to lose herself as a desiring subject.[26] The writing process testifies to her determination to break out of the stasis she evokes in her text.

In the case of the scene in *La Honte,* the eleven-year-old had no way in the foreseeable future to learn to live with the conflicting interests her shame revealed. However, as I have suggested elsewhere, the tension generated by Ernaux's divided class identity, symbolised by her abortion, provided the kick-start for her writing career, since it was only when she began the text that would become *Les Armoires vides* with an account of the first contractions of the abortion that she was able to move forward with a subject (the betrayal of her class of origin) that she had wanted to write about for several years, but had previously been unable to engage with productively[27]. Moreover, the dynamics of shame and interest, played out primarily through the

---

[25] 'The Problem that Has No Name' is the title of the first chapter of Friedan's *The Feminine Mystique* (Harmondsworth, Penguin, 1988 [1963]).

[26] Winnicott refers to the 'unfreezing of an environmental failure situation' that can occur in therapy (1958: 287).

[27] See Loraine Day, 'The Dynamics of Shame, Pride and Writing in Annie Ernaux's *L'Evénement'*, *Dalhousie French Studies*, 61 (Winter 2002), pp. 88-91.

exploration of her class identifications and her trajectory as a woman, can be said to be the focus of all her work, as the writer successively hones and develops her understanding in the light of new perspectives.

In *La Femme gelée*, shame carries the best hope for the narrator's future; it indicates that she has not given up on herself, she has it within herself to reboot the desiring self. The interest here then is primarily in the self and its possibilities, and the desire to recover spontaneity and creativity. In adolescence, the narrator of *La Femme gelée* values that part of herself that is gravitating towards the middle classes; like all Ernaux's narrators at this stage in their lives, she seeks to expand the limits of her existence in a way that requires engagement with a world beyond that known or available to her parents. Only later does she discover that if the process of becoming is to be ongoing, she must also throw off the straitjacket of middle-class propriety and custom, and break her submission to a culturally dominant model of feminine, wifely, and indeed 'writerly' behaviour. It might seem that the three-way cathexis to which I referred in my remarks on *La Honte* has been replaced by a two-way cathexis (the narrator's interest in herself, manifest in her bid to reclaim her own space and desire, and in her parents and their class), but this would be to discount the life style, profession and cultural tastes that the narrator now takes for granted. Moreover, the engagement with writing and the implicit recognition of the desire to become a published writer (FG 132-133) point to the narrator's continuing pursuit of distinction and the place it assures in the social hierarchy.

It seems then that the point of tension that is constituted by the shame experiences recounted in *La Honte* and *La Femme gelée* contains a core of what Winnicott called 'aliveness', or what we might see as interest that is suspended but not destroyed, since the memory of shame signals the ongoing presence of interests and investments that have not been renounced. Ernaux's refusal to relinquish the sources of excitement signalled by lived experiences of shame would lead, through her writing, to the attempt to hold in productive tension interest in her parents, herself, and even, more arguably, in those whose belief in their own inherent superiority is built on the humiliation of others. I am suggesting here that shame that is 'performed' in an autobiographical – or other – text may have transformative power for writer and readers alike, as shame is confronted and negotiated, and perhaps transferred or shared through the demonstration that shame may be unjustly imposed in a self-serving abuse of power by dominant groups or individuals.

Using shame

Ernaux has asserted that it was only through the writing of *La Honte* that she came to realise the fundamental place of shame in all her work. This late return to old scenes of shame is in itself sufficient proof of the mature writer's ongoing interest in shame.[28] Not only does shame point to interest (in the sense that it signals the interruption of interest), but shame itself has become the focus of

---

[28] It is tempting to read the desire to maintain the vitality of an intensely painful experience from a psychoanalytical perspective. Lacan developed and extended Freud's concept of the repetition compulsion, investigating the unconscious pleasure – what Lacan called *jouissance* – that can be derived from self-destructive suffering. Darian Leader explains that 'in general, [*jouissance*] is Lacan's way of referring to *anything which is too much for the organism to bear.* [...] It is *real*, in the Lacanian sense of the word, something outside symbolization and meaning, constant and always returning to the same place to bring you suffering' (Darien Leader and Judy Groves, *Lacan for Beginners* (Cambridge: Icon Books, 1995), pp. 140-141, original emphasis). But why is something that causes unbearable suffering at the conscious level experienced by the unconscious drives as a satisfaction? Susan Miller offers one explanation: 'When pain must be preserved for later resolution, a new type of relationship to painful emotion may appear. The child, or older person, may learn to focus attention on his or her pain or to become interested in its structure and functions. The person eventually may find that the pain itself can give pleasure because it has a rich structure and an intense quality, akin to excitement [...] Thus a relationship develops to one's own pain that invests it positively...' Miller, *The Shame Experience* (Hillsdale, NJ: The Analytic Press, 1985), p. 150. In *La Honte,* the shame scene (referring, as in the work of Tomkins, to an accumulation of scenes that generate similar or related affects) is preserved at the deepest levels of the narrator's consciousness, more grievously momentous and refractory than any other experience in her life. To adopt the Lacanian perspective outlined above, it might be said that despite or because of the powerful emotions it sets in play, the scene remains perpetually seductive and lies at the heart of Ernaux's desire as a writer (H 32, 140). I would add that the emphasis in Lacanian theory (and in Freud's association of the repetition compulsion with the death drive) on the self-destructive nature of this process obscures the more constructive unconscious motivation which, for Freud at least, is also at work in the repetition compulsion: that is, the idea that pain is stored up and revisited in the hope that it may one day be possible to deal with it (See Freud, 'Beyond The Pleasure Principle' (1920), *The Standard Edition*, vol. 27 (London: The Hogarth Press, 1955), pp. 7-64.) Without denying the destructive force of shame experience, it seems important not to foreclose the possibility that shame may also have the potential to fuel processes of subjective and intersubjective development which are transformative and creative.

interest and indeed of cathexis (H 140). It might be said that as a writer, Ernaux has invested in shame, even though, or perhaps because, for so many years, it threatened her possibilities for remaining, in Valerie Walkerdine's phrase, a subject 'set on becoming'.[29]

Certainly, as Adam Phillips has pointed out, the terms interest and investment carry economic as well as emotional meaning.[30] However, I am not arguing that Annie Ernaux cynically mines her origins in order to sell books, but rather that the exploration of social shame perceived as formative is necessary to the process of understanding (of herself and of the mechanisms of social domination and subordination) in which she has invested her interest/desire, and which is a matter of survival on her own terms. What I mean by this is that that by 'objectively' investigating her own lived experience, Ernaux uses what her environment offers (a specific family background, an embodied history of class migration) in a way that allows her to pursue an intellectual and artistic trajectory (and the distinction it offers) while simultaneously asserting the continuing presence within her of the habitus she shared with her parents, and its right to figure in culture, in defiance of the derogation to which it is routinely subjected.

I have argued that in order to recover her creativity, the narrator of *La Femme gelée* 'destroyed' her family of (mis)alliance. In a sense, Annie Ernaux also destroyed her family of origin, 'betraying' them in pursuit of her own desire, her interest in becoming, in writing. Ernaux once wrote to Patrice Robin, at the time an aspiring writer who had sought her advice, saying 'Allez jusqu'au bout de votre entreprise d'écriture, même si vous craignez de heurter, "tuer" ceux que vous aimez. Dire, retrouver la vérité quelle qu'elle soit'.[31] This may sound self-serving, and perhaps it is, but I want to suggest that it is a form of ruthlessness that rests on recognition, celebration and love. Winnicott

---

[29] Valerie Walkerdene, 'Dreams from an Ordinary Childhood', in Liz Heron (ed.), *Truth, Dare or Promise: Girls growing up in the 1950s* (London: Virago, 1985), 63-77 (p. 76).

[30] Philips, *The Beast in the Nursery*, pp. 12-13.

[31] The quotation is taken from a text read by Patrice Robin at a three-day event that included the staging of dramatized versions of *l'Evénement* and *La Femme gelée* as well as talks and discussion groups. This event, entitled *L'impact social et politique de l'écriture d'Annie Ernaux dans la construction de l'identité* was held at the Cartoucherie in Vincennes, 28-30 October 2002.

famously argues that the early use of transitional space involves destruction as well as love: the child destroys the (m)other in fantasy to prove to itself that the other exists independently of its own inner world and mental powers. If the primary object survives attack, the subject can learn to enjoy her own aggression and establish the confidence to develop and create spontaneously. To express his conviction that destruction and love go hand in hand, Winnicott imagines an infant (the subject) communicating with its caretaker (the object):

> The subject says to the object: 'I destroyed you', and the object is there to receive the communication. From now on the subject says: 'Hullo object!' 'I destroyed you.' 'I love you.' 'You have value for me because of your survival of my destruction of you.' 'While I am loving you I am all the time destroying you in (unconscious) *fantasy*'.[32]

In what seems a logical development of this idea, Winnicott suggests that creative artists have the capacity to be ruthless without guilt;[33] as Adam Phillips expresses it, 'the creative artist is certainly determined not to be thwarted by concern for other people'.[34]

Ernaux's writing project turns on the attempt to understand the material conditions and the relational dynamics within which her social trajectory has taken shape. This investigation is carried forward through the process of writing, specifically by writing that seeks to elaborate the meaning of the affective traces of lived experience, most notably perhaps (or so I have argued here) experiences of interest and shame. She does not whitewash her family of origin (it is turned in on itself and defensive in its relations with outsiders), nor does she entirely blackwash the family unit dissected in *La Femme gelée* (the narrator admits that both husband and wife might have done more to resist the pressures to conform to a patriarchal model of family life). Moreover, her divided class affiliations place the writer at a distance

---

[32] Winnicott, *Playing and Reality* (London: Tavistock, 1971), p. 90, original emphasis.
[33] Winnicott, *The Maturational Process*, p. 26.
[34] Philips, *On Kissing, Tickling and Being Bored* (London: Faber and Faber, 1993), p. 36. For a fascinating discussion of this aspect of Winnicott's thought, see Michael Eigen, 'The Area of Faith in Winnicott, Lacan and Bion', *International Journal of Psychoanalysis*, 62 (1981), 413-433.

from both these family contexts. Nevertheless, Ernaux's family of origin continues to sustain her interest and to nourish her writing; her adolescent shame of belonging to such a family, and subsequently her shame of having been ashamed, point to the existence of an ongoing affiliative bond, and impel her to write her way towards an understanding of the (dis)connections between herself and her parents. By contrast, the experience of marriage leaves a legacy of what Tomkins calls 'shame bankruptcy' (a condition that arises when 'unrelieved defeats' from shame far outweigh positive feelings about the self and a particular relational configuration),[35] along with the determination to avoid *la vie en couple* ('cette entité qu'A. déteste'[36]), as a way of life that is incompatible with creative growth.

Conclusion
Elisabeth Roudinesco's analysis of postmodern families and Ernaux's accounts of affiliation and alliance are broadly compatible, since both point to the current trend for sexual and emotional partnerships that last only as long as desire holds the couple together, and stress the durability of affiliative relationships (especially between mother and child), which offer the continuity that is no longer provided by marriage or long-term alliance. In 'vertical' families of parents and children, the parents' investment in the child who represents their stake in the future favours lifelong interest in their offspring, while their desire to see their children develop into responsible adults rests on the understanding that children will grow up and away from the family in which they were raised. Most children also have considerable interest in the genetic or other forms of heritage transmitted to them by their parents.[37] This mutual interest, no doubt in most circumstances strong enough to withstand intermittent shame experiences on both sides, is sufficiently well-anchored in most contemporary cultures for it to appear to be biologically 'wired in' to the human species. On the other hand, in the case of families of alliance, there is less 'programmed' interest to contain shame when it occurs, just as there is less tolerance of individual development that

---

[35] Tomkins, *Affect, Imagery, Consciousness*, I, p. 139.
[36] Annie Ernaux and Marc Marie, *L'Usage de la photo* (Paris: Gallimard, 2005), p. 58.
[37] The strong desire of many children who are adopted or conceived through new reproductive technologies to have the right to know the identity of their genetic parents testifies to the validity of this statement.

'goes against the grain' of the partnership. Roudinesco seems confident that most women and men will continue to want family alliances, and will develop new ways of living with sexual partners (as well as with children). Ernaux has chosen to take up a more radical position. Since her mother's death in 1986, she has published a series of texts that testify to the vibrancy and resilience of female sexual desire, a desire that is undiminished in full maturity, and that seeks expression in relationships that exclude (by her own choice) long-term everyday intimacy.[38] On current form, Roudinesco and Ernaux might well react differently to Winnicott's wry assessment of the tension between married life and individual spontaneity: 'here and now I must take it for granted that *not all married couples feel that they can be creative as well as married*'.[39] Historically, women have been the guardians of the continuity and stability of family life, and have surrendered more of their autonomy in marriage than men. In the years since the Second World War, women's struggle for equality with men has coincided with the rise of a culture of consumerism, individualism and constant self-reinvention. Given this scenario, it is hardly surprising that women have been the prime initiators and, if Roudinesco is right, beneficiaries of the unparalleled changes in family structures that have transformed Western societies in the last thirty years[40]. The exploration of contemporary families undertaken by Roudinesco and Ernaux, like that carried out by the other writers and film-makers discussed at the Durham conference, represents cultural work that is essential to the collective task of processing the massive shifts in relationships between men, women and children that have transformed – and will undoubtedly continue to transform – the fabric of Western society.

---

[38] It should perhaps be noted that a sufficiently broad definition of the 'post-familial family' (as in Beck-Gernsheim, 'On the Way to a Post-Familial Family', in Mike Featherstone (ed.), *Love and Eroticism* (London: Sage, 1999), pp. 53-70 (pp. 67-8)) can easily accommodate Ernaux's preference, since her divorce in the mid 1980s, for serial sexual partnerships that exclude cohabitation.

[39] Winnicott, *Babies and their Mothers*, p. 44, original emphasis.

[40] Roudinesco, *La Famille en désordre*, pp. 206-207.

III. Histoires d'Art

La Famille autofictive de Sophie Calle, ou 'Comment la fiction fait un trou dans le réel'

Annie Richard

Cette expression empruntée au magazine *Les Inrockuptibles*[1] et utilisée dans l'exposition de Sophie Calle en 2004 au Centre Pompidou à Paris, *M'as-tu vue?*, je me propose de la déplacer pour l'appliquer à une autre installation de l'exposition, *Douleur exquise*, publiée par ailleurs en 2003 chez Actes Sud.

L'on sait maintenant d'où vient l'expression. Où elle va, c'est ce que dévoilera, je l'espère, le parcours de mon texte s'essayant à mimer le mouvement d'enquête, de déchiffrage propre à l'artiste vers l'objet de recherche: 'des affaires de famille'.

Au départ, deux définitions:

> FAMILLE. n.f. est un emprunt assez tardif au latin classique 'familia' dérivé de 'famulus', serviteur, mot italique isolé dans l'ensemble indo-européen. La familia romaine est étymologiquement l'ensemble des famuli, esclaves attachés à la maison du maître, puis tous ceux qui vivent sous le même toit, maîtres et serviteurs, et sur qui règne l'autorité du paterfamilias, le chef de famille. Enfin familia s'applique à la parenté. L'idée de proche parenté apparaît tard (XVème siècle) et ce n'est que récemment que le mot désigne la proche parenté et la corésidence. *Robert*, Langage et Culture.

> DOULEUR EXQUISE. Mot médical. Douleur vive et nettement localisée.

---

[1] *Les Inrockuptibles*, no. 416, 19-25 novembre 2003, p. 3.

Définition que Sophie Calle met en exergue de l'édition livresque de son installation reprise dans l'exposition du Centre Pompidou après le Toyota Museum of Art (2003). Elle en résume elle-même l'argument dans un texte liminaire en deux parties:

> 'Avant la douleur': Je suis partie au Japon le 25 octobre 1984 sans savoir que cette date marquait le début d'un compte à rebours de 92 jours qui allait aboutir à une rupture, banale, mais que j'ai vécu alors comme le moment le plus douloureux de ma vie. J'en ai tenu ce voyage pour responsable.
> 'Après la douleur': De retour en France le 28 janvier 1985, j'ai choisi par conjuration de raconter ma souffrance plutôt que mon périple. En contrepartie, j'ai demandé à mes interlocuteurs, amis ou rencontres de fortune: 'Quand avez-vous le plus souffert?' Cet échange cesserait quand j'aurais épuisé ma propre histoire à force de la raconter, ou bien relativisé ma peine face à celle des autres.
> La méthode a été radicale: en trois mois, j'étais guérie.
> L'exorcisme réussi, dans la crainte d'une rechute, j'ai délaissé mon projet.
> Pour l'exhumer quinze ans plus tard.

L'installation d'une part, la publication en livre d'autre part, obéit au programme narratif ainsi esquissé: la rupture est racontée en deux temps, 'Avant la douleur' et 'Après la douleur', avec au centre, le passage, effectif dans l'installation et visuel, photographique dans le livre, par la chambre reconstituée de New-Delhi où Sophie Calle apprend par le téléphone – téléphone rouge posé sur le lit jumeau non défait – et par celui qui devait venir la rejoindre, 'l'homme de sa vie', qu'il ne viendra pas et qu'il la quitte pour une autre.

Quel rapport donc entre FAMILLE et DOULEUR EXQUISE? À priori, un seul, ténu et pourtant essentiel: le recours pour désigner le réel, celui de la famille et de l'histoire vécue, à la langue, en l'occurrence à une définition. La langue, c'est-à-dire le grand comparant qui permet de prendre ensemble dans le référent d'un mot, ici 'famille' ou 'douleur', la multiplicité et singularité des expériences. Langue qui fournit à ce mouvement foncier de la pensée – comparer deux ou plusieurs qui sont différents – justement le mot 'famille' pour le désigner: pour saisir le référent, encore faut-il faire partie, originairement ou occasionnellement, d'une même famille linguistique. Langue qui fonctionne selon des schémas familiaux, soit de parenté (en rapport avec la filiation, l'origine) soit de ressemblance, de fraternité fondée uniquement sur les similitudes (c'est toute la part des emplois figurés des mots et des figures de style, comparaison, métaphore, métonymie, images verbales qui appellent les images visuelles.)

Sophie Calle, dans son installation et son livre, explore avec les deux registres du lisible et du visible, en juxtaposant ou superposant textes et photos, la dimension familiale du langage. C'est donc à deux niveaux que nous relierons FAMILLE et DOULEUR EXQUISE:

1. Au niveau du travail linguistique de construction d'une homologie entre le récit de l'artiste et les récits anonymes, construction d'une ressemblance grâce à la langue de la fiction.

2. Au niveau de ce que j'ai désigné par l'expression 'faire un trou dans le réel', c'est-à-dire de la capacité performative de la famille fictive à réaliser la transformation de la famille réelle contemporaine, par le glissement de la parenté par filiation à la parenté par adoption (le mot 'adoption' étant pris dans un sens différent, comme nous le verrons, de la traditionnelle nomination telle qu'elle transparaît encore dans 'le nom du père' lacanien). Glissement préparé et comme autorisé par la langue et l'évolution sémantique, l'idée de parenté par filiation étant une étape tardive portée par le temps et comme telle, modifiable.

Famille fictive
La métalepse majeure de l'autofiction…
Sophie Calle associe le lecteur-spectateur à la construction de son récit dont elle 'expose' les ficelles: la séduction vient d'emblée de l'ordre narratif affiché sur les cimaises censé donner forme à ce qui est présenté comme la réalité mais sans qu'il soit possible de déceler le vrai du faux.

'Sophie Calle, la femme qui n'était pas là', tel est l'intitulé d'un article de Robert Storr qui souligne combien le narrateur des histoires de Sophie Calle 'est dépourvu de toute fiabilité'.[2] La première parenté langagière des textes et/ou photos de Sophie Calle est celle du genre désormais repérable sous le vocable d''autofiction', selon la définition récemment réaffirmée par Doubrovsky: 'fiction d'événements ou de faits strictement réels'.[3]

---

[2] Robert Storr, 'Sophie Calle, la femme qui n'était pas là', *Art Press*, novembre 2003, p. 7.
[3] Philippe Vilain, *Défense de Narcisse* (Paris: Grasset, 2005).

Or par le franchissement de niveaux distincts, ici réalité et fiction, l'autofiction opère ostensiblement une figure de style majeure du récit selon Genette, la métalepse, 'qui est toujours une transgression au sens le plus plat du terme, donc le franchissement d'une limite'.[4] Partant de la rhétorique classique et notamment de la métalepse de l'auteur qui serait de dire par exemple que Virgile tue Didon au IVème livre de l'Enéide en supprimant figurativement la distance entre les univers de la réalité et de la fiction, Genette élargit les modalités et l'étendue d'application de cette figure: les modalités à toute façon de franchir les niveaux internes et externes liés aux voix narratives d'un texte et aux rapports auteur-lecteur et son étendue à tout langage de la représentation, aussi bien littérature que peinture, cinéma, télévision et aussi bien au régime fictionnel qu'au régime factuel, l'autobiographie notamment avec son embrayeur, 'je', 'shifter' de la métalepse bien connue entre le registre d'énonciation et le registre d'énoncé.

Disons qu'en exploitant cette passionnante analyse pour notre propos, l'originalité de l'autofiction apparaît dans sa capacité de prendre conscience des procédés à l'œuvre – par ce plus de conscience qui caractérise l'art contemporain – ici de mettre en valeur, au lieu de le dissimuler ou de l'ignorer, le franchissement le plus troublant qui est celui du niveau réel et du niveau fictionnel, dans un sens insolite, inverse de la tradition, qui est non plus d'entrer dans le tableau mais que le tableau vienne encadrer notre propre vie comme dans l'installation de Sophie Calle.

Que le récit exhibe sa structure langagière de rapport à la 'réalité' (mot qu'on ne devrait, dit Nabokov, employer qu'entre guillemets) est le premier lieu commun, au propre et au figuré, de la rencontre du lecteur et de l'auteur d'où Sophie Calle tire et déploie sa famille fictive dans la deuxième partie de son livre-installation.

L'homologie des expériences est à l'œuvre, au sens littéral, dès la première partie avant même qu'apparaisse, dans la deuxième partie, le lecteur devenu auteur de récits anonymes faisant écho au récit de souffrance de l'artiste et que la métalepse franchisse d'une façon évidente le niveau du lecteur et du lecteur. En fait, le deuxième temps de la transgression est en germe dans le premier: la métalepse de transgression de la barrière réalité-fiction dégage le fonds commun

---

[4] Gérard Genette, *Métalepse* (Paris: Seuil, 2003).

de la capacité à dire ensemble, de la même façon factuelle et imaginaire à la fois, la singularité de l'ineffable.

En effet, 'Avant la douleur' est un compte à rebours visuel et écrit d'images et de textes encadrés côte à côte en une syntaxe complexe dont des tampons rouges ponctuent en le grossissant l'ordonnancement, la disposition 'dispositio' de la rhétorique classique, chronologique et psychologique, d'une avancée dans l'espace et le temps de la douleur: de 'douleur. J-92' jour du départ, à 'douleur. J-1' apposé sur la photo du télégramme fatidique: 'M. ne peut vous rejoindre à New-Delhi en raison accident à Paris et séjour hôpital. Contacter Bob à Paris. Merci.'

La chronique d'une catastrophe annoncée renvoie au schéma universel de la Tragédie teintée d'humour noir (par exemple, la photo d'une porte à J-47 avec l'inscription 'jetée') ou de pathétique quand surgit Hervé Guibert dans un chassé-croisé de lettres et d'extraits de livres dont le dernier *À l'ami qui ne m'a pas sauvé la vie* où elle figure sous le nom d'Anna.[5]

Cadre narratif, au sens propre, destiné à saisir la réalité, la circonscrire et dont l'installation ou le livre rend visible l'artificialité: art de construire, art fictionnel.

Figure exhibée du mythe ou de l'Histoire (les tampons rouges évoquent d'autres grands récits apocalyptiques du XXème siècle) impuissante à contenir la richesse énigmatique des images et des mots mais seule capable de nous rassembler dans le déchiffrement du réel.

La communauté langagière de la douleur...
Nous rassembler, nous assembler, par la vertu performative de l'œuvre c'est-à-dire, et ce sera le travail de la deuxième partie, faire jaillir du simultané le similaire: 'Après la douleur' associe en diptyques encadrés le récit de la rupture du 5ème au 99ème jour de la douleur – dans ses variations, ses versions successives 'brodées' là aussi au figuré et au propre (sur des tissus japonais, toiles alternativement noires et blanches) dont le texte devient de moins en moins visible au fur et à mesure que la douleur s'atténue – aux récits anonymes de ceux qui ont répondu à la question: 'Quand avez-vous le plus souffert?'.

---

[5] Hervé Guibert, *À l'ami qui ne m'a pas sauvé la vie* (Paris: Gallimard, coll. "Folio", 1993).

Un texte à gauche, celui de Sophie Calle surmonté de la photo du téléphone rouge, un texte à droite, celui d'autrui, surmonté d'une photo associée à la souffrance relatée: visage, personnes et majoritairement, lieu, objet ou couleur. Le diptyque rapproche et tisse, 'brode' les similitudes du récit personnel et du récit de l'autre.

Et ce sont, comme pour le substrat narratif, des similitudes formelles, rhétoriques qui confèrent aux divers narrateurs de ces récits assemblés une voix semblable, remontant à la racine indo-européenne de ce mot 'sem', 'un, unique'.

Le rassemblement est, au propre et au figuré, la salle d'exposition (de soi) et le topos, la question posée au lecteur-narrateur qui fait partie de la construction de l'œuvre mais qui d'ordinaire, est tenue en dehors du résultat, l'œuvre n'en portant pas la trace. Ici au contraire, l'origine de la prise de parole est formulée distinctement et de façon concrète: 'Quand avez-vous le plus souffert?', l''inventio' engageant la réponse dans un ordre, une 'dispositio' qui met en avant pour tous le moment et le lieu. À titre d'exemple:

> Le lieu, c'est un immeuble bourgeois, à Lyon. Au quatrième étage. Un très large palier en pierre. Un mur en crépi sur lequel on peut encore lire une inscription à la craie bleue, effacée mais lisible: *Mort aux Juifs*. Une porte très lourde avec une sonnette en cuivre. C'est le soir, environ vingt trois heures, le 14 septembre 1959, un jour de semaine. J'ai douze ans. (8 ème jour)

Chaque début de récit répond à la litanie: 'Il y a (x) jours, l'homme que j'aime m'a quittée' (à la fin '[l'homme que j'aimais') par 'cela se passait... (12 ème jour) '"C'était durant l'hiver 1976..."(13ème jour)', etc...ou une expression semblable, méditation sur le temps vécu et pensé, comme le dit Ricœur,[6] dans la discontinuité identitaire, dans l'avant et l'après de la douleur.

C'est la capacité de ces états du soi à tendre vers une cohérence, celle de l'histoire écrite, qui fonde l'unicité de la démarche. La rhétorique est à elle seule un accomplissement: les versions successives de Sophie Calle 'brodent' des canevas logiques et psychologiques imperceptiblement différents comme une musique sérielle ('Il m'a prévenue qu'il m'oublierait si je le délaissais...', 'Il a menacé de me quitter pendant cette absence de trois mois: trop

---

[6] Paul Ricoeur, *Temps et récit, II* (Paris: Seuil, 1985), pp. 266, 275.

long…' etc…) qui change de registre et de tonalité sans qu'on s'en rende compte, dans l'infra-conscience.

Accent mis tantôt sur un fait ou un sentiment, tantôt sur un autre, changements d'ordre dans les enchaînements, autant d'échafaudages précaires et convenus, fictifs, qui répondent à la seule évidence: 'l'homme que j'aime m'a quittée', évidence visible dans la photo du téléphone rouge par lequel elle a appris la rupture mais dont la formulation, pas plus que l'image, n'échappent au stéréotype, au roman.

Quelque chose se dit pourtant du réel qui est de l'ordre de l'intensité qui va du sensible, visible à l'insensible, invisible, du long au court jusqu'à l'effacement matériel de l'écriture sur la page. 'Douleur exquise, intense et nettement localisée' dont le ressassement et les modalités du récit sont le seul vecteur possible.

Dès lors, des voix autres peuvent se couler dans le même moule dont le principe de fabrication est dévoilé ironiquement (avec cette distance critique, constamment réflexive de l'autofiction) dans le seul texte où s'exprime un refus de répondre à la question posée, texte associé à un encadré vide d'image: 'la pudeur m'empêche de les raconter, en faire une histoire équivaudrait à les exagérer. (31ème jour)'.

Sophie Calle a en effet probablement 'arrangé' ces récits qui sont tous 'littéraires'. Car la communauté de la douleur émane précisément de ce geste artistique, geste rhétorique d'arrangement, de 'dispositio', d'autant plus fort, appuyé, 'exagéré', comme le dit le lecteur, que la cassure est béante, indicible.

Le dernier texte, la dernière image – il est probable que ce n'est pas un hasard – en donnent la mesure, coexistant avec la page noire sans texte, uniquement le chiffre 99 et la photo du téléphone rouge: sous la prise de vue inattendue d'un réfrigérateur ouvert, un fait divers est rapporté de la manière la plus neutre.

> Lu cette brève dans *Libération*: Le 28 mars, Maria G., soixante deux ans, s'est rendue, comme à son habitude, au supermarché de Champigneulles, pour acheter un petit pot de crème. Avant d'arriver à la caisse, elle s'est souvenue qu'elle en avait encore un dans son réfrigérateur. Elle a donc reposé le pot de crème. Mais elle avait été filmée par une caméra de surveillance. Un vigile l'accusa de vol et la fouilla devant la clientèle rassemblée.
> Maria est rentrée chez elle. Elle n'a parlé de sa mésaventure à personne. Le 10 avril, elle est allée sur la tombe de ses parents. De

retour, elle est passée près du canal dans lequel on vient de repêcher et d'identifier son corps. Elle avait laissé une note à son fils; 'Roland, j'ai pas commis le vol du petit pot de crème fraîche dont je suis accusée par les caïds du supermarché. Je le jure sur la tête de mes petits-enfants. Devant la mort, je ne mens pas. Ta mère'.

'Le reste ne se dit pas', écrit un narrateur critique autant que l'auteur, ayant choisi l'humour, une histoire de douleur dentaire, en lieu et place de l'histoire intime. (14ème jour).

De toutes façons, ce qui se dit est indissociable de ce qui ne se dit pas, est là pour autre chose et les voix sont parentes dans la figure essentielle de la métonymie, au centre de 'l'élocutio', telle que l'indique la photo associée à chaque texte: lieu, objet, visage, couleur analogique du récit tout entier, images que le téléphone rouge de Sophie Calle subsume (lui aussi métonymique du récit de rupture entre je et l'autre, entre soi et soi) et exalte, transporte, métaphorise par sa fonction d'instrument de communication (accessoire de théâtre ou de cinéma comme dans *La Voix humaine* de Cocteau) ici surdéterminé: couleur rouge – qui colore aussi la tranche du livre tel un missel – posé sur un lit jumeau non défait d'une chambre d'hôtel sans caractère, associé à une série décroissante de nombres dont le dernier, 99, est non moins surdéterminé: ce téléphone rouge, Sophie Calle le fait glisser de façon appuyée vers le symbole, image liée à une idée générale, la souffrance, qui échappe aux circonstances particulières de son apparition, précisément à la question, 'Quand avez-vous le plus souffert?'

Les images métonymiques en relation avec chaque histoire participent ainsi au même titre que les images discursives portées par les textes, du mouvement foncier de la translation qui consiste à chercher le ressemblant, le rapprochant, entre la sensation et l'intellection, la douleur et le sens, le particulier et le général et qui transporte ainsi un texte vers l'autre, incite à leur permutation et tisse entre eux un rapport fraternel.

Mais entre le récit premier et le chœur, si l'on peut dire, s'opère un glissement majeur qui va du récit personnel, récit source, fondé sur une histoire individuelle faisant intervenir la parenté générationnelle, au récit anonyme qui renvoie à une histoire collective fondée sur la fraternité sans filiation.

La famille fictive 'fait un trou', son trou dans la famille réelle, mon propre texte glissant également sur l'emploi figuré de ce mot employé très familièrement (et psychanalytiquement) pour évoquer les parties sexuelles de la femme.

Famille réelle
Du nom du père...
Car la famille réelle a sans doute, pour suivre les analyses de Roudinesco, à voir avec les bouleversements de la *Famille en désordre*[7] et leurs rapports avec ce qu'elle appelle 'l'irruption du féminin' dans 'la nouvelle perspective où le père cesse d'être le véhicule unique de la transmission psychique et charnelle et partage le rôle avec la mère'.

C'est bien en effet au départ, cette histoire de rupture amoureuse qu'est *Douleur exquise*, une histoire de famille telle qu'elle est issue de l'évolution historique décrite par Roudinesco, famille oedipienne, famille affective fondée sur le désir.

> L'invention freudienne – du moins peut-on en faire l'hypothèse – fut à l'origine d'une nouvelle conception de la famille occidentale susceptible de prendre en compte, à la lumière des grands mythes, non seulement le déclin de l'autorité du père mais aussi le principe d'une émancipation de la subjectivité.
> Elle fut en sorte le paradigme de l'avènement de la famille affective contemporaine... Le roman familial freudien supposait que l'amour et le désir, le sexe et la passion fussent inscrits au cœur de l'institution du mariage.[8]

Le grand comparant de la fraternité opère la transformation de la famille en partant de la parenté verticale de filiation, telle qu'elle est projetée dans le récit de Sophie Calle à sa manière habituelle d'objectivations d'elle même, de personnages qu'elle endosse consciemment, entre autres: celui de la fille de la maison qui part pour un long voyage ('à 17h10, ma mère m'a fait ses ultimes recommandations: sois prudente, sage, circonspecte et pas *promiscuitive*'); de l'amante qui se donne à l'homme de sa vie, substitut du père ('C'était un ami de mon père. Il m'avait toujours fait rêver. Pour notre première nuit, je me suis glissée dans le lit, vêtue

---

[7] Elisabeth Roudinesco, *La Famille en désordre* (Paris: Fayard, 2002)
[8] Roudinesco, *La Famille en désordre*, p. 23.

d'une robe de mariée'); de la fille abusée dont le père couvre, sans le vouloir, innocemment, l'alibi du séducteur ('On me disait d'appeler mon père qui est médecin... Dix heures furent nécessaires pour joindre Bob qui n'a rien compris à cette histoire. M. était passé à l'hôpital mais pour un panaris, c'est tout').[9]

Autant de moi idéaux, imaginaires, de déguisements que l'on retrouve en objets tangibles encombrant l'exposition *M'as-tu vue?* et qui sont autant de rôles kitsch, de miroirs brisés d'un sujet en perpétuelle rupture avec les rêves narcissiques notamment de la femme.

Fascinante et jouissive libération de toute imago parentale sur le modèle des 'filatures, enquêtes, disparitions' dont celle intitulée 'vingt ans après' déclenchée sur l'intervention, programmée par l'artiste, de la propre mère de Sophie Calle:

> Selon mes instructions, ma mère s'était rendue à l'agence privée *Duluc. Détectives privés.* Elle avait demandé qu'on me prenne en filature.
> L'enquête s'est déroulée le 16 avril 1981.
> Vingt ans après, à la requête d'Emmanuel Perrotin, un détective de l'agence Duluc m'a suivie le 16 avril 2001.

Autorisé en quelque sorte par la famille freudienne (la famille de Sophie Calle est 'une famille aimante', Sophie Calle aime ses parents bien que divorcés), le devenir perpétuel et insaisissable du sujet – M'as-tu vue? – est un défi à la transmission générationnelle dans un seul sens, par la nomination et la ressemblance du père, voire du couple parental.

Une exposition récente à Paris d'albums de famille, *Figures de l'intime*, telle la famille Ferry par Lewis Caroll, donne à voir avant tout, l'approche verticale de la filiation sous l'égide du nom du père, tradition ancestrale à laquelle Roudinesco rattache la théorie de Lacan.[10] Et dont l'approche horizontale des alliances, comme elle le rappelle, est complémentaire, chaque famille éclatant pour en constituer deux autres.

---

[9] On peut penser au cas Dora analysé par Patrick Mahony, in *Dora s'en va: violence dans la psychanalyse* (Paris: Seuil, 2001), dans le sens d'une complicité de fait entre l'interprétation de Freud et le blanchiment du père.
[10] *Figures de l'intime, les albums de famille.* Galerie de photographie du Musée d'Orsay, du 11 novembre 2003 au 15 février 2004.

La famille fictive de Sophie Calle tend vers une autre manière d'être ensemble, fondée sur l'adoption, selon un modèle commun à la langue et à la nouvelle famille 'horizontale et fraternelle' décrite par Roudinesco: soit la famille recomposée où les enfants n'ont pas forcément entre eux ou avec l'un des parents, un lien d'origine, soit les combinaisons vertigineuses dues aux méthodes scientifiques de procréation qui ont largement ouvert la porte à la question de l'homoparentalité.

...au nom de l'artiste.
L'œuvre de l'artiste éclaire d'un jour singulier ces aperçus sociologiques. La nomination y tient une place primordiale: Sophie Calle signe spontanément pour ceux qu'elle a élus, portant à bout de plume ceux que le père portait à bout de bras dans l'iconographie artistique et chrétienne.

Ce n'est pas la première fois qu'elle use de son nom propre, s'approprie des écrits anonymes ou d'inconnus (ainsi le fameux carnet d'adresses publié dans *Libération* en 1983, carnet trouvé par l'artiste et dont elle utilise les adresses pour divulguer une enquête sur son propriétaire), des œuvres littéraires (avec Hervé Guibert et ensuite Paul Auster[11]) ou artistiques (*Fantômes*, où elle demande aux conservateurs et gardiens du Musée d'Art moderne de la Ville de Paris, puis de New York de décrire les tableaux manquants).

'Hypocrite lecteur, mon semblable, mon frère', cette interpellation de Baudelaire, la voilà accomplie explicitement à la fin de *Douleur exquise*, au 95ème jour.

Le texte de gauche commence ainsi: 'c'est la même histoire'. On pense à celle que Sophie Calle nous assène depuis le début, mais non, 'sauf qu'elle s'est déroulée il y a de cela 95 jours, le 25 janvier 1985, à 2h du matin à New Delhi et que c'est au téléphone que j'ai entendu cette voix d'homme qui ne viendrait plus'. La 'même histoire', c'est donc l'autre, celle qui est en face:

> Le 8 août 1983, à seize heures trente, il m'a dit: "je ne t'aime plus". C'était dans le sud de la France, la pièce donnait sur un pré. Ce n'est peut-être pas mon plus grand chagrin mais c'est le

---

[11] Pour sa collaboration avec Auster, voir Sophie Calle, *Doubles jeux* (Arles: Actes Sud, 1998), et surtout Sophie Calle et Paul Auster, *Gotham Handbook* (Arles: Actes Sud, 1998).

dernier, ce qui fait de lui le plus précieux, si j'ose dire, et le plus proche de ma mémoire.

Elisabeth Roudinesco rappelle le sens du geste de nomination du père de 'triomphe de la volonté sur la nature', du logos masculin séparateur du corps féminin, du côté de la civilisation contre l'archaïque. Elle rappelle également, à travers Freud[12] et Sarah Kofman,[13] l'interprétation psychanalytique du substrat traditionnel qui cantonnait la femme au tissage et au tressage par référence à la toison pubienne, voile naturel, masque de la défectuosité des organes génitaux féminins.

Il n'est pas fortuit que Sophie Calle fasse de ses textes des tapisseries de mots brodés où ce qu'elle tisse est justement la nomination symbolique transmise par le nom d'artiste. Pas fortuit non plus que sa prise de distance par rapport à la trahison de 'l'homme qu'elle aime' se marque par la dénonciation, qui est défaire l'énonciation, du télégramme, cette écriture impérative et souvent funeste comme ici, qui vient de loin.

Voici son commentaire:

> Pour ce qui est du style, on pourrait le qualifier d'économique et de dramatique à la fois. Emploi de la troisième personne, le héros ayant perdu ses facultés, utilisation du père comme intermédiaire, choix des mots 'hôpital' et 'accident' pour injecter du pathétique. En fait mon père tenait un rôle muet: il ne savait rien. Il était deux heures du matin quand j'ai appris de la bouche de M. qu' 'accident' signifiait: panaris. Et 'panaris': rupture. 'Merci' ne voulait rien dire.

Le dénonciateur, la dénonciatrice est proprement celui, celle qui annonce. Ce qui est inconnu? Ce qui est à venir, à advenir?

<hr>

[12] Freud, 'La féminité', in *La Vie sexuelle* (Paris: PUF, 1997).
[13] Sarah Kofman, *L'Énigme de la femme* (Paris: Editions Galilée, 1980).

Pascal Convert and the Family:
History, Conflict and Creativity

Nigel Saint

Introduction

Born in 1957, the Biarritz-based artist Pascal Convert has come to prominence in the last fifteen years through a series of installations, commissions, and video work. Convert is closely associated with the Musée d'art contemporain in Bordeaux, where some of his work is displayed, and the Art/Enterprise group, linked to the Galerie Georges Verney-Carron, in Villeurbanne near Lyon. His work has also been shown at exhibitions in France, Spain, Germany, US, Russia and India. He has also taught for many years at a technical college in Bayonne, training audiovisual technicians and developing an active interest in the use of images in the media.

Before focusing on four particular works related to the topic of the family, this essay will provide a brief account of Convert's other work, indicating its principal concerns. Among his projects is the series of drawings *Trois Villas* (1986-1996), based on three abandoned villas on the coast near Biarritz. Convert reworks the plans of the villas and then lingers on the interior spaces and remnants of furnishings, including the rococo ironwork, staircases, doorways and windows. Empty spaces are also represented in *Appartement de l'artiste* (1987-1990), partly autobiographical installations exploring the interiors of his former Bordeaux appartment, through the application of glass panelling to interior walls and the resulting transformation of interior into exterior.[1] *Souches* (1995-1998) features

---

[1] On these two projects, see *Pascal Convert* (Nice: Villa Arson, 1997) and *Pascal Convert: œuvres de 1986 à 1992* (Bordeaux: Musée d'art contemporain de Bordeaux, 1992). For a discussion of the issue of space, absence and representation see Michel

sections of tree trunks retrieved from the battlefields of Verdun and from Hiroshima, which are then covered in Indian ink in the first case and black laqueur in the second.[2] Convert also contributed to the *Mur à Marrakech* (1996) project organised by the École Française in that city.[3] The public commissions have included the following works: a *Bell* for the Law Courts in Bordeaux (1998); and a *Gate* for the same city's Botanic Gardens (2000).

The works to be discussed in more detail in the present essay are the following: the controversial monument to the resistance fighters executed at Mont-Valérien (2001-02), belatedly inaugurated by the then Prime Minister Jean-Pierre Raffarin in September 2003; the wax low-relief *Pietà de Kosovo* (1999-2000), commissioned for the Biennale de Lyon of 2000, 'Partage d'exotismes'; the two series of *Native Drawings* (1996-1999), based on drawings by his daughter and by the son of some friends; and his video work based on television images of the recent war in Iraq: *Direct Indirect 2* (2003).[4]

Convert's work involves the politically charged combination of private and public concerns, an interest in the intersection of official and unofficial history and the incorporation of his own family into his work. His treatment of the themes of memory, mourning, time and war gives a wide-ranging cultural context to his work, which is also characterized by a resistance to realism, to linear narrative and to naturalized representations. The topic of the family allows us to see a constant preoccupation in his work with the interaction between the individual and the collective, and between the personal and the

---

Assenmaker, with Didier Malgor, 'Entretien avec Pascal Convert,' in *Genius Loci: Judith Barry, Pascal Convert, Rainer Pfnür* (Paris: La Différence, 1993), pp. 97-117.

[2] See Georges Didi-Huberman, *La Demeure, la souche: apparentements de l'artiste* (Paris: Minuit, 1999), pp. 151-64; and the shorter version of the documentary by Convert, *Mont Valérien, au nom des fusillés*, shown on Arte, 7 June 2003.

[3] On this, see www.ambafrance-ma.org/archives/espacult/mur-mar/convert.htm.

[4] Related to these videos is *1-0, guerre chronique* (*One-nil, war chronicle*), 'based on an original idea by George Bush and Saddam Hussein,' shown at the Uzeste festival in August 2003. The title of this temporary installation and performance involves homonyms and puns: *guerre* (war)/*guère* (hardly); and *chronique*, derived from the Greek for time, 'chronos,' meaning chronicle or chronic, long-lasting, with the implied sense of both the mastery of time and the risk of interminable conflict. See Philippe Dagen, 'Pascal Convert: La mémoire des images,' *Le Monde*, 5 September 2003, and Rémi Rivière, '1 à 0: Pascal Convert arbitre la guerre chronique des images en musique,' *Le Journal du Pays Basque*, 17 December 2003.

aesthetic, in which the family is marked as a site of resistance and dynamic creativity.

Monument à la mémoire des Fusillés du Mont-Valérien[5]

Between 1941 and 1944 just over a thousand resistance fighters were shot by the Nazi occupiers at Mont-Valérien outside Paris. Since June 1960 this has been the key site of the commemoration of the French Resistance in World War Two and there is a ceremony every June 18th which is attended by the French President. However, until the inauguration of Pascal Convert's memorial in September 2003, the result of a long campaign by Robert Badinter that led to a law being passed in 1997 to establish an official monument, there was no official inscription honouring the names of the resistance fighters shot by the Nazis.[6] The reason for such a delay and such silence is simple: the majority of those executed at Mont-Valérien were foreign, and many of the foreigners and the French were Communist or Jewish. Historians had written about some of the famous names involved, for example Honoré d'Estiennes d'Orves and Gabriel Péri, but whereas there were plaques to be found all over France with the names of resistance heroes and heroines, those killed at Mont-Valérien remained anonymous.[7] In the 1970s and 1980s historians had worked on one of the Communist partisan groups, the twenty-three members of the immigrant Manouchian group.[8] This underlines the boldness on senator Robert Badinter's part in bringing about the establishment of a more durable testament to the sacrifice of the resistors, since

---

[5] An illustration of each of the works discussed here is reproduced at the end of the chapter. Many thanks to Pascal Convert for his permission to reproduce these images.

[6] *Monument à la mémoire des résistants et des otages fusillés au Mont-Valérien par les troupes nazies 1941-1944* (2001-02).

[7] See Irène Michine, 'Entretien avec Pascal Convert,' *Le Patriote Résistant*, septembre 2003 (www.fndirp.asso.fr/convert.htm) and Rémi Rivière, 'Une cloche silencieuse pour les "terroristes" de l'affiche rouge', *Le Journal du Pays Basque*, 21 February 2004.

[8] Their story also inspired a poem by Louis Aragon, 'L'Affiche rouge' (1955) and two films: Frank Cassenti, *L'Affiche rouge* (1976) and Mosco Boucault, *Des Terroristes à la retraite* (1983). On Boucault's film, which claims that the PCF hierarchy had abandoned the Manouchian group to their fate instead of helping them to go into hiding, see Patrick Young, 'Des Terroristes à la retraite,' *H-France Review* 1.5 (March 2001). Convert himself has denounced Boucault's account of this alleged betrayal as pure fabrication: see Pascal Convert, 'Résistance: les Nouvelles Censures,' *L'Humanité*, 21 February 2004.

Convert's work was not certainly not going to appeal to the dominant right-wing organisations of veterans opposed to this memorial to their political opponents. Indeed Jacques Chirac refused to inaugurate the monument on the logical date of 18th June 2003.[9]

As Pierre Nora has pointed out, this polarisation reflects the politics of the reformulation of collective memory proposed by the monument at Mont-Valérien.[10] Nora notes that despite a general intention to unite the nation in patriotic remembrance, in fact the Gaullist party appropriated the site at Mont-Valérien to suit their politics. Before Convert's memorial, the particular events and circumstances of the Resistance had been evoked solely by the 16 allegorical bronze low-reliefs inaugurated by De Gaulle on 18th June 1960. The 1006 names were finally inscribed on Convert's bronze memorial, cast in the form of a bell 2.18 m high, with a space left for any as yet unknown names to be added (fig. 1).[11] The inscriptions are arranged under each of the four years from 1941 to 1944 in vertical sections and within each year by the date of execution, with the names in alphabetical order, thus retaining the collective experience of each group shot on the same day. The sub-sections, sections and whole regroup all the individuals on the surface of the memorial. With the power and reserve of a bell, Convert wanted to create the right balance between emotion and form.[12]

Looking at the faces seen in the Nazi films of the mock-trials prior to the executions, Convert was interested in how to represent the hitherto anonymous beauty of the faces of unofficial history. The bell enabled him to escape the monumental faces and figures of consecration, associated with the monuments of totalitarian regimes and repeated in the low-reliefs at the Mont-Valérien site.[13] In terms of his aesthetics, Convert's view is that the project of realism in

---

[9] Convert's article 'Résistance: les Nouvelles Censures' discusses the attempted censorship of the full version of his documentary *Mont Valérien, au nom des fusillés*.
[10] Pierre Nora, 'The Era of Commemoration,' *Realms of Memory, Volume III: Symbols*, ed. Lawrence D. Kritzman, trans. Arthur Goldhammer (New York: Columbia University Press, 1998), p. 609-637.
[11] Previous bells in 1995 white wax for Moscow, 1996 black wax Nice and 1998 Tribunal de Grande Instance de Bordeaux: see Convert, *Mont Valérien, au nom des fusillés*.
[12] See Michine, 'Entretien avec Pascal Convert'.
[13] On the general public's attitude to the gigantic statues of the Soviet era, see Sophie Calle, *Souvenirs de Berlin-Est* (Arles: Actes Sud, 1999).

representation has been tainted by its use by such regimes, and his own art seeks to oppose realism, the notion of the real and any fiction trying to reconstruct the real.[14] Convert has also acknowledged as a major influence the prior attempt at a revisionist history of Mont-Valérien seen in the film of Frank Cassenti, *L'Affiche rouge* (1976). The politics of representation, the manipulation of history and the fragility of memory are all evoked in Cassenti's film, which shies away from the grand spectacle in the form of Goebbels' propaganda. An actor playing Goebbels in one of the theatrical sections of the film exclaims, 'Quelle grande époque pour le spectacle!'[15]

At the same time Convert's bell can be said to display an alternative epic quality, which is achieved with the symbolism of the bell, the legibility of the monument and the large number of names.[16] The names enabled him to connect hundreds of families with the official history of the Resistance. Convert has mentioned his own family link with the resistance, namely his grandfather's activities in the Landes, which were never discussed afterwards.[17] In inscribing the names, Convert reaffirms the resistors' identity in the context of official and politically charged history. Explaining his thinking behind the monument, Robert Badinter argued that he wanted the families of those executed to have more than just a story to tell to the resistors' descendants, but also an official sign, by means of the family name on a memorial, of their relatives' role in history. History in this case is mediated via the vital and radical thread of memory running through to the name of the man and the date of execution. While family history was formerly the 'mute' counterpart to mythological national history, as Pierre Nora has argued, once it is investigated in its own terms it is no longer simply 'a saga transcended by national adventure'.[18] Convert's monument is a reminder of the intersection of a plurality of families in the past of any particular family involved. The 1006 family and first names, the arrangement by date and year and the site of the monument all signal an act of commemoration and a reminder to

---

[14] M. Assenmaker, 'Entretien avec Pascal Convert', p. 99.
[15] Frank Cassenti, *L'Affiche rouge*, *L'Avant-scène cinéma* 174 (15 octobre 1976), pp. 3-22 and 47-56 (p. 48).
[16] Convert himself has referred to the casting of the bell in Tarkovsky's *Andreï Rublev* (1966): correspondence with the author, 25/03/2004.
[17] Michine, 'Entretien avec Pascal Convert'.
[18] Nora, 'The Era of Commemoration', p. 633.

historians and to the general public. Convert's monument cannot, however, go any further into the detail of history: 'Une œuvre d'art n'a pas pour fonction d'expliquer l'histoire, elle dégage une puissance d'évocation qui se suffit à elle-même.'[19] Convert's memorial provides a site for individual and collective remembrance and affirmation.

Pietà de Kosovo

A similar engagement with history through the topic of the family may be found in the wax low-relief *Pietà de Kosovo* (1999-2000), commissioned for the Biennale de Lyon of 2000, 'Partage d'exotismes'. Comparable in dimensions to the bell at Mont-Valérien, this work is 2.24 m high, 2.78 m wide and 40 cm thick (fig. 2). It is based on the 1991 World Press Photo of the Year, *Veillée funèbre à Kosovo*, taken by Georges Mérillon on 29 January 1990 in Nagafc, in southern Kosovo. In the photograph, an ethnic Albanian, Nasimi Elshani, killed by the Serbian Police, is being mourned by his mother Sabrié, his sisters Ryvije and Aferdita, other female members of the family and friends.[20]

Convert has noted how the photograph is strongly marked culturally and politically. It represents the women of the dead man's family during the traditional Muslim funeral wake, which precedes the burial at which only the men of the family will be present.[21] Remembering the Biennale's starting point of the topic of 'Partage d'exotismes', we note how the image also refers to the many depictions in western sculpture and painting of the moment between Christ's descent from the Cross and his entombment, when his body was held by his mother, often accompanied in representations in sculpture and painting by Mary Magdelene and St John. The subject is known as a Pieta, from which Convert takes his title. The combination of Sunni Muslim ritual and Christian typology can arouse a number of

---

[19] Michine, 'Entretien avec Pascal Convert'. Convert uses his work to intervene in historical and political debate, illustrated by his attack on Boucault's film, and a subsequent screening of his own documentary. See Olivier Mayer, 'Résistance: Le PCF rend hommage au groupe Manouchian,' *L'Humanité*, 23 February 2004.

[20] Sequence shot by Véronique Taveau and Daniel Lévy for France 2.

[21] A. R. Gatrad, 'Muslim customs surrounding death, bereavement, postmortem examinations, and organ transplants,' *British Medical Journal* 309 (20 August 1994), 521-3. See also Johan P. Mackenbach, 'Dead body with mourners: medical reflections on the entombment of Christ,' *British Medical Journal* 327 (26 July 2003), 215-18, which uses Mérillon's photo.

reactions in the spectator, as Convert has discussed in an article entitled 'Images passages'.[22] In the article Convert points out the common origin of such a funeral scene in the ancient Greek mourning ritual, the Lamento. Drawing on Didi-Huberman's work on anachronism and haunting in visual images, Convert argues that an archetype of mourning can be seen to return in Mérillon's photograph.[23]

The use of this photograph for political purposes suggests that the common heritage it contains is not being celebrated but instead occluded and distorted. In a seminar on his work held at the Institut National de l'Audiovisuel in Paris, Convert acknowledged the inevitable passage in the contemporary context from mourning to martyrdom via propaganda.[24] Nasimi Elshani's family fixed a copy of this photograph to his tomb, underlining its multiple functions. The photograph could be further contextualized in the light of Adam Jones's work on gendercide and genocide in Kosovo.[25] Convert's aim in his transformation of this photograph into a sculpture is to resist the image's exploitation by distancing it from the media. Convert sets about this task by reconsidering the impact of this event on the family. Convert distances himself from historical judgment and seeks to free the experience of this family from the parameters of propaganda and strong cultural stereotyping.[26]

Convert is exploring public and private mourning in this work. With the assistance of two sculptors from the Musée Grévin, Claus Velte and Eric Saint-Chaffray, the creation of the sculpture starts with a clay low-relief, then a plaster cast is made, from which an elastomer counter-cast is taken, finally enabling the wax printing to be

[22] Pascal Convert, 'Images passages,' *Art Press* special issue no. 25, 'Images et religions du livre' (2004), pp. 90-95.

[23] Georges Didi-Huberman, *Devant le Temps: Histoire de l'art et anachronisme des images* (Paris: Minuit, 2000).

[24] Le Collège iconique, Institut National de l'Audiovisuel, from the series of seminars on the transmission and recycling of images. See Convert's seminar, 'Comment voir pourrait devenir toucher',
www.ina.fr/inatheque/activites/college/ pdf/2000/college_23_02_2000.pdf.

[25] See Adam Jones (ed.), *Gendercide and Genocide* (Nashville: Vanderbilt University Press, 2004).

[26] See Fabien Beziat's documentary, *La Pietà du Kosovo* (2000). On strong and weak stereotypes, see Convert's interview with Michel Guerrin, 'Pascal Convert redonne forme aux images,' *Le Monde*, 30 September 2004.

done. Convert had already noted the sculptural qualities and expressive potential of the photograph. Again avoiding the monumentally realistic, Convert has opted to evoke the physical presence of the figures by using the method of the imprint, marking the work with the contact of the bodies while also evoking their loss and absence. Their experience, seen from the outside in the photograph, is recast by Convert in order to look at the impact or imprint of history upon these figures, and in so doing he is trying to approach family memory differently. Convert recognizes that neither the photograph nor the sculpture can either be or attempt to be a total representation of the events involved here.

Faced with the challenge of re-interpreting a scene strongly determined by the twin cultural perspectives of Muslim ritual and Christian iconography, and aware of the impossibility of controlling the circulation and interpretation of the photograph, Convert has attempted to interiorize the impact of events on this family. This interiorization may be considered as a move from history and narrative to a study of the effect of time on the bodies of the family. This can be particularly noticed in the hands. Departing from the mimetic, Convert's work explores suffering through the tangible or tactile rather than the visible: 'les mains sont le présent de l'histoire qui nous rentre dans le corps'.[27] The problem of how to convey the family's pain, which cannot be shared, is addressed in the transformation of the hands' theatrical mark of the present time in the photograph into a strange suggestion of shadow theatre, displacing the image's emphasis on the present time of emotion.

The detachment from history is again carried out through a reflection on time, which is personalized and pluralized, and made a force of resistance to narrative enclosure. The sculpture seeks to offer something different from history, while also representing its effects. Convert has criticised the tendency in French art to avoid the symbolic, leading to work that is in his view merely decorative.[28] The family traditionally occupies a place between private and collective

---

[27] From an interview with Convert in Fabien Beziat's documentary.
[28] See Convert's comments in Michel Guerrin, 'Pascal Convert redonne forme aux images'.

symbolism: Convert offers a meeting-point between internalized experience and grand History.[29]

Native Drawings

During the INA seminar on Convert's work, Nicole Boulestreau asked him whether he could think of other situations where an image might offer a comparable degree of emotional charge and over-determination, to which he replied: 'Je pense qu'il y a l'enfance'.

The project entitled *Native Drawings* has had two series to date, the first exhibited in Amiens in 2000 and at Le Fresnoy in 2001, the second in Montpellier in 2002.[30] These series have evolved over a long period and are based on drawings by his daughter, Mona, and Léo, the son of friends. The colour drawings are filmed while being made and the results' multiple lines are then analysed and coded by a computer according to colour and speed; otherwise they would be very difficult to imitate (fig. 3). The project has two manifestations, mural works reproducing the drawings on a large scale using a stencil-like method of assembly, plus a version for video installation. In the latter case, the assemblage is given a third dimension by the computer, as if doing justice to the acts of tracing required an extra temporal dimension.

These drawings are hard to describe, classify or analyse. In their original state these images classically remain either in the family, on the walls of the home or on the fridge door, or in institutions for society's troubled souls and outcasts, before being thrown away and forgotten.[31] These two destinations are revealing nonetheless. Firstly they are places of exhibition, even if non-profit-making, perhaps not

---

[29] On the family's symbolic power as a private entity and as a social group, see Elisabeth Roudinesco, *La Famille en désordre* (Fayard, 2002).

[30] *Native Drawings*, FRAC de Picardie, Amiens, 2000, and Le Fresnoy, Studio National des arts contemporains, 2001 (video version, 'Native Movies,' shown in 'Fables du lieu' exhibition curated by Georges Didi-Huberman); *Native Drawings II*, Ecole Supérieure des Beaux-Arts and Carré Sainte Anne, Montpellier, 2002. Martine Convert's film *Native: autour des dessins muraux de Pascal Convert* (2002) mainly concerns the first series; it includes the voices of Didi-Huberman, Convert and Patrice Vermeille.

[31] Cf. Luce Irigary's art project aimed at enhancing exchanges between schoolchildren in Casalmaggiore (Lombardy). One manifestation of this was an exhibition of the children's words and drawings in 2003: 'Chi sono io? Chi sei tu?' (Who am I? Who are you?), 14-28 November 2003, University College London.

looked at for very long and difficult to archive. If selected to be framed, such images are treated more respectfully, which may also mean they are barely looked at. If children's drawings leave the home setting at all, it may well be to accompany the 'artist' to a psychotherapist's clinic, where, as Winnicott noted, they are likely to be analysed more systematically.[32] The transition from home to clinic is not quite so simple, however, since Winnicott himself would 'commission' a fresh sequence of drawings from his patient, playing the 'Squiggle Game' with the child during the session of analysis. The context of the creation of the images is therefore relevant in the case of children's drawings. Although Convert has noted that the drawings in question are precisely pre-clinical, 'pre-narrative,' and therefore things of pure beauty, they are still made at a certain age, and therefore with a certain amount of experience, with particular materials, and with a view to exhibition.[33]

As Didi-Huberman has remarked, there is a dual movement here, both backwards to an archaic past of drawing traced with the finger and forwards to a digitalized future.[34] Michel Gauthier has discussed the combination of original formlessness and subsequent aestheticization in *Native Drawings*.[35] Gauthier underlines the most marked transformation, that of scale. The drawings acquire more recognisable artistic status by virtue of their dimensions, material support and exhibition space. Gauthier detects both a strong sense of origin and a postmodern sense of conversion from near-nothingness to art. This leads him to make a valuable link with Bataille's notion of the formless ('l'informe').[36] As scribblings that do not seem completed, and as 'attacks' on the support being used, they fit well with the definition of 'l'informe' in Bataille's 'Dictionnaire critique'. However the process of computer analysis, enlargement and perspectival shifts mean that their form is categorised. Gauthier ingeniously suggests that the resultant balance between form and formlessness retains the original strangeness of the drawings, since in

---

[32] Donald Winnicott, *Therapeutic Consultations in Child Psychiatry* (London: Hogarth Press and the Institute of Psycho-Analysis, 1971), p. 4.
[33] See Martine Convert's film *Native*.
[34] Didi-Huberman, *La Demeure, la Souche*, p. 164.
[35] Michel Gauthier, 'Mona dans l'espace: Sur les *Native Drawings* de Pascal Convert,' *Les Cahiers du Musée national d'art moderne*, 75 (Printemps 2001), pp. 5-23.
[36] Gauthier, 'Mona dans l'espace', pp. 18-21.

order to be exhibited and seen they had to be transformed in order not to reduce them to definable figures of child creativity.

According to Georges Didi-Huberman, whom Gauthier cites, regression, understood in its theoretical and clinical sense, is a vital tool for investigating the power of images prior to their anaesthetization by the twin forces of taste and knowledge.[37] Bataille's texts on childhood and children's drawings refer to the challenge to the adult mind. Didi-Huberman distinguishes Bataille's approach from nostalgia: 'L'enfance, chez Bataille, n'a pas à être "retrouvée", elle est seulement reconvoquée, elle aussi, à titre de *symptôme*, dans le présent de l'écriture adulte.'[38] There is no nostalgia trip because in the drawings there is always archaic art, reminding us that our own relationship with forms remains one of touch.

In this emphasis on creativity and touch, there is an explicit espousal of the subversive visuality of Freudian regression, with an implicit disavowal of the often-discussed idea of the 'omnipotence of thoughts'. The expression comes from Freud's account in *Totem and Taboo* of the animistic stage in human development. Freud makes the famous remark that the belief in the total power of the mind only survives in the modern world in art.[39] Freud would nuance his view of art later, but it was taken up by Melanie Klein in the context of the magical power of children's drawings when she noted that the child 'appears to find in drawing a "magic gesture" by which he can realize the omnipotence of his thought'.[40] Winnicott's development of Klein

---

[37] Didi-Huberman, *La ressemblance informe ou le gai savoir visuel selon Georges Bataille* (Paris: Macula, 1995), p. 246.

[38] Id., ibid., p. 249. Cf. Marina Warner, 'Only Make Believe,' *The Guardian*, 3 March 2005. This article concerns an exhibition curated by Warner at Compton Verney from 25 March to 5 June 2005. See the catalogue: M. Warner, *Only Make Believe: Ways of Playing*, Compton Verney (Warwickshire)/die Keure (Bruges), 2005.

[39] Sigmund Freud, 'Animism, Magic and the Omnipotence of Thoughts,' in *Totem and Taboo*, trans. by James Strachey (New York: W. W. Norton, 1962), p. 90.

[40] Melanie Klein, 'The Role of the School in the Libidinal Development of the Child,' *Love, Guilt and Reparation, and Other Works 1921-45* (London: Hogarth Press, 1975), p. 72, cit. in Mary Jacobus, 'Magical arts: from play-technique to transitional object,' in Marina Warner, *Only Make Believe*, p. 22. The later nuance in Freud's thinking about art may in fact be detected as early as a few lines further on in the same paragraph: 'the comparison [between magic and art] is perhaps more significant than it claims to be' (90). See Johanne Lamoureux, 'From Form to Platform: The Politics of Representation and the Representation of Politics,' *Art Journal* 64 (March 2005).

in his theory of the transitional object would reduce the importance attached to the child's thoughts, but still retain in his account of the blanket or toy some of the illusion of magical power.[41]

Reference to Winnicott, to Gauthier and to Didi-Huberman on Bataille helps us to consider the meaning of the 'archaic' in relation to Convert's drawings. Certainly he is not concerned by a psychological interpretation of Mona's efforts, nor does he comment on the content at any representational level. The archaic remains relevant for an understanding of the impact of the images, but whether the creators of the images believe in their magic or not is considered less significant. These drawings do not respect the symbolic order, but nevertheless Convert as the father of the 'artist' and as the transformer of the images attempts to retain the chaos, speed and touch of the originals. They are given as much space as possible, while the speed and movement of the child's pen is retained in the 'imprint' made on paper and reworked for the mural, and in the method of projection in the video version.

As Didi-Huberman put it, Convert's reworking of these drawings sets out to retrace and rediscover the dynamism of childhood drawing, before it is hidden in the result.[42] Reworked on such a large scale, without an ideal viewing point to take in all the drawing at once, we are forever following the lines of movement and energy. Convert's role is both public and private here, seeking to ensure the transmission of creativity form one generation to the next and in so doing being both paternal and maternal in the creation of these *Native Drawings*.[43] The future is a key concern of Convert's investment in this retrieval and recreation of creative energy normally allowed to disappear. Convert is fascinated by the perfection of these images, since they are never failures and never corrected.[44] Making these drawings public, and on a large scale, gives them a political, utopian function.

---

[41] Winnicott is interested in the intermediate area between primary creativity and objective perception: Donald Winnicott, 'Transitional Objects and Transitional Phenomena,' *Playing and Reality* (London, Tavistock Publications, 1971), p. 11.

[42] G. Didi-Huberman, *La Demeure, la Souche*, p. 168.

[43] See Didi-Huberman, *Gestes d'air et de pierre: corps, parole, souffle, image* (Paris: Minuit, 2005), p. 80-84.

[44] See Martine Convert's film *Native*.

Direct Indirect 2

This video work may be called an anti-home movie. It combines in various ways images derived from the recent war in Iraq with images of the artist's two children (fig. 4). *Direct Indirect 2* avoids precise reference to events, hesitant about being drawn into the narrative of simply readable images, wishing to suggest something of the complexity of warfare within the sequences of images shown. The video could be said to be in three main sections. Mona, his daughter, aged eight, is seen in bed, a hand and then her head filmed from the side when she is both asleep and awake, juxtaposed with and superimposed over images of attacks launched by plane and ship and images of nocturnal surveillance.[45] Then Balthazar, his son, aged 4 and 5, is seen, firstly over images of attacks and explosions, and then walking in a field of sunflowers or playing with a toy against the sunlight, set against night-time images of soldiers. The final section returns to Mona, and features broken partial images of explosions as bombs arrive and includes shots of some victims.

Direct Indirect (1997) had used images from the first Gulf War in order to present an alternative version of the war, based on the camera-held images supplied by European Video News (EVN) but not used by the television companies because the camera moves too much, indicating the presence of the cameraman and making the images less easy to reframe. The downgrading or even denial of the human body in mainstream television images was something Convert sought to counteract, wanting to escape what he has called the home movie feel of such coverage, since the intimacy of DV cameras results in images lacking in weight. *Direct Indirect 2*, lasting 19 minutes, uses EVN and broadcast images to reaffirm corporeal presence. It also aims to reconsider the temporality in contemporary images of warfare, despite their immediate diffusion and use by the media, and the images' loss of duration.[46]

Convert's interest in combating the proliferation of images that suppress the human body can be seen in the contrast between the sleeping child and the planes taking off. The human bodies that are

---

[45] The opening shot of Mona's hand sees the return of this motif from *Pietà de Kosovo* three years before.

[46] See Convert's comment during the INA seminar: 'Les images ne peuvent plus avoir de temps, elles sont déjà dans l'ordinateur en diffusion mondiale' ('Comment voir pourrait devenir toucher'). The same seminar includes his comments on EVN images.

given a central role are partly his own creations of course, but presented in fragmented form, since we see the head or back or hands or legs in separate shots. The precarious position occupied by children in the contemporary world as mediated by the images of the Iraq conflict sees them hovering above or in the thick of the military action. They also look into the camera at times, taking comfort from who is behind the camera and also reassuring the viewer that he or she is not being voyeuristic.[47] In offering two very different series of actions, namely sleep and warfare, the clash in time scales is emphasized, so that sleep breaks down the frenzy of war. There is also an attempt to break the impression of over-familiar repetition in the images of war in this interplay of planes and children.

In the case of Balthazar, the generation gap between boy and soldier is accentuated by the comparison and contrast between the soldier with his infra-red night-glasses and the boy walking in a futuristic field of sunflowers and playing with a harmless toy. The present and future of warfare and of society are evoked. The final section featuring the explosions addresses memories of the war, with Mona's hand and face seen over the explosions, which cannot be blocked out. The association with death is emphasized in the switch to a shot of one of the children's feet and lower legs uncovered from the sheet during sleep. In the final sequence Mona is now lying right to left, enacting the reversal and reassessment attempted by the video.

As well as the contrast between children and soldiers, between a domestic scene and warfare, the juxtaposition of Mona and Balthazar with images of conflict casts the children in the role of angels or *putti* looking down on the scene. Convert presents us with a contemporary version of a classical mythological painting by Titian or Poussin. In such a painting, the *putti*, or gods of time, are situated in proximity to the human drama unfolding, but are often in their separate space or time. In the case of certain Poussin versions of classical myths, the *putti* enact mini-dramas while the figures in the story sleep, even to the point of acting out the sleepers' dreams and

---

[47] On the relationship between the child and the father as artist, see Jane Gallop, 'Art in the Family,' *Living with his Camera*, with photographs by Dick Blau (Durham and London: Duke University Press, 2003), pp. 130-70. On the question of intimacy and voyeurism, see the comments by Daniel Sibony: D. Sibony, 'Le paradoxe de l'intime,' in Marie-Thérèse Perrin (ed.), *La Sphère de l'Intime: Le Printemps de Cahors* (Arles: Actes Sud, 1998), pp. 10-13.

nightmares. Though near to each other, the groups can occupy distinctly different worlds.[48] The human drama unfolding in these images from the Iraq war can be seen as Convert's version of how to represent mythical scenes of war.

Convert uses images of war already in circulation and manipulates them critically. Certainly the resultant sequences resist easy narrative assemblage, but Convert knows that not much can be done about the narrative destiny of these images. His work on these images emphasizes their formal features by implicitly demonstrating how they are usually distorted by the media. Convert uses pixellation and sound interference to underline the transformative potential of the new technologies.[49] The nocturnal scenes, which dominate the video, illustrate the power of the American war machine, able to pursue its enemy twenty-four hours a day. In this respect the video seems a classic illustration of the well-known analysis of war and technology by Paul Virilio.[50] Pixellation can show the emergence and creation of the image from blankness, but here the images are of destruction.[51] Convert's combination of images of family intimacy and high-tech images of surveillance and war seems to represent a perilous future.

Conclusion

Looking at Convert's work from the perspective of the topic of the family has led to the study of an interface between history and aesthetics, and between the collective and the intimate. The representation of extreme family experience is seen as a way of radicalizing official history, introducing political contestation and refusing to be absorbed into a traditional narrative and

---

[48] See Louis Marin, 'À l'éveil des métamorphoses: Poussin (1625-1635),' *Sublime Poussin* (Paris: Seuil, 1995), p. 165.

[49] On occasion an American military voice-over can be distinguished. Convert discussed how a so-called 'voice-off' is very much a dominant 'voice-on' in a conference paper given in 1998: 'Bêtise et cynisme du spectacle contemporain,' *L'art et la critique de l'art après Bouvard et Pécuchet: De la bêtise*, École des Beaux-Arts de Montpellier, 19-20 October 1998.

[50] Paul Virilio, 'A Traveling Shot over Eighty Years,' in James Der Derian, *The Virilio Reader* (Oxford: Blackwell, 1998), pp. 95-116.

[51] Convert's images where the pixels are most visible underline Raymond Bellour's point about the impossibility of knowing what an image looks like from information about the pixels alone: R. Bellour, 'Challenging Cinema,' in Annette W. Balkema and Henk Slager (eds), *Screen-Based Art* (Amsterdam: Rodopi, 2001), pp. 41-2.

commemoration of mourning and martyrdom. Convert's work disrupts our view of the present's relationship with the past and future, upsetting the monumentalization of memory, war and creativity. The family is seen as the potential source of opposition, while also appearing vulnerable in the face of our conflicted world. Looking at Convert's work, we witness him reframing the body, memory and creativity, in a wide variety of media, from drawing and sculpture to video.

Fig. 1. P. Convert,
Monument à la mémoire des Fusillés du Mont-Valérien (2001-2002).

Fig. 2. P. Convert, *Pietà de Kosovo* (1999-2000).

Fig. 3. P. Convert, *Native Movies* (2001).

Fig. 4. P. Convert, *Direct-Indirect 2* (2003).

IV. Les Enfants en plus

Le Nom du Père:
la métaphore paternelle chez Lacan

Robert Silhol

Comme chercheur en psychanalyse, participant à un colloque sur la famille et ses 'affaires', j'aurais pu me contenter, sinon de vous relire, du moins de vous résumer, le long texte que Jacques Lacan a consacré dès 1938 – soit six ans après la publication de sa thèse de psychiatrie – aux 'Complexes familiaux dans la formation de l'individu'.

Si je ne le fais pas, et vous y renvoie seulement, c'est que depuis 1938, et grâce à Lacan notamment, nous avons fait quelques progrès. Non qu'il soit jamais aisé de parler de la famille – qui est toujours la famille de celui ou de celle qui parle – et de mettre en lumière certaines des caractéristiques de son 'fonctionnement'. Souvent, au fond, nos précautions ou notre timidité ne sont que résistance. Aussi n'est-ce pas le moindre mérite de Lacan, déjà, que d'avoir mis à son 'programme', un peu plus tard, le désir de l'analyste.

Quant au texte qu'il nous a laissé sur la famille – et mon commentaire sur cet écrit s'arrêtera là – il est à sa façon fondateur car on n'y trouve, pour son époque, en France, ni timidité ni précaution excessive. Sans doute ne porte-t-il pas encore tout à fait la marque de ce qui sera plus tard son style poético-théorique et se révèle-t-il aujourd'hui plus abstrait qu'il ne faudrait. Il n'empêche qu'on ne saurait négliger les avancées que déjà il laisse percevoir. Dans le droit fil de la pensée freudienne, Lacan met là en évidence le caractère familial de l'origine des névroses, et même des psychoses. Ainsi, pour ne citer qu'une fois un leitmotiv qui reviendra souvent, 'les névroses dites de caractère [...] laissent voir certains rapports constants entre les formes typiques et la structure de la famille où a grandi le sujet'.[1]

La façon, enfin, dont sont présentés l'identification, le surmoi et l'idéal du moi (pour ne pas faire mention de la relation spéculaire à autrui) laisse facilement deviner ce que sera la démarche future qui culminera dans une théorie de l'Autre qui n'a pas encore produit tous ses effets. En vérité il s'agit – surtout dans ses dernières pages – d'un bon texte, mieux qu'un 'bon début', novateur en ceci qu'il introduit pour *L'Encyclopédie française*, à laquelle il était destiné, les grands thèmes de la pensée freudienne directement liés à la famille. Ce qui nous conduit ou nous fait revenir à Freud, ce qui du reste est aussi bien, puisque c'est avec lui que tout a commencé. La découverte de ce qu'on a appelé le 'Complexe d'Œdipe' – qui est loin d'être la seule découverte de Freud – place la famille au centre des préoccupations de la recherche en psychanalyse. On sait quels furent ensuite, avec Freud d'abord, puis, après lui, l'école britannique et l'école lacanienne, les 'développements' de la psychanalyse: théorie de la relation d'objet, avec Melanie Klein d'abord, puis, pour aller vite, les nombreux et différents chapitres de l'œuvre de Lacan: imaginaire et symbolique, émergence d'un intérêt pour les lois qui régissent le langage, nom du père, phallus. Bref, il y eut d'abord le triangle oedipien – c'est Freud – puis une recherche qui se pencha sur la relation nouée entre l'enfant et sa mère – c'est Melanie Klein et Donald Winnicott – et, dans ce que j'appellerai très schématiquement un troisième temps, la mise en place d'une structure qui part du triangle mais intègre le phallus, directement issu d'une réflexion sur la différence des sexes et sur le langage largement entamée par Freud lui-même.

S'inscrivant, logiquement, à la suite d'une réflexion sur la différence des sexes, la 'métaphore paternelle' constitue une des notions centrales de la théorie lacanienne et éclaire tout à fait le fameux 'Graphe', ce schéma que bien peu de personnes, me semble-t-il, paraissent avoir clairement compris.[2] Et d'emblée, il importe de redire que Lacan a pris là son inspiration chez Freud. En effet, lorsque ce dernier analyse le processus d'identification et commente les choix d'objet de l'enfant, il montre de quelle manière l'enfant déplace son

---

[1] Jacques Lacan, *Autres écrits* (Paris: Seuil, 2001), p. 78.
[2] Ce travail s'inscrit à la suite de 'The Paternal metaphor' que j'ai publié dans les *Proceedings of the 18th International Conference on Literature and Psychoanalysis, Literature and Psychology* (Lisbon: ISPA, 2001), pp. 93-102.

investissement de la mère vers le père.[3] Chez Lacan, de la même manière, il s'agit d'un déplacement de l'investissement, disons, qui va de la mère vers le père. Et je dis bien *déplacement* pour indiquer que ce mouvement est beaucoup plus proche de la métonymie que de la métaphore (puisque le linguiste s'attendrait à trouver un élément de ressemblance, un trait, une aire commune entre le remplacé et le remplaçant où nous n'apercevons qu'un point de contact; mais bien sûr on a pu dire justement que le 'père' était le 'signifiant' qui venait prendre la place de la mère). L'essentiel, cependant, est que nous comprenions clairement de quoi il s'agit. Ici, dans cette 'métaphore' il s'agit du remplacement d'un parent par l'autre: 'il s'agit du père en tant qu'il se fait préférer à la mère [...] le père est devenu un objet préférable à la mère'.[4] Et ce mouvement de l'une vers l'autre, cette 'substitution', procède du fait que ce père 'est un symbole pour la mère'. Je décris ce mouvement de la mère vers le père comme un trajet, trajet nécessaire à l'équilibre de l'enfant, trajet qui reflète, lorsqu'il est correctement parcouru, la santé, disons, de la famille. Bref, et voici la lecture la plus simple que nous puissions faire de ce mouvement: il s'agit que la Mère et le Père soient chacun à la bonne place, 'bonne' restant à définir, naturellement. Et la meilleure manière de définir ce 'bon' et de revenir à l'introduction par Freud, dès 1921, de la question relative à l'incidence de la différence des sexes et à sa saisie par l'enfant.

Il s'agit de l'expérience par où l'enfant passe, ou devrait passer, pour établir son identité sexuelle. Car la question 'Qui suis-je?' implique également, et parmi d'autres, une question sur notre appartenance sexuelle: 'Quel est mon sexe?'. Or cet aspect de l'identité va s'établir en fonction non seulement de ce que l'enfant perçoit[5] mais également, mais surtout, je pense, en fonction des modèles qui lui sont fournis par sa famille immédiate, modèles fournis, proposés, ou peut-être – et c'est là pour moi une partie

---

[3] Voir par exemple *Le Séminaire*, Livre III (Paris: Seuil, 1981), chapitres 6 et 7; *Le Séminaire*, Livre IV (Paris: Seuil, 1994), chapitres 12, 21; *Le Séminaire*, Livre V (Paris: Seuil, 1998), chapitres 7-12.

[4] Lacan, *Le Seminaire*, Livre V, p. 173.

[5] Perçoit, c'est-à-dire en fait *voit*. De même que pour le linguiste le 'signifiant' est ce qui dans le signe *s'entend*, pour Lacan, le pénis est ce qui *se voit*: d'où son 'signifiant'.

essentielle du débat, on va le voir – modèles inconsciemment 'imposés', 'signifiés'.

II

Si nous avions le temps, nous pourrions, avant même de parler du Père et de son Nom, montrer comment l'apparition d'un troisième personnage – entre mère et enfant – représente une étape nécessaire de la constitution du sujet, ce qui implique par conséquent qu'il n'y a pas psychose. Ici, avant le Nom, il y a ce 'non' prononcé par une instance qui vient par sa présence séparer mère et enfant. On connaît la formule adressée à la mère: 'Tu ne réintégreras pas ton produit',[6] ce qui signifie à l'enfant qu'il ne pourra demeurer éternellement en symbiose avec sa mère. Bref, c'est le passage du deux au trois, c'est-à-dire l'entrée dans la triangulation (même si, très tôt, ne serait-ce qu'à cause des absences inévitables de la mère, le bébé préoedipien se trouve plongé dans une structure triangulaire – enfant, mère présente, mère absente – qui fournit sa base au triangle oedipien). Avant le Nom, donc, le non – et les deux naturellement s'articulent – ce 'non' qui fonde le triangle et donne naissance à cet autre interdit qui fonde l'Œdipe: la mère est interdite au garçon, le père à la petit fille, conséquence si on veut de la 'scène primitive' où par définition l'enfant, exclus, n'a qu'un rôle de témoin quel que soit son sexe. Déjà, ainsi, le nom *de* père, ce mot p.è.r.e, marque, signe l'entrée dans une situation à trois. Mais le nom, naturellement, est aussi *signe* d'une autre manière: nom de famille, il signale l'appartenance à une lignée (qui cependant, dans une autre société, pourrait être matriarcale), pointe la place de l'enfant, bref l'aide à construire une identité, renforce au fond par cette parole qu'est son nom ce que sont ou seront ses identifications. Lacan n'insiste pas sur ce point, mais c'est, je crois, parce qu'il s'agit d'une évidence.[7]

   Ensuite, ou encore dans un même temps mais dans un autre registre, sûrement très tôt, vient la découverte de la différence des sexes (une découverte qui n'est sans doute pas sans rapport avec la

---

[6] Lacan, *Le Seminaire*, Livre V, p. 202.
[7] La question de l'articulation de l'acquisition du nom (du père) avec le 'stade du miroir' (*l'imaginaire*) et celle de savoir ce qu'il y a dans le nom de *symbolique* n'est pas sans intérêt. Pour moi, il y aurait du symbolique (c'est ce que Lacan démontre) et de l'imaginaire dans le nom.

'scène primitive'), et celle de la 'castration', conséquence symbolique de cette découverte. C'est ici que Lacan, très clairement, introduit un de ses propres schémas. Au triangle Œdipien de Freud, enfant, mère, père, il en ajoute un second qu'il figure en pointillé et par lequel il illustre l'apparition de la différence entre les deux sexes – lui dit du *phallus* – au sein de la situation triangulaire, plaçant le phallus dans le quatrième coin de sa figure.

C'est avec cette scène à quatre qu'il construit sa théorie du désir de la mère tel que l'enfant peut l'imaginer. Il appelle ce mouvement que l'enfant perçoit: 'l'au-delà du désir de la mère', ce qui signifie simplement que le bébé 'comprend' que sa mère désire ce qu'elle n'a pas, ce quelque chose que lui, ou elle, bébé, ne peut lui donner et qui est proprement au-delà de lui, ou d'elle.[8] C'est Freud le premier qui a proposé l'hypothèse qui tente de rendre compte de ce que l'enfant demande à son père. C'est là, on le voit, une conséquence directe de la découverte de la différence: le père 'l'a', la mère 'le' veut. Et cette réflexion est suivie par son corollaire, seconde conséquence en somme de la découverte de la différence des sexes: réalisant qu'il ne pouvait *être* pour la mère cet objet idéal qu'est le phallus, l'enfant 'choisit' donc au moins de l'*avoir* et le demande au père: permission de se servir de son pénis ou souhait de recevoir de lui un enfant.

Chacun pourra décider si la théorie est convaincante, mais la clinique, on ne peut le nier, fournit bien des exemples qui rendent l'hypothèse plausible. Je dirai tout à l'heure quels problèmes elle soulève encore, mais il ne fait pas de doute en effet que le fonctionnement de l'identification par quoi l'enfant devient sujet reçoit ici une explication claire. Au stade final du processus, ainsi, le bébé, parce que le père 'l'a', s'identifie à lui, abandonnant la mère comme modèle pour ce qu'il en est temporairement de son identification sexuelle.[9]

---

[8] Une autre lecture de cet 'au-delà' du désir de la mère consiste à montrer comme 'au-delà', ici, pointe ce qui n'est pas la mère, mais est au-delà d'elle. C'est souligner l'importance du père, mais ne contredit pas finalement la première lecture. Lacan, je l'ai dit, est poète.

[9] Si je n'avais pas ajouté 'pour ce qu'il en est temporairement de son identité sexuelle' j'aurais écrit: abandonnant la mère comme modèle ou, au moins – c'est la correction que je souhaite apporter – ne la choisissant plus comme seul modèle d'identification.

M  P

Ainsi retrouvons-nous Freud et sa théorie de l'identification (même si, on l'aura peut-être compris, le terme 'identification' paraît moins adéquat qu'il nous semblait il y a un instant). Telle est la 'métaphore' paternelle; j'appelle cette modification le passage, ou le trajet, de M à P, et c'est à ce point que nous pouvons tenter de dire ce qu'est cette 'bonne' place dont j'ai parlée tout à l'heure. Il s'agit tout simplement, dirai-je, que chaque parent occupe dans le couple familial la place que son anatomie (et son rôle biologique) a déterminé pour elle ou lui, soit, en définitive, sa position face à une différence assumée. Ce n'est pas dire là que nous ne sommes pas toutes et tous habités par une certaine ambiguïté sexuelle – la chose est naturellement question de 'proportion', d'équilibre, même si ma formule reste vague – mais c'est souhaiter qu'il y ait chez chacun une dominance nette, trait dont a décidé – dont *devrait avoir* décidé et c'est là tout le problème – la place de chacun dans la différence.[10] Ainsi se trouverait à peu près définie la 'bonne' place occupée par les deux parents dont je parlais au début: un rôle pour chacun et pas de confusion des rôles.

Dès qu'on parle de 'rôle', cependant, on entre bien évidemment dans un domaine qui se trouve toujours également déterminé par des normes de sociétés. Et il est une division du travail, c'est-à-dire une répartition des rôles, qu'il n'est pas question d'entériner, cela ne fait pas de doute aujourd'hui. Aussi est-il bon à ce point d'en revenir tout à fait psychanalytiquement à notre dimension d'êtres humains sexués habités par le symbolique, c'est-à-dire 'sujets' qui par définition ne peuvent s'objectiver et en sont réduits à attendre une sanction qui vient d'ailleurs (stade du miroir d'abord, et c'est une première aliénation, apprentissage, acquisition, du statut de sujet, et c'en est une seconde). C'est de cette *sanction*, détermination qui nous vient d'ailleurs et où je vois une 'décision' – mais mais le terme est impropre puisqu'il s'agit d'une démarche inconsciente et je vais y revenir – du milieu familial immédiat, disons, bref de ce qui est signifié à l'enfant, que dépend son statut de sujet. Certes, sauf exception, l'enfant saura très tôt à quel sexe il ou elle appartient – il y

---

[10] Et si je n'écris pas 'phallus' ce n'est pas par démagogie facile vis-à-vis des féministes, mais parce que je reste persuadé que le phallocentrisme n'est au plus profond, au plus secret, qu'un signe de la jalousie des mâles vis à vis de celles qui donnent la vie (avec leur aide cependant, cela reste encore vrai).

a des filles, et il y a des garçons – mais ce n'est pas cette découverte qui fera de lui ou d'elle un sujet au sens où l'entend la psychanalyse. Ce que la psychanalyse a en effet mis en lumière, c'est que l'anatomie n'est qu'une 'surface', de l'ordre de l'objet, et que la façon d'assumer par chacun sa place face à la différence est ce qui, entre autres choses, le fonde comme sujet.

Mais ce n'est là, je pense, qu'un effet: cette attitude que l'enfant adopte vient d'ailleurs. Telle est la thèse que je souhaite en tout cas soumettre à discussion dans ce colloque sur la famille. En un mot, que peut-on dire encore sur cette façon qu'a le 'sujet' de parcourir le trajet qui va de M à P?[11]

Une manière de formuler simplement le problème est de considérer à nouveau le triangle familial – et le 'Graphe' aussi bien: comment s'organisent les relations entre les trois participants de ce triangle (car même lorsqu'il y a des frères et des sœurs, on doit pouvoir ne considérer que trois pôles)?

On pourrait dire: l'enfant perçoit O et O et choisit l'identification au père (P), soit O, sans doute parce qu'on voit clairement que ce qui se propose à lui comme 'signifiant', le pénis, est plus facile à choisir que ce qui se voit mal ou même n'est pas connu (la fente, le vagin, tout intérieur). C'est la thèse de Freud et de Lacan et elle n'est peut-être pas fausse. Mais elle laisse bien des questions ouvertes. Déjà, ainsi, cette première interrogation: parce que le parcours de M en P reste un parcours *idéal* (cf. idéal du moi), c'est-à-dire définit davantage ce qu'il faudrait parcourir ou avoir parcouru que la réalité que nous connaissons, le schéma ne porte-t-il pas trop la marque d'un désir qui ne saurait être assouvi et qui n'est pas sans évoquer pour moi la complétude, le UN impossible? Car si le 'phallus' est bien ce que je crois, à savoir un signe seulement, pointant un idéal, inatteignable par définition, ne convient-il pas d'en utiliser le terme avec prudence et, surtout, de ne pas le confondre avec 'pénis'?

Et ceci conduit à une seconde interrogation: puisque nous savons que le trajet de M en P – ici considérons ce P comme un but réaliste et non plus idéal, un but vers quoi on peut tendre – n'est pas toujours parcouru comme il le 'faudrait', quelle peuvent être les raisons d'un non achèvement possible de ce parcours? Que dire, oui,

---

[11] Ce qui implique que ce parcours, progression à dire vrai, est souhaitable: une bonne chose. C'est en effet mon opinion, mais cela ne saurait nullement préjuger des conclusions d'un (autre) débat sur ce point.

des 'pannes' en cours de route? Ou encore, pour présenter les choses
le plus simplement possible: que dire de ces filles qui, comme sujets
inconscients, ressemblent essentiellement à leur père, ou de ces
garçons qui, eux, pour ce qui est du monde inconscient, toujours, ont
'choisi' leur mère comme modèle d'identification?

Telle est la question qui a motivé tout mon exposé et à
laquelle je souhaitais arriver. Elle ne fait en vérité que reprendre le
débat – si tant est que je l'ai correctement compris – amorcé par Lacan
en 1956:

> Le fait que, pour la mère, l'enfant est loin d'être seulement
> l'enfant puisqu'il est aussi le phallus, constitue une discordance
> imaginaire, dont la question se pose de savoir de quelle façon
> l'enfant, mâle aussi bien que femelle, y est induit, ou introduit.[12]

L'enfant est aussi le phallus, voilà d'où vont partir mes associations,
sinon mon raisonnement. Il s'agit pour moi, on l'aura compris du
débat sur la 'place' de l'enfant dans le désir parental, et ici il nous faut
relire le 'Graphe' de façon critique.

Dans ce dernier schéma, la mère dirige ses regards ailleurs
que vers l'enfant, au-delà de lui ou d'elle, ce qui revient à dire que
pour un instant au moins elle l'abandonne pour le père, celui qui 'l'a'.
Certes. Mais n'y a-t-il pas là une erreur dans la chronologie, ou au
moins une imprécision, à moins qu'il ne s'agisse tout bonnement
d'une interversion? N'est-ce pas *avant* la venue de l'enfant – à sa
conception, au mieux – que le désir de la mère s'est manifesté,
conformément en cela à la thèse de Freud qui indique comment la
petite fille souhaite recevoir un enfant du père? Ce n'est pas à l'enfant
que le premier désir s'adresse, mais au père, et en général, plus
précisément, à celui qui a été choisi pour en occuper la place dans
l'âge adulte. C'est, dans une perspective tout à fait freudo-lacanienne,
cette demande de phallus qui conduit ensuite à considérer l'enfant
comme ce qui est destiné à 'compléter' la mère (et le père, dans
certains cas), comme ce qui lui permet, ne serait-ce qu'un moment,
d''imaginer' avoir reconstitué le UN perdu de la complétude. Aussi le
'Message' (Lacan, le 'Graphe') adressé à l'enfant me paraît-il second
à la demande d'abord adressée au partenaire de la mère.

---

[12] Lacan, *Le Seminaire*, Livre IV, p. 57. Je ne discuterai pas de 'discordance
imaginaire', que je ne suis pas sûr de comprendre.

Ceci nous ramène à la famille et à sa structure triangulaire. En définitive, mes considérations sur la 'bonne' façon de parcourir le trajet de M en P ne font rien d'autre que diriger le projecteur en direction des modèles rencontrés par l'enfant (plus 'féminin', plus 'masculin', etc.) et ces modèles d'identification ne peuvent certainement pas être réduits à l'anatomie. Ils renvoient à la dimension symbolique de l'être humain, c'est-à-dire en fait à sa façon de se situer par rapport à la différence des sexes: telle semble bien être la place de l'enfant dans le désir inconscient du parent: tu seras pour moi ceci ou cela, et même, tu me complèteras de telle ou telle manière… Car ce qui importe surtout, je pense, c'est de comprendre que les premiers modèles ne sont pas simplement 'rencontrés' par l'enfant dans sa famille et lui sont au contraire 'fournis', inconsciemment 'imposés', par des parents qui eux aussi occupent une place symbolique. C'est cela qui est 'signifié' à l'enfant et en fait un sujet.

La conclusion est bien sûr d'une décevante simplicité: ce n'était que cela! Mais ce qui n'est pas simple – essentiellement parce que c'est de la nature du désir inconscient des humains de ne devenir que très difficilement accessible – c'est de savoir, d'accepter de savoir à quelle place nous nous trouvons face à la différence et à quelle place, en conséquence, *parce qu'ils sont nos objets*, nous plaçons nos enfants. Lorsqu'on parle de la dimension éthique de la psychanalyse, c'est de cela aussi qu'il s'agit.

Horreur du noir:
les nouveaux 'enfants terribles' du cinéma français

Philippe Met

'Et toi maman, quand je suis né, tu étais là, n'est-ce pas?'
(Comédie de l'innocence)

'Jacques, tu crois que les enfants nous veulent du mal?'
(Un jeu d'enfants)

En dépit d'une manifeste récurrence et d'une rémanente iconicité transcendant allègrement les particularismes nationaux,[1] la figure de l'enfant dans le cinéma fantastique ou d'épouvante – ses fonctions, ses représentations, ses avatars – demeure un objet d'étude curieusement négligé, alors que ses incarnations littéraires ont été largement balisées, notamment sur les versants romantique noir et victorien. Notre propos ne saurait être ici de réparer un tel oubli, non plus que de risquer, *a fortiori* de systématiser, une quelconque taxinomie – de l'enfant monstrueux, démoniaque ou parricide à l'enfant ostracisé, martyrisé ou abusé, par exemple. Plus modestement, on prêtera attention aux configurations cinématographiques, et proprement 'terribles', de l'enfance et du noyau familial en s'appuyant sur deux exemples français récents du genre: *Comédie de l'innocence* de Raoul Ruiz (2000) et *Un jeu d'enfants* de Laurent Tuel (2001).[2] Le choix ne va tout à fait de soi pour qui sait que la France est largement dépourvue d'une tradition filmique de l'horreur, à la différence non seulement du colosse hollywoodien, mais également d'autres

---

[1] Depuis *Le Golem* (1920) de Paul Wegener ou le *Frankenstein* (1931) de James Whale jusqu'à *The Shining* (1980) de Kubrick et *The Sixth Sense* (1999) de Shyamalan, ou plus récemment encore *Dark Water* (2002) du Japonais Hideo Nakata, pour s'en tenir à ces seuls exemples.
[2] Se reporter aux synopsis placés en annexe.

représentants du cinéma européen – pensons à l'Allemagne de la période expressionniste, à l'Angleterre de la Hammer ou à l'Italie de l'*orrore* gothique et du *giallo* (thriller horrifique) dans les années 60-70, ou encore à l'Espagne de la dernière décennie, emmenée par Amenábar.

Considérés pour eux-mêmes, les deux films qui nous intéressent paraissent en outre ne pouvoir être rapprochés qu'au prix d'un certain artifice. Bien que ressortissant peu ou prou à une veine générique commune (mais non sans une certaine instabilité ou hybridité qui instaure une zone d'incertitude entre, disons, le schizophrénique et le spectral), ils procèdent en effet de sources radicalement distinctes, et leurs auteurs de modèles a priori peu compatibles. D'un côté, Raoul Ruiz, réalisateur confirmé d'origine chilienne mais installé en France de longue date, d'une prolificité à la Chabrol tout en jouissant d'une réputation de cinéaste cérébral, iconoclaste et baroque dont les films font miroiter des motifs aussi obsédants que le vacillement de l'onirico-fantasmatique et du réel, le dédoublement, ou l'autoréférentialité, au sein de récits éclatés, voire mis en abyme – le tout rehaussé d'une indéniable virtuosité cinématographique, d'une volonté réitérée d'expérimentation. De l'autre, Laurent Tuel, jeune auteur signant son second long métrage personnel et le premier du label 'Bee movies', ainsi dénommé en hommage à un certain cinéma de genre: films de gangsters, de cape et d'épée, d'espionnage, et autres polars, comme on pouvait en produire en France dans les années 50-60, et dont les séries B ont su faire, hors des frontières de l'Hexagone, leur fonds de commerce.[3] Ajoutons que si l'œuvre de Raoul Ruiz a bénéficié depuis les années 90 d'un inattendu regain d'intérêt et d'un relatif élargissement de son audience grâce, notamment, au concours de vedettes telles que Catherine Deneuve, *Un jeu d'enfants* tend à s'inscrire dans une sorte de mini-renaissance de la constellation thriller-slasher-horreur où l'on pourrait faire figurer pêle-mêle *Promenons-nous dans les bois* de Lionel Delplanque (2000), *Les rivières pourpres* (2000) de Mathieu Kassovitz, *Le pacte des loups* (2001) de Christophe Gans, ou, plus près de nous encore, *Haute Tension* d'Alexandre Aja (2003). On verra là aussi l'indice d'un autre décalage, au sens où le film de Raoul Ruiz,

---

[3] À noter que 'Bee Movies' est une émanation de la société Fidélité Productions qui a également produit la plupart des films de François Ozon, assurément l'un des 'enfants terribles' du cinéma français contemporain, avec Gaspar Noé.

s'il faut lui assigner une filiation générique, regarderait plutôt en amont – du côté du seul vrai, et digne, représentant d'un fantastique cinématographique à la française, à savoir Georges Franju auquel Ruiz a sans doute voulu rendre hommage en confiant le rôle secondaire mais subtilement inquiétant d'une voisine de palier à Edith Scob, actrice fétiche du co-fondateur de la Cinémathèque française, dans *Les Yeux sans visage* (1960) et *Judex* (1963) en particulier, qui depuis avait quasiment disparu du grand écran.[4] Pour ne rien dire d'échos feutrés plus anciens encore, tels ce très beau plan du jeune Camille derrière une porte vitrée, figure quasi fantomatique, solitaire et encapuchonnée, regardant d'épais flocons de neige tomber dans la cour, avant d'aller retrouver subrepticement Alexandre, le camarade invisible. Comment ne pas songer ici à la jeune Amy de *The Curse of the Cat People* (Gunther Von Fritsch et Robert Wise, 1944), l'un des sommets de ce fantastique de l'ellipse et du hors champ admirablement illustré par l'équipe de Val Lewton à la RKO? Tout comme Camille, Amy est délaissée par un père peu compréhensif et s'invente une deuxième figure maternelle, qui soit dans le même temps une compagne de jeu et un ange gardien, en la personne d'Irena, apparition vêtue d'une large pelisse à capuche, qu'elle ira secrètement rejoindre dans le jardin enneigé de la maison, le soir de Noël…

Pour autant, faut-il en conclure, d'un film à l'autre, à une tension entre exploitation et expérimentation, entre imitation ou divertissement et création ou réflexion – une tension qu'un film à la fois d'art et d'horreur tel que *Trouble Every Day* (2001) de Claire Denis a peut-être pour vocation moins de résoudre ou de résorber que de transcender, en faisant du topos *gore* du cannibalisme sexuel le véhicule d'une figuration de l'impensé du corps?[5] Il est vrai que la machinerie (au sens théâtral du terme) d'*Un jeu d'enfants* peut sembler par endroits tourner quelque peu à vide ou exhiber trop complaisamment ses rouages, à l'image du lave-linge méthodiquement désossé dans sa démence par Jacques qui en a soigneusement disposé les pièces sur le parquet du salon: sous la

---

[4] On la retrouve, toutefois, l'année suivante, dans *Le Pacte des loups*, ainsi que dans le dernier long métrage de Ruiz, *Ce jour-là* (2003), notamment.

[5] Voir Philippe Met, '"Looking for Trouble": the Dialectics of Lack and Excess in Claire Denis' *Trouble Every Day*', *Kinoeye: A Fortnightly Journal of Film in the New Europe*, 3.7 (June 9, 2003).

métaphore visuelle d'un dérangé en proie à d'irrépressibles compulsions perce peut-être une emblématisation involontaire du film lui-même... Non pas, du reste, que *Comédie de l'innocence* soit exempt de tout reproche en la matière. Volontiers allégorique de lui-même (à l'instar du fameux sonnet en -yx de Mallarmé), le cinéma de Raoul Ruiz tend, de manière générale, à faire son miel des processus de symbolisation, notamment par la médiation d'objets d'art et autres artefacts. *Comédie de l'innocence* ne fait pas exception à la règle, qui met en place un diptyque contrasté autour des deux figures maternelles. D'un côté, la maison bourgeoise dont Ariane a hérité offre un décor sobre mais cossu qui allie la statuaire néo-classique (bustes blancs) à la peinture abstraite (toiles aux murs, dont celles peintes par Ariane et qu'Isabella dira plus tard ressembler à des femmes enceintes, sans qu'un contre-champ vienne fournir la moindre possibilité de vérification). De l'autre, l'appartement d'Isabella fait régner, au beau milieu d'une végétation luxuriante parmi laquelle la caméra de Ruiz évolue tel un animal prédateur dans la jungle, un art primitif composé de totems africains et autres sculptures en bois, dont une statuette bicéphale au sexe indéterminé que, suite à un mouvement de recul à partir de la table où Camille et ses deux mères prennent leur premier petit-déjeuner ensemble, le cadre nous fait soudainement découvrir en premier plan.

Pour en revenir aux faiblesses éventuelles du film, les aveux échangés par Ariane et Isabella sur leurs milieux familiaux respectifs sont, par exemple, cousus de fil blanc dans un dysfonctionnement tous azimuts qui, somme toute, ne mène nulle part. Ainsi l'une évoque-t-elle, plutôt que ses parents, son grand-père, à qui son exceptionnelle longévité a valu le surnom de 'Père éternel', et sa grand-mère, précocement disparue, au contraire, suite à 'une histoire d'inceste': 'on raconte toujours des histoires dans les familles...'. Quant à l'autre, 'embarquée' par son père à la naissance, elle n'a, dit-elle, 'jamais eu le sentiment de manquer de mère'. De sorte que les observations de l'oncle Serge, lors d'un dîner aux chandelles à quatre, portant sur la gravure du *Jugement de Salomon* transférée de la chambre de la mère d'Ariane à la salle à manger, pourraient prendre là encore valeur d'autocommentaire ironique (comme si le symptôme devenait encombrant d'être trop voyant): 'je ne crois pas qu'il soit très opportun de le placer là où il est', remarque l'oncle psychiatre, 'je le trouve un peu trop... pertinent'. On se souvient de l'apologue de l'Ancien Testament: deux femmes affirmant être la mère d'un même enfant, Salomon ordonna qu'on le coupât en deux, pour en donner une moitié à chacune d'elles. Celle qui supplia le Roi de confier l'enfant à sa rivale plutôt que d'acquiescer à ce barbare partage ne pouvait être que la vraie mère. Dans le cas d'Ariane et d'Isabella, les deux femmes ont fini par conclure un pacte, aussi fragile soit-il: celui de la co-habitation, en attendant que l'affaire soit bel et bien *tranchée*, quelles que puissent être les modalités d'un tel processus. Le tableau n'a donc pas lieu de leur déplaire. La gêne de Serge, en revanche, peut être lue comme le signe de son impuissance à jouer les Salomon. Ses méthodes coercitives échouent en effet à ramener Camille à de meilleurs sentiments (autrement dit, dans le giron de sa génitrice légitime), et, au lieu de faire planer sur l'enfant la menace d'une division interne, ce sont les mères qu'il sépare physiquement en faisant interner Isabella dans l'établissement psychiatrique qu'il dirige. Ce qui a pour conséquence de les rapprocher visuellement: le visage en pleurs d'Ariane ne tarde pas à céder la place aux larmes d'Isabella. La première est face au caméscope de son fils qui tournoie impitoyablement autour d'elle comme pour mieux inscrire et enfermer son image (le cercle concentrique ultime, générateur de vertige, demeurant celui tracé par la caméra de Ruiz). La seconde fait face à Serge qui lui assène une casuistique psychiatrique en vertu de laquelle elle ne saurait quitter l'asile tant qu'elle n'y a pas été proprement admise, et la contraint à une stratégie thérapeutique – 'dénouer, dénouer, retrouver le fil' – ne pouvant, paradoxalement, que la corseter et reconduire, en somme, à… Ariane! Quant à Camille, il a préféré fuguer, non sans avoir déchiré le Jugement de Salomon au mur.

Force est dès lors de constater que bien rares sont les comptes rendus qui s'aventurent à établir un lien entre les deux films. Une timide mise en regard peut toutefois s'esquisser sur la base d'un alliage de comédie de mœurs et de fantastique. Une comédie de mœurs plus sourdement acerbe chez Ruiz quant aux 'affaires de famille', là où domine chez Tuel la transposition moderne d'un imaginaire hérité des contes de Grimm ou de Perrault (et autrement thématisé par Delplanque dans *Promenons-nous dans les bois*): à l'heure du coucher, le Jacques d'*Un jeu d'enfants* lit par exemple l'Histoire de Boucle d'or et des trois ours à sa progéniture; dans *Comédie de l'innocence*, c'est le jeune Camille qui raconte à Isabella sa version personnelle de l'histoire du Petit Poucet – sans maman. Un fantastique oppressant de retenue et de suggestion, qu'on pourrait dire fidèle à l'esprit d'un Mario Bava dans sa période 'gothique'. Ainsi des libres mais non moins angoissantes circonvolutions, chez Ruiz, d'une caméra qu'on ne peut plus assigner à une subjectivité clairement identifiable, serait-ce celle d'une présence invisible ou hors champ, ou à un quelconque régime narratif: lors d'un long plan-séquence en forme de cache-cache, la caméra glisse de pièce en pièce, suivant Ariane, perdant son fil, le retrouvant jusqu'à ce que surgisse, phallique, un autre œil/objectif, celui du caméscope de Camille, brandi à bout de bras tel un périscope. Bava toujours, chez Tuel, pour les moments-chocs qui ne reposent sur aucun effet spécial, comme ce simple champ-contre champ, alors que l'on s'achemine vers le tragique dénouement, qui permet de passer du dernier et désespéré sursaut de tendresse maternelle qui jette Marianne dans les bras de ses deux enfants avant qu'elle ne réalise, avec horreur et dégoût, qu'elle enlace – ou croit enlacer – le vieux 'couple' des Worms.

C'est encore autour d'un glissement aussi progressif qu'inexorable du quotidien vers l'étrange qu'un rapprochement entre les deux films pourrait s'effectuer. Tuel n'observe-t-il pas le premier: 'ce qui m'intéressait dans le fantastique, c'était de partir d'une situation quotidienne, d'une peur que les gens puissent vraiment avoir. C'est en ça que je trouve que Raoul Ruiz est très intéressant, il propose des choses sans toujours donner de réponses. C'est comme dans les rêves'?[6] En outre, *Comédie de l'innocence* et *Un jeu d'enfants* ont en commun l'acteur Charles Berling, omniprésent, il est vrai, sur les écrans français depuis plusieurs années. Il compose pour Raoul Ruiz une figure avunculaire ambiguë. Il peut certes se montrer autoritaire et d'une raideur patriarcale lorsqu'il se croit tenu, en l'absence du père précisément (passé la séquence d'ouverture au cours de laquelle il se montre pour le moins froid et distant, ce dernier est en perpétuel voyage d'affaires) et en sa qualité de psychiatre, de mettre à la question tant le jeune Camille que sa mère 'fictive'. A l'opposé, son comportement dénote un risible infantilisme, lorsqu'il s'emporte violemment pour le simple motif que Camille joue avec une petite voiture qui lui appartenait enfant. Plus tard, c'est Ariane, décoratrice de théâtre de profession, qui reprochera vertement à Hélène, la jeune

---

[6] Interview du 20 juin 2001 accordé à Jean-Luc Brunet (www.monsieurcinema.com).

étudiante au pair, de lui avoir emprunté une poupée-objet de travail. Chez le frère et la sœur, la régression et la fétichisation infantiles font en somme pendant à la fixation compulsive de la mère de substitution sur l'enfant perdu-retrouvé. Dans le film de Laurent Tuel, Berling tient le rôle d'un père à la fois présent et absent, puisqu'il ne tarde pas à sombrer dans la prostration et l'égarement. D'un film à l'autre, c'est en définitive une même démission, une même impuissance de l'imago paternelle qui domine.

En ce sens, et en dépit de traitements incontestablement différenciés, il serait loisible de définir à partir des deux films une communauté d'inspiration jamesienne – la (psycho)pathologie familiale, pour ne rien dire ici de la question obsédante de l'innocence et de la corruption qui traverse l'œuvre de l'écrivain, étant loin d'être étrangère au biographe comme au simple lecteur de Henry James. Par son titre même,[7] le film de Ruiz fait signe vers l'une des adaptations cinématographiques – à ce jour, inégalée – de *The Turn of the Screw*, la célébrissime nouvelle de James: *The Innocents* (1961) de Jack Clayton, avec la sublime Deborah Kerr dans le rôle de la gouvernante confrontée à deux chérubins possédés par des esprits maléfiques, à moins que ce ne soit là que le fruit de ses propres névroses et inavouables pulsions. Au vrai, il n'est pas jusqu'aux effets de distorsion optique et chromatique des séquences tournées en vidéo par Camille (lui-même peut-être habité par le fantôme de Paul) qui ne soient susceptibles d'évoquer l'écriture jamesienne dont on a pu dire qu'elle tendait à adapter la technique picturale de l'anamorphose à la représentation littéraire. Même schéma, plus littéral encore, et même principe d'incertitude dans *Un jeu d'enfants*, si ce n'est que s'y greffe l'idée de retourner sur les lieux de son enfance: l'envoûtement des enfants par les âmes damnées des Worms est-il avéré, ou ne serait-ce pas plutôt un cas de psychose collective (en l'occurrence, familiale), de visions hallucinatoires que les problèmes oculaires de Marianne pourraient servir à motiver?

Un dernier fil resterait à tresser entre les deux films: le motif du baigneur (au sens du jouet en plastique figurant un bébé). Dans une scène d'*Un jeu d'enfants*, tandis que Marianne se lave dans une baignoire d'un rouge plus sanguin encore (tout comme le gant qu'elle

---

[7] Le roman original de Massimo Bontempelli s'intitule plus prosaïquement dans sa littéralité: *Il Figlio di Due Madri*.

utilise) que le reste de la salle de bains, la petite Aude vient se percher dangereusement sur le rebord, tout en actionnant un sèche-cheveux. Le geste est à la fois mimétiquement maternel (il est, dans l'immédiat, dirigé vers son poupard en celluloïd) et potentiellement anti-maternel (il fait planer sur Marianne la menace de l'électrocution). Aude restant ostensiblement sourde aux injonctions de sa mère, celle-ci se décide à intervenir pour lui faire brutalement lâcher le séchoir des mains. Gros plan sur le baigneur chu lui aussi dans l'eau du bain, gisant comme au-dessus d'une grande flaque de sang. Sur un plan tant visuel que thématique, cette scène entre en résonance avec un cauchemar de Marianne dans le premier tiers de l'histoire, suite au suicide de la garde d'enfants: elle trempe ses pieds dans l'eau d'une piscine, un bébé dans les bras; du bord opposé, Julien, aux côtés de sa sœur et de la baby-sitter, lui fait signe de la main; Marianne lève le bras pour lui répondre avant de s'apercevoir que son bébé a disparu; elle se jette à l'eau pour le retrouver, mais sans succès. Entre ces deux moments du film, le spectateur aura deviné que Marianne a souffert, plusieurs années auparavant, d'une grave dépression liée au deuil d'un très jeune enfant. Par la médiation du baigneur, c'est ainsi l'innocente idéalité du lien maternel à l'enfant qui se trouve questionnée. Chez Ruiz, une séquence vidéo tournée par Camille révèle à Ariane qu'Isabella, pour mieux parachever le transfert d'identités entre les deux garçons, a été jusqu'à faire subir à Camille l'épreuve du saut dans la Seine où son propre fils, Paul, a péri noyé. De ce rituel baptismal (s'agissant d'une nouvelle naissance) nécessairement élidé, on passe à un plan de la Seine et des pieds de la Tour Eiffel en arrière-fond tandis que se dessinent, en tout premier plan, la tête et le bras levé (mais estropié) d'une statuette d'enfant (elle-même tronquée par le cadre inférieur), posée sur le rebord intérieur d'une baie vitrée de la péniche, de sorte que cette figurine semble dès lors flotter, tel un baigneur, à la surface de l'eau, sur le point d'être englouti.

Le grain, le cadrage et les mouvements de caméra hétérodoxes ne font pas, en l'occurrence, qu'ajouter un caractère de surréalité, voire d'inquiétante étrangeté, aux scènes tournées par Camille. Car, ailleurs, ce sont parfois des effets d'anamorphose, qui tendent à une abstraction de formes et de couleurs déclinant, en quelque sorte, plus qu'un 'jeu d'enfant', ce qu'on pourrait appeler une *enfance* – assurément précoce – *de l'art*. A commencer par la séquence du générique: pressé par la voix off de sa mère de refigurer une série d'objets par nomination ('Camille – tu pourrais nous expliquer ce que nous en sommes en train de voir?'), Camille (ou sa voix tout aussi 'off') s'exécute ('cendrier... coquillages... réveil... plantes... hibiscus'), puis finit par les replonger dans le néant de la non-figuration ('rien... rien... rien'). Après la transition, elle aussi abstraite, d'un plan serré du chatoiement de la lumière sur le fil de l'eau, la diégèse s'ouvre alors sur les arabesques laissées par un coulis de framboise sur l'assiette de Camille (on jurerait l'empreinte d'une main) et que celui-ci se plaît à lécher, au grand dam de l'autorité parentale. Il serait évidemment tentant de faire du Camille cinéaste expérimental et volontiers non-narratif un double ou un relais du premier Ruiz qui, dans le présent film, se montre paradoxalement plus linéaire et discursif qu'à son ordinaire.

Dans un ample roman intitulé, de manière très significative en ce qu'il déplie la nature proprement filmique de l'imaginaire enfantin, *Le cinéma des familles*,[8] Pierre Alferi forge le vocable 'caméramoi' pour définir l'ego narcissique de son narrateur-enfant et la pulsion scopique de plus en plus dévorante (omnivoyance valant, en l'espèce, pour omnipotence, voire hyper-virilité) véhiculée par sa Bolex 16mm, 'membre ultime du foyer'. On posera, en guise de conclusion, que le *caméramoi* ithyphallique de Camille[9] est, pour sa part, le vecteur d'un donjuanisme de l'enfance qui à la fois refuse l'ordre ou le diktat de la mère unique et met à nu la part d'illégitimité qui régit par définition les rapports entre parents et enfants.[10] La rébellion des enfants terribles de Laurent Tuel est, quant à elle, plus ouvertement démoniaque et mortifère. Elle n'en participe pas moins d'une même machine fantas(ma)tique qui, des affaires de familles, fait des affaires de fantômes, à moins que ce ne soit l'inverse...

---

[8] Paris: P.O.L, 1999. Pour une lecture de l'hybridation du littéraire et du filmique à l'œuvre chez Alferi, voir Philippe Met, 'The Filmic Ghost in the Literary Machine' *Contemporary French and Francophone Studies*, 9.3 (Fall 2005).

[9] Ajoutons qu'*Un jeu d'enfants* nous montre, dès le début, le frère et la sœur engagés dans une partie de 'jeu des sept familles', modèle structurant que ne manque pas de réactiver le texte d'Alferi.

[10] En ce sens, *Comédie de l'innocence* est la continuation de *Généalogies d'un crime* (Ruiz, 1996) qui, associant les vertiges de la mise en abyme aux violences de l'Œdipe, explorait déjà la légitimité de la filiation, ainsi que l'enfance comme *lieu du crime*.

Annexe

1. Synopsis de *Comédie de l'innocence* (Raoul Ruiz, 2000)
Le jour de ses neuf ans, Camille annonce brusquement à Ariane
(Isabelle Huppert), sa mère, qu'il ne la reconnaît plus pour telle et la
conduit chez celle qu'il considère désormais comme sa seule vraie
mère, Isabella (Jeanne Balibar), dont le fils, Paul, s'avère s'être noyé
deux ans auparavant en tombant d'une péniche. Bon gré mal gré, un
modus vivendi précaire s'invente entre les deux femmes autour de
Camille. Ariane cherche à comprendre: s'agit-il d'un jeu? d'un
cauchemar? d'un phénomène surnaturel? d'un cas de psychose? Son
frère, Serge (Charles Berling), préfère, lui, faire enfermer Isabella
dans l'institution psychiatrique qu'il dirige. Des cassettes des films
tournés par Camille à l'aide de son caméscope finiront par donner la
clef de l'énigme: Camille avait tout simplement manigancé (et filmé)
l'affaire de la seconde mère avec Isabella, rencontrée par hasard au
Champ de Mars, et à la recherche d'un fils de substitution. La vie
'normale' peut dès lors reprendre son cours pour Ariane et Camille, et
le père absent (Denis Podalydès) rentrer de ses incessants voyages
d'affaires.

2. Synopsis d'*Un jeu d'enfants* (Laurent Tuel, 2001):
Marianne (Karin Viard) et Jacques (Charles Berling) mènent une vie
paisible avec leurs deux enfants, Aude et Julien, jusqu'au jour où ils
reçoivent la visite d'un vieux couple, le frère et la sœur Worms, qui
ont autrefois habité leur appartement. Dès cet instant, les événements
étranges s'enchaînent. Les portes se verrouillent toutes seules.
Marianne est arrêtée pour vol à la sortie d'un supermarché. Daphnée,
la baby-sitter, se pend. Jacques, en proie à des accès de colère très
violents, sombre dans une profonde crise d'angoisse au point de rester
cloîtré. Puis c'est Marianne, victime de fantasmes sexuels qui, à son
tour, n'ose plus sortir. Peu à peu, la jeune femme en vient à
soupçonner ses propres enfants. Un inspecteur découvre que les
Worms ont autrefois été assassinés par leur père. Prenant possession
d'Aude et Julien, ils semblent chercher à se venger des actuels
propriétaires. Marianne propose alors à Jacques de s'installer ailleurs.
Mais au moment de partir, leur voiture refuse de démarrer. Dans un
accès de folie, elle met involontairement le feu à l'appartement.

'Les enfants d'abord': Home and alternative schooling in contemporary France.

Jane Walling

At a time when challenges to and attacks on education seem to be on the increase, more and more parents are beginning both to ask themselves whether the conventional education system offers their children the best start in life and to show a new willingness to consider other options. This article will consider the phenomenon of the small but increasing number of people in contemporary France who are choosing (or sometimes being obliged) to take their children out of mainstream education either by sending them to one of a variety of alternative schools or by educating them at home themselves. It will give a brief overview of the different choices that are available to parents before discussing some recent issues that have arisen.

Although their precise motives will vary considerably, what all these parents or guardians seem to have in common is the desire to have their children educated not according to abstract adult-defined notions of desirable levels of attainment but in a way that they see as more orientated towards the needs and capacities of the growing child. 'Les enfants d'abord', the name of France's main home-schooling organisation, reflects this priority.[1] Deciding on a different type of education for their child often forms part of a more general reaction against social structures of power and conformity:[2] a significant

---

[1] This organisation disassociates itself from a defunct magazine of the same name whose title was taken from Christiane Rochefort.

[2] Pierre Bourdieu, for example, has examined how educated social groups use cultural capital as a strategy to hold and gain status and respect in society. For an overview of his analysis of education see Joy A. Palmer (ed.), *Fifty Modern Thinkers on Education: From Piaget to the Present* (London: Routledge, 2001), pp. 229-34.

number of these parents belong to the post-May 68 generation and see mainstream education as underpinning and perpetuating the capitalist system with its materialist, consumerist excesses.[3]

They are all in different ways reacting against France's still highly centralised and competitive education system which they see as encouraging above all conformity, by what has been described as its promotion of 'educational excellence as a means of forming a meritocratic elite at the service of the state'.[4] This emphasis on educational excellence involves the precocious intellectualisation of children through its academic syllabus and system of tests at the expense, it is felt, of other activities and skills, such as music, art and sport. Despite some recent changes, the French education system is still characterised by the importance of absorbing large amounts of information, a relative lack of creative work, and a schedule of regular testing which gives each child a clear sense of his/her position in the class intellectual hierarchy. What is more, the early 'scolarisation' (by the age of three, more than 80% of French children are attending full time) and the long school day (often from 8.30-11.30 and 1.30-4.30, usually with Wednesdays off)[5] are considered by many to be inappropriate and even harmful to the child's physical and emotional development.[6]

An increasing number of children are, for a variety of reasons, failing to cope in this kind of environment and often end up labelled and/or excluded. The lycée as 'galère' has become a slang term for having – and failing – to cope with the demands of the system.[7] Despite the republican ideal of social advancement through the

---

[3] Particularly topical is the debate about 'la marchandisation de l'école' which is the subject of two recent books in France: Christian Laval's *L'École n'est pas une entreprise* (Paris: La Découverte, 2003) and Samuel Johsua's *Une autre école est possible: Manifeste pour une éducation émancipatrice* (Paris: Textuel, 2003).
[4] William Kidd and Siân Reynolds (eds), *Contemporary French Cultural Studies* (London: Arnold, 2000), p. 52.
[5] Kidd and Reynolds, *Contemporary French Cultural Studies*, p. 54. French children spend more than 900 hours a year at school, compared to less than 700 hours for German, Austrian and Finnish children.
(www.understandfrance.org/France/Education.html, accessed 6 April 2005).
[6] The Swiss psychotherapist Alice Miller writes in a number of books about what she calls 'black pedagogy', namely the damaging effects of enforced early compliance and conformity. See, in particular, the French translation, *C'est pour ton bien: Racines de la violence dans l'éducation de l'enfant* (Paris: Aubier, 1984).
[7] Kidd and Reynolds, *Contemporary French Cultural Studies*, p. 60.

provision of equal opportunities at school and despite many notable exceptions, the gap in general is in fact widening between a successful educated elite and the academic failure of children from less privileged backgrounds. Finally, the argument is often put forward that mainstream education is taking place in a vacuum and is failing both to keep up with developments in society and to equip children with the skills needed to cope with the numerous technological, environmental, demographic and other changes that will confront them as they grow up.

In other words, schools are increasingly having to struggle to reconcile the demands of mass education with the need to modernise and adapt. These criticisms could, of course, be levelled at schools in a number of other Western countries and indeed they are. However, for historical reasons, which there is not space to develop here, the French attribute a great deal of importance to educational achievement and are extremely proud of their national tradition. The school is in fact the place where 'national identity is formed and constantly renewed'.[8]

It could therefore be argued that the great pride which the French take in their education system makes it more difficult for them to contemplate 'dropping out' and tends to make the state rather more interventionist and authoritarian in this area than is often the case in other countries. Whatever the reasons, it is certainly true that only a relatively small minority of French people choose the option of alternative or home-schooling, compared with the very large numbers doing so in the Anglo-American world, as well as in German-speaking and Scandinavian countries.

This cultural difference is nonetheless surprising if one considers the long line of French-speaking – often quite radical – pedagogical reformers and educationalists, starting with Rousseau and his rejection of conventional, formal education; and it is also perhaps surprising for a country which is famously 'contestataire', where there is no shortage of other alternative movements that challenge social

---

[8] Malcolm Cook and Grace Davis (eds), *Modern France: Society in Transition* (London: Routledge, 1999), p. 172. For more on the historical reasons for this republican, secular national identity see Sudhir Hazareesingh, *Political Traditions in Modern France* (Oxford: OUP, 1994).

norms.[9] A more detailed comparative cultural analysis would, however, take us too far from the subject of this article. One might, however, surmise that the overwhelming success of the recent film *Être et avoir* (Nicolas Philibert, 2003) is indicative of a general nostalgia for and interest in what in the English-speaking world has been called more 'human-scale' education.[10]

It should perhaps be made clear at the outset that we are not dealing here with religious schools which constitute the vast majority of private schools in France. Of the 14% of primary age children and the 20% of secondary age children attending private schools,[11] it has been estimated that between 90 and 95% are religious, mainly Roman Catholic. Rather what we are looking at are schools outside the mainstream which have different educational priorities (more artistic, social, practical), and often correspondingly different teaching methods and organisational structures. These alternative schools in France fall into two main categories. Firstly, there are a number of state schools, usually described as 'experimental', 'pilot' or 'écoles ouvertes', which offer an alternative approach. Secondly, there are private alternative schools. Here a distinction can be made between, on the one hand, those which belong to a larger international movement which is either foreign in origin (Steiner, Montessori, A. S. Neill-influenced), a category into which the vast majority of schools falls, or French (Freinet, Cousinet) and, on the other hand, those which are entirely independent, the result of local parental initiative and usually pedagogically more eclectic. It should be noted that, generally speaking, the younger the child, the wider the choice of educational alternatives. A not uncommon pattern is therefore for children to attend an alternative school or to be home-schooled for a

---

[9] See, for example, the current strength of the 'altermondialiste' movement. However, Hazareesingh's answer to the question 'Why no peace movement in France?' is perhaps also relevant to the domain of education. According to him, the reason 'why strong tendencies towards anti-conformist behaviour failed to be translated into organized political activity' is 'the vitality of the revolutionary tradition'. See Hazareesingh, *Political Traditions in Modern France*, pp. 180-1.
[10] *Être et avoir* followed a year in the life of a single-class rural village school, where a dozen children between the ages of four and ten were taught by a single teacher. 'Human-scale education' is a reform movement committed to creating and supporting small-scale learning communities based on the values of democracy, fairness and respect.
[11] Cook and Davis, *Modern France*, p. 180.

number of years before re-entering the public system at a later date in order to prepare for the rigours of the *baccalauréat* and university selection.

A number of specific, representative examples will now be considered, starting with alternative approaches within the state system. Firstly, experiences with what are sometimes referred to as the 'écoles publiques expérimentales' have been mixed. One of the oldest, founded forty years ago, is the *École élémentaire Vitruve* in Paris, seen by many as a model public non-selective school situated in a multi-cultural area. The school is not run according to any specific educational philosophy but owes its continuing success to the dedication of its teaching team, supported by the parents, and their sensitivity to the particular problems posed by what the school's self-description refers to as 'ce quartier particulièrement défavorisé' with its 'mosaïque interculturelle'. Their stated aim is 'que les enfants ne soient pas dès l'âge de huit ans exclus de la société de demain par leur échec scolaire' and they draw attention to an interesting statistic: '93% des enfants qui redoublent le Cours Préparatoire n'arriveront jamais en seconde de lycée'. Reasons for the school's continuing success which are sometimes cited include the use of the premises as a lively 'lieu de culture' for the whole neighbourhood, the fact that teachers have, untypically for France, 'mobilité institutionnelle' and can teach or otherwise become involved with a *variety* of year groups, the collective making of decisions by staff and the weekly meetings of the school council in which all pupils and all staff take turns in taking part. This school has gained a considerable reputation over the last forty years and but has inspired very few imitations.[12]

Founded in 1945, and equally renowned, is the *École Decroly* in Saint Mandé which runs through to the *3ème*. This is one of a number of schools inspired by the ideas of the Belgian educationalist, psychologist and doctor Ovide Decroly (1871-1932) who began his career working with special needs children but later applied his approach to children of all levels of ability. Characteristic of this approach are an emphasis on the milieu of the school and the involvement of parents, on the importance of experimenting and finding out for oneself (drawing particularly on the child's own fields

---

[12] *Des écoles différentes, alternatives éducatives* (Saint-Ouen: agence informations enfance, 2003), pp. 54-7.

of interest and moving from the concrete experience to the abstract idea rather than starting with the idea) and on the need to integrate an emotional and social dimension into the educational process. Subjects are not hierarchised and evaluation of children's work is not quantitative. Decroly himself summed up his project as follows:

> L'école impose l'immobilité et le silence à des êtres qui doivent apprendre à agir et s'exprimer. L'enfant a l'esprit d'observation: il suffit de ne pas le tuer. L'enfant associe, abstrait, généralise: il faut seulement lui donner l'occasion d'associer à des éléments d'ordre plus élevés, le laisser abstraire et généraliser sur des données plus nombreuses. L'enfant agit, crée, imagine, exprime: il suffit de lui donner les matériaux et les occasions pour qu'il continue à développer ses tendances actives. Pour ce qui concerne les méthodes d'acquisition des connaissances et des techniques, il faut accorder le plus d'importance à celles qui permettent la redécouverte, l'expérience personnelle, la réalisation individuelle et collective, en un mot, la solution complète des problèmes posés.[13]

The school was threatened with closure on a number of occasions but finally in 1986 received official assurance that its specificity would be respected. One problem that has emerged, however, is that, while the teachers are in sympathy with the approach and methods adopted, a number of the different Principals that have been appointed are clearly less so. This kind of tension is typical of many of the alternative schools in France.

Other innovations within the state system are rather more recent. In 1981-2 the then Education Minister, Alain Savary, gave carte blanche to four teams of innovators to set up what were referred to as 'lycées de la dernière chance', intended to try to motivate children that the system seemed unable to deal with, children that were considered almost beyond help. These schools were characterised by 'désectorisation, cooptation des enseignants [...] et parfois des élèves, quasi totale liberté pédagogique, relative indépendance administrative'.[14] Over twenty years later the *lycée autogéré de Paris (LAP)*, the *lycée* of Saint-Nazaire, and establishments in Hérouville and Oléron are still there and still without imitators or successors, described as last outposts of the

---

[13] *Des écoles différentes*, p. 58.
[14] *Des écoles différentes*, p. 33.

'esprit mai 68'.[15] Two of these have been relatively successful by virtue of maintaining and developing a coherent pedagogical project, *le lycée expérimental de Saint-Nazaire* (*cycle lycée* only) and the *collège-lycée expérimental de Caen-Hérouville* (*cycle secondaire complet*).

One of the founders of the school in Saint-Nazaire was Gabriel Cohn-Bendit, the brother of Daniel, and a leading figure in the area of alternative education in France. Following the election of François Mitterrand to the presidency Cohn-Bendit had written a letter to Savary asking him to consider different ways of dealing with what he called 'ces jeunes allergiques à l'autorité'. As Cohn-Bendit put it in the letter: 'nos établissements fabriquent des moutons ou des casseurs mais pas des citoyens'. To his great surprise this suggestion was greeted positively by the minister. 'C'est le grand miracle de ce qu'on a appelé "l'état de grâce" juste après l'élection de Mitterrand'. Indeed, Cohn-Bendit believes that Savary would have gone on to create a number of similar schools in each 'académie', had he not lost his position in 1984 to be replaced by Jean-Pierre Chevènement.[16] These lycées, which are close in spirit to A. S. Neill's educational initiative,[17] are characterised by an absence of punishments and of compulsion to attend, by an equal involvement of staff and pupils in all activites (decision-making, cleaning, preparing food etc.) and by a tendency to study certain topics over longer periods rather than dividing the syllabus up into discrete disciplines each of which is studied for an hour or less at a time. Students may or may not sit public examinations, as they wish. The pass rate at the baccalauréat is in fact between 20 and 25%. Experiences with these schools have been mixed: there have been remarkable successes with some recalcitrant pupils responding well to the responsibility given them, whereas others have taken advantage of their freedom. The present official attitude towards these schools seems to be to gradually neglect

---

[15] 'Lycées autogérés: l'expérience oubliée', www.empereur.com/lapdoc.html, accessed 16.02.04.
[16] www.oeil.electrique.free.fr/article.php3?numero=12&articleid=120, accessed 12 March 2004.
[17] For more details see Palmer, *Fifty Modern Thinkers on Education*, pp. 1-6 and Neill's seminal book *Summerhill* (London: Gollancz, 1962). This is an account of the setting up of a school of the same name in 1921, based on the revolutionary idea of pupil freedom and lack of teacher authority. Attendance was voluntary because children should be inspired by an 'inner compulsion' to learn.

and marginalise them in the hope that they will disintegrate of their own accord.

Within the state system the only example of a more coherent alternative pedagogy which has become somewhat better established is that devised by Célestin Freinet (1896-1996), probably the best-known twentieth-century French educationalist. There are a number of primary schools run according to these principles and some schools which contain a Freinet strand (often for pupils experiencing difficulties with conventional educational methods). The main characteristic of his approach, as indeed of all alternative approaches, is the fact that it is child-centred and involves working at the child's pace.

> Techniquement parlant, l'école traditionnelle était centrée sur la matière à enseigner et sur les programmes qui définissaient cette matière, la précisaient et la hiérarchisaient. A l'organisation scolaire, aux maîtres et aux élèves de se plier à leurs exigences, L'école de demain sera centrée sur l'enfant, ou elle ne sera pas.[18]

His most important concepts are 'la pédagogie du travail' (pupils learning by making useful products or providing useful services), 'le travail coopératif' (cooperation in the productive process), most famously 'le tâtonnement expérimental' (trial and error method involving group work), 'la méthode naturelle' (based on an inductive approach) and 'le complexe d'intérêt' (based on the child's curiosity). Probably his most influential innovation was the introduction of a printing press into the classroom which the children learned to use in order to reproduce texts which they had composed. These texts were presented to the whole class, discussed, corrected and edited before being finally printed by the children themselves working together. Variations on this approach continue to be used in Freinet schools or classes today.

In the eyes of many there is, however, a considerable discrepancy between a declared official willingness to try to deal with all levels of ability and backgrounds and the educational reality. For example, Minister of Education Lionel Jospin's 1989 'loi d'orientation' had as its stated aim: 'Promouvoir un enseignment adapté à la diversité des enfants par une continuité éducative au cours

---

[18] *Des écoles différentes*, p. 78.

de chaque cycle et tout au long de la scolarité'.[19] One particular initiative introduced by this Act, which was greeted with great optimism by many schools and parents favouring alternative approaches, was the compulsory school project or 'projet d'établissement'. This theoretically gave schools the opportunity to draw up a statement explaining their educational ethos and practice and was intended to encourage teachers to work in teams, to involve parents in the running of the school and to individualise pupils' learning experiences. However, the reality is often very different in practice. A report delivered to the Education Minister in February 1998 by Bernard Toulemonde of the 'Établissements et Vie Scolaire' group highlighted a number of problems. Where the school project has not disappeared altogether, it is often no more than a bureaucratic formality and where it is used, he says:

> Le plus souvent il ne mentionne que des objectifs très généraux, omet les résultats attendus, ne décrit que des activités diverses, généralement marginales et s'emploie à justifier les moyens 'extraordinaires' dégagés ou spécialement alloués. Tout se passe comme si l'essentiel de l'activité pédagogique ne relevait pas du projet, mais s'inspirait d'une autre logique de programmes et de moyens, alors que les objectifs et l'activité pédagogiques devaient être placés "au centre" du projet d'établissement.

What is more, although it is compulsory, its requirements and parameters have never been adequately defined: 'rien n'est dit sur ce que doivent être sa portée, les éléments incontournables de son contenu, ses rubriques obligées; enfin sa valeur d'obligation pour la communauté scolaire est plus qu'incertaine: aussi, ici et là, est-elle totalement refusée'.[20] Critics thus suggest that lip-service only is paid to the need for educational diversity and openness to alternative approaches, with any changes made being purely cosmetic and the system essentially remaining as monolithic and inflexible as ever.

Because of their frustrations with the state system, its perceived uniformity and indifference to alternative approaches, an increasing number of parents are, however, opting for the private sector. They decide, in other words, to 'changer d'école' and give up

---

[19] For more on recent educational reforms see Cook and Davis, *Modern France*, pp. 175-80.
[20] www.ecolesdifferentes.free.fr/art5j.htm, accessed 11 March 2004.

trying to 'changer l'école', as one alternative education publication
puts it. There are in France well over 2000 schools belonging to the
category of 'laïc privé' educating in all nearly half a million children.
It is worth noting that 'new schools have to operate successfully on
their own resources for at least five years before they are eligible to be
considered for state support'.[21] Private schools can either be
completely absorbed into the national public education system or else
have to embark on a careful process of negotiation with the
authorities. They can either be 'sous contrat' (where the government
pays the teachers' salaries and the school follows the national
curriculum and schedule) or 'hors contrat' (not subsidised by the
government and free to set and develop their own curriculum, in other
words, completely independent of government intervention, subject to
employing qualified teachers). Schools which are 'sous contrat' ask
parents to pay a relatively modest annual fee (sometimes as low as
400 euros per annum), while 'hors contrat' schools have fees that are
more in common with private schools anywhere in the world. There is
also, however, an important distinction between 'contrat simple',
where government requirements as to curriculum and testing are
accepted in exchange for staff salaries, as we have seen, and 'contrat
d'association', where some additional government control over
pedagogy and the selection of teachers is accepted in exchange for
operating expenses as well as salaries. Primary schools, with their
more limited funding needs, will more often choose the 'contrat
simple', while secondary schools, having higher operating costs, will
tend to choose the other option. However, to do so, they must
demonstrate that they have a distinctive character or philosophy which
is not catered for in the public system.

In 1984 the Savary plan, which proposed a single, secular
public serivce, was famously abandoned after mass rallies brought
more than an estimated one to two million people onto the streets.[22] In
1993, despite further demonstrations, François Bayrou pushed through
a vote amending the Falloux law (of 1850 which restricted local
authority funding of private schools) by allowing these authorities to
exceed the existing 10 percent limit. The current legal framework for
relations between the state and private schools was laid down by the

[21] Kidd and Reynolds, *Contemporary French Cultural Studies*, p. 103.
[22] Cook and Davis, *Modern France*, p. 181 and John Flower (ed.), *France Today* (London: Hodder and Stoughton, 1993), p. 175.

Debré law of 1959 (non-interference but monitoring and ensuring the republican values are maintained). However, this is clearly an area where feelings run high and where there is a constant tension between the uniformity of the state sector and the various alternative approaches which are to be found.

The most significant amongst these are, firstly, the Steiner and Montessori schools, both part of worldwide educational movements. The numerous Montessori schools are all 'hors contrat' primary schools. These are based on the ideas of Maria Montessori (1870-1952), prominent among which is that of 'périodes sensibles' in a child's development, during which he or she is fully absorbed by a particular need to be met, such as order, language, colour. Typically the child will work on any material that interests him/her until s/he is ready to move on. Teachers are trained to teach one child at a time and to oversee thirty or more children in mixed age and mixed ability classes, all of whom are working independently on a self-chosen project. There is particular emphasis too on education of movement and of character: children learn to take care of themselves, each other and their environment, to move gracefully and speak politely.[23]

Steiner schools in France are just one manifestation of a more general movement called anthroposophy founded by the Austrian thinker and educationalist Rudolf Steiner (1861-1925). There are some twenty in France out of over 800 worldwide. Steiner education is based on a holistic approach, balancing artistic, academic and practical work and adapting its methodology and curriculum to the child's evolving consciousness. For example, lower down the school all subjects are introduced through artistic mediums which are felt to be more appropriate to this particular developmental stage than listening to lectures and memorising. Another unique feature is that children have the same class teacher throughout primary school, from class 1 to class 7, although they are usually taught by other people for specific subjects. The length of this teacher-pupil relationship means that more long-term solutions can be sought for both academic and behavioural problems. The schools are non-denominational, with the philosophical and spiritual basis to this education system (dealt with by Steiner in numerous books and series of lectures) not being taught

---

[23] Palmer, *Fifty Major Thinkers on Education*, pp. 224-9.

to the children but informing the teacher's understanding of human development.[24]

Steiner schools tend to cover the child's entire school career and are often in the process of negotiating some kind of 'contrat' arrangement with the authorities. This makes them more vulnerable to state interference. One recent case that has arisen, for example, and that attracted a certain amount of media coverage concerns the relatively low uptake of childhood vaccinations amongst those attending Steiner schools because of a belief in the usefulness of childhood illnesses in building up and strengthening the immune system (30%, compared to 60% nationwide[25]). As a result considerable pressure was exerted on them by the authorities, despite the fact that this is a medical and not an educational issue and despite also the excellent public examination results achieved in these schools, namely an 85% pass rate at the baccalauréat, compared to the national total of less than 80%.[26]

The other main private school movements are both French in origin: 'la pédagogie institutionnelle' and *les écoles de l'Anen* (Association nationale pour le développement de l'Education Nouvelle). 'La pédagogie institutionnelle' was inspired by the teacher Fernand Oury (1920-1998) who declared himself unable to cope with the 'école-caserne': these 'hors contrat' primary schools combine the Freinet method with the insights of psychoanalysis, more specifically, the institutional psychotherapy of François Tosquelles, Jean Oury and Félix Guattari. Its theoretical basis focuses on three main areas: techniques, production and organisation (Freinet), the social group and its influence (Moreno, Lewin), the role of the unconscious (Freud, Lacan, Françoise Dolto).[27] The others, 'sous contrat d'association', are the inspiration of Roger Cousinet (1881-1973) and combine insights from a number of educational thinkers, reformers and child psychologists, including Montessori, Decroly, Dewey and Freinet. The organisation brings together a number of different types of school, all of which operate within the broad framework of

---

[24] *Fifty Major Thinkers on Education*, pp. 187-92. See also Lucy Mangan, 'Why aren't those kids in class?', *The Guardian*, 18 May 2005, pp. 16-17.
[25] 'L'enfance de l'art', www.steiner-waldorf.org/archives_actu/0110_technikart.html, accessed 21 April 2005.
[26] *Des écoles différentes*, p. 228.
[27] *Des écoles différentes*, pp. 106-9.

'L'Éducation nouvelle' whose central tenet is inspired by Rousseau and summarised as follows by Cousinet:

> L'enfance n'est pas du tout une voie d'accès ou une préparation; elle a une valeur en soi, positive, on ne doit pas maintenir les yeux de l'enfant sur l'issue de cette voie et le guider pour qu'il en sorte le plus tôt possible, mais au contraire lui permettre d'y séjourner le plus longtemps possible. Voilà la nouveauté pédagogique à laquelle on a pu donner sans exagération le nom de 'révolution copernicienne'.[28]

While education is of course compulsory in France between the ages of 6 and 16, it does not have to take place within a recognized educational establishment. The original law of 1882 states that it 'peut être donnée soit dans une école publique ou privée, soit dans les familles, par le père de famille lui-même, ou par toute personne qu'il aura choisie'. (Indeed, the freedom to educate one's children as one chooses is protected by the French constitution, as well as by Article P1-2 of the European Convention on Human Rights.) This law continues to apply today, despite various later modifications, and it provides the legal basis for home-schooling which will now be considered briefly. This movement began in the USA in the 1970s at the same time as 'free' or 'alternative schools' and has continued to spread at a considerable rate in the Anglo-American world over the last thirty years. There are estimated to be hundreds of thousands of North American home-schoolers, and approximately 170,000 in the UK, with the organisation 'Education Otherwise' reporting rising numbers of both proponents and enquiries.[29] In France the movement has been slower to develop but is practised by a determined core of 'free-thinking' parents – about 500 families – whose conflicts with the authorities have given rise to a number of interesting test cases recently.

In theory the procedure involved before beginning to home-school one's child is relatively simple. A letter informing the relevant 'académie' of the decision is sent either when a child is due to start school or at the beginning of the academic year. Once this simple

---

[28] www.ecolesdifferentes.free.fr/art15a.htm, accessed 11 March 2004. For more on l'ANEN see *Des écoles différentes*, pp. 129-48.

[29] See, for example, Kate Ashley, 'School's out for ever', *The Guardian*, 2 February 2005 (www.education.guardian.co.uk/schools/story/0,5500,1403758,00.html)

formality has been accomplished and an official confirmation of receipt obtained, the parents or guardians are free to embark on their project. However, new legislation was passed in 1998 to increase control over home-schooling. The law imposes at least annual inspections between the ages of 6 and 16 (as well as checks every two years by the mairie in order to establish 'les raisons alléguées par les personnes responsables') and defines a broad curriculum which all children must cover. If parents refuse to send their children to school after an order from the school inspector, they risk a heavy fine and even imprisonment. Inspection can, however, be avoided if home-schoolers can prove that they have enrolled in recognized correspondence courses from France.

While this may sound simple in theory, many families feel that the inspections are subjective, and the requirements vague, with approval depending very much on the whim of the local administrator. In order to help home-schooling families an organisation called 'Choisir d'Instruire Son Enfant' (CISE) was set up – also in 1998 – with the following aims: 'rompre l'isolement des familles et présenter l'instruction à la maison comme une opinion pédagogique légale et fiable'.[30]

Before concluding, it is perhaps worth looking at the 1998 law mentioned above in rather more detail as it has had a profound effect on not only home but also alternative schooling both directly and also more indirectly. In December 1998 the *Assemblée nationale* adopted unanimously and without any modification a proposal produced by the Senate aimed at reinforcing checks on 'l'obligation scolaire' and increasing sanctions for any infringements. However, the purpose of this law was not exclusively educational, as became clear when the then minister, Ségolène Royal, opened the debate by declaring: 'Le débat que nous ouvrons ce matin dépasse les clivages partisans parce qu'il concerne la protection de nos enfants contre l'emprise sectaire, l'embrigadement, l'aliénation de leur esprit de leur libre arbitre'.

In other words, it was aimed as much at protecting them from the influence of sects as at improving the quality of their education. According to a report from the previous June there were 1,263 children at primary level being educated by families *without* any connection with sects, 1,034 by 'familles sectaires' and 'environ 3,600

---

[30] www.cise.asso.free.fr, accessed 29 April 2005.

enfants scolarisés dans des établissements soupçonnés d'entretenir des liens avec des sectes'. At secondary level the number of the latter was said to be approximately 2,000.[31] This law can be seen as symptomatic of a tendency in France to make an oversimplified equation between alternative educational approaches and sectarianism and has in turn inspired large sections of the media and general public to do the same. The recent radicalisation of this uneasiness about collective identities – what one writer refers to as a 'sect fever'[32] – has made life even more difficult for home-schooling families and a number of the schools I have discussed here.

In this chapter I hope to have shown that, while in theory 'le pluralisme scolaire' does exist in France and is guaranteed by numerous laws, declarations and conventions at national, European and world level, in practice the reality is rather different and, what is more, strikingly different from a number of France's neighbours. Indeed, if anything, recently 'the future has become more problematic for non-mainstream movements in France', including schools.[33] 80% of all schools are state schools; the vast majority of the remainder are religious schools; this leaves only a small minority of schools in the 'privé laïc' category, of which again only a small minority could be described as alternative. Nevertheless a study of this small but important sector sheds an interesting light on the education system as a whole as more and more people are beginning to opt for what John Dewey described as 'progressive education'. This alternative approach, its methods and priorities, its emphasis on seeing the child as an individual and not as an exam statistic, a consumer or a future member of the work force, is still to a large extent the antithesis to what is happening in most schools today:

> To imposition from above is opposed expression and cultivation
> of individuality; to external discipline is opposed free activity; to
> learning from texts and teachers, learning through experience... to

---

[31] www.prevensectes.com/rev9812.htm, accessed 17 May 2005. See also Benjamin-Hugo Le Blanc, 'No Bad Sects in France' *Religion in the News*, Fall 2001, www.trincoll.edu/depts/csrpl/RINVVol3No3/RINVVol14No3/French%20sects.htm, accessed 16 February 2004.
[32] Le Blanc, 'No Bad Sects in France'.
[33] Le Blanc, 'No Bad Sects in France'.

static aims and materials is opposed acquaintance with a changing world.[34]

---

[34] Dewey is quoted in William Raeper and Linda Smith, *Brief Guide to Ideas: Turning Points in the History of Human Thought* (Oxford: Lion Publishing, 1991), p. 395.

V. La Famille au cinéma

Family Differences: Immigrant Maghrebi Families in Contemporary French Cinema

Carrie Tarr

In *La Famille en désordre* (2002), Elisabeth Roudinesco explicitly takes mutations in and challenges to the white (and often middle-class) western family as her object of study. The ethnocentrism of her approach, typical of psychoanalytic discourse and, arguably, dominant French culture in general, prevents her from addressing the impact of either cultural difference or histories of colonialism and migration on the definitions of, or lived experience of, the contemporary family in multicultural France. The immigrant Maghrebi family haunts her pages only as the unmentionable 'other', the implicit source of anxiety, along with other working-class or underclass families, in relation to one of the perceived catastrophes she refers to in contemporary French society, namely, the 'banlieues livrées au crime et à l'absence de toute autorité'.[1]

Elsewhere, as sociologist Nacira Guénif Souilamas points out in her study of young women of Maghrebi origin, the immigrant Maghrebi family is the object of incessant scrutiny as the intractable 'other' of western culture.[2] However, the tendency to naturalise and stigmatise Maghrebi culture as different, deviant and inferior – even threatening to Republican values – is another way of denying the ongoing interweaving of the past and present of both former coloniser and former colonised. For Guénif Souilamas, the dynamics of

[1] Elisabeth Roudinesco, *La Famille en désordre* (Paris: Fayard, 2002), p. 11.
[2] Nacira Guénif Souilamas, *Des 'beurettes' aux descendants d'immigrants nord-africains* (Paris: Grasset, 2000). She points out that the word 'maghrébin', despite its derivation from the Arabic for 'west', is used in dominant French culture to denote the opposite of 'occidental' (p. 34).

immigrant families need to be understood both in the changing context of post-colonialism, migration and exclusion, and in terms of the changes taking place in a global post-industrial society which put all lower-class families in France under pressure, particularly through the combination of unemployment or loss of secure employment with increasing consumerism and individualism.

The aim of this chapter, then, is to provide a broad overview of competing representations of the immigrant Maghrebi family in French feature films since the mid-1990s. Do they, like Roudinesco, tend to evacuate or demonise the immigrant family or, alternatively, as Guénif Souilamas advocates, do they take account of historical factors and current socio-economic and cultural change? The chapter draws on a range of examples, from mainstream comedies to films of personal self-expression, taken first from white-, then from *beur*-authored films, and argues that authorship is a key factor in the way in which the immigrant Maghrebi family is represented.

Dominant media representations of the immigrant Maghrebi family in France have tended to focus on questions of integration and identity relating to the problematic 'second' or '*beur*' generation. They have conventionally constructed the family as a site of conflict, different from its western counterpart because of generational and gendered divisions between parents wedded to traditional and outmoded patriarchal Arabo-Berber-Islamic values and young people seeking, with greater or lesser success, to locate themselves in relation to western culture as well as – or rather than – their parents' culture of origin. As Guénif Souilamas points out, the attribution of a double culture to the second generation, potentially a source of cultural enrichment, is also a way of reifying their difference and refusing to acknowledge the multiple and complex ways in which all identities are negotiated. However, as the use of the abstract expression, 'issus de l'immigration' indicates, the dominant culture prefers both to insist on their difference and simultaneously deny the specificity of their history and genealogy,[3] suggesting – in line with French universalism – that their best hope for integration lies in severance from their family's imagined culture of origin.

---

[3] Guénif Souilamas, *Des 'beurettes' aux descendants d'immigrants nord-africains*, p. 43.

The ambivalent focus on the younger generation's potential for integration through assimilation tends to leave out of account the diverse responses of the Maghrebi family not only to the changing experiences of immigration and exile (for example, the isolation and exploitation of first generation migrant male workers and of the young families who later came to join them, separated from their homeland and their extended family/community, and the challenges to and rifts in family life occasioned by their children's endorsement of western values) but also to the persistent racism and exclusion operated by the host culture and to the changes in the economy which have resulted in high unemployment and high levels of delinquency among young Maghrebis, a devaluation of the immigrant father's low-paid unskilled labour, and, ultimately, the failure of the migratory project, since such a large proportion of the younger generation are unable to achieve the upward social mobility they and their parents aspire to. Arguably, recent tendencies among young people of Maghrebi descent to assert their difference (through reclaiming their Maghrebi cultural heritage, adhering to Islam, wearing the veil, and so on) should be read not as signs of the impermeable, unassimilable nature of the Maghrebi family but rather of the new ways in which oppressed individuals are negotiating their identities in a context of exclusion and discrimination.

White-authored films
Films of the 1990s directed by white filmmakers and focusing on members of the *beur* generation tend either to evacuate or marginalise the immigrant Maghrebi family, or to represent it through negative stereotyping. In the first case, the marginalisation of the individual's family background implicitly endorses the view that the ability to integrate, even if only within the underclass youth culture of the *banlieue*, depends on the degree of distance from (and therefore the break-up of) the immigrant family. For example, Mathieu Kassovitz's *La Haine* (1995), the most widely distributed and successful example of the *banlieue* film, omits any representation of the home life of its Maghrebi protagonist, while Thomas Vincent's *Karnaval* (1999) and Christian Vincent's *Sauve-moi* (2000) represent the immigrant Maghrebi family by means of a brief single sequence which functions to establish its 'otherness' and positions the spectator to sympathise

with the son's need for separation.[4] In the latter case, the parents' generation may be represented more extensively, but – with the important exceptions of Philippe Faucon's *Samia* (2001) and Jean-Pierre Sinapi's *Vivre me tue* (2003), discussed below – in such a stereotypical way as to attribute the rebellion or deviancy of the *beurs* to the inadequacies of the immigrant family rather than to the wider context of the oppressive socio-economic climate in the *banlieue*. For example, in Thomas Gilou's *Raï* (1995), one Maghrebi family is depicted as driving their daughter away by denying her her autonomy, while another is entirely given over to drug-dealing; in Fabrice Génestal's *La Squale* (2000), the dysfunctional family of the rebellious *beurette* is made evident through the father's absence, the mother's ill health and the elder son's assumption of an abusive patriarchal power.

These strategies are also to be found in films that locate young people of Maghrebi descent within alternative, elective inter-ethnic families, which could otherwise be seen to have a progressive anti-racist agenda. For example, Coline Serreau's *Chaos* (2001) is an ostensibly feminist film which nevertheless depends on the negative stereotyping of the immigrant Maghrebi family; Olivier Ducastel and Jacques Martineau's *Drôle de Félix* (2000) promotes a positive representation of an actively sexual gay man with AIDS but at the same time evacuates his Maghrebi family. These two films merit further attention.

Chaos is structured through the fortuitous juxtaposition and coming together of the lives of two women, white professional Hélène (Catherine Frot) and *beur* prostitute Malika/Noémie (Rachida Krim), who help each other get revenge on the men who exploit them, and end up sharing a house and bench by the sea with Hélène's mother-in-law, whom they have saved from neglect, and Noémie's sister, whom they have saved from a forced marriage. The film thus creates a new family consisting of women of different classes, generations and ethnic backgrounds, all of whom have escaped patriarchal oppression. However, Hélène's domestic oppression by her bourgeois husband and son, rendered in comic mode through the use of well-known actors, is incommensurate with Noémie's oppression as a girl by her

---

[4] A more detailed analysis of most of the films mentioned here can be found in Carrie Tarr, *Reframing difference:* beur *and* banlieue *cinema in France* (Manchester and New York: Manchester University Press, 2005).

stereotypical working-class immigrant family, rendered in more melodramatic mode by a cast of unknowns. A cartoonlike flashback shows how Noémie was brutally separated from her mother (who was driven to suicide), exploited by her stepmother, and destined by her father for a forced marriage back in Algeria. The family's treatment of her is seen as directly responsible for her running away and falling into the hands of equally stereotypical East European pimps. In other words, Serreau completely demonises the immigrant family, as well as (male) immigrants more generally, refusing to offer any alternative to the abusive, monolithic patriarchal power system that she first constructs, then condemns.[5] In contrast she grants the erring males of the white French bourgeois family both interiority and a degree of repentance.

As for *Drôle de Félix*, the film evacuates the Maghrebi family entirely. The eponymous mixed-race hero, played by star *beur* actor Sami Bouajila, cheerfully identifies himself as a native of Normandy, never having known his Algerian father. When he discovers his father's address among his (dead) mother's possessions, he sets off from Dieppe for Marseilles to look him up; but his quest is met with discouragement or derision, both from his white lover, Xo, and from the people he meets on his journey. Instead, each new episodic encounter is accompanied by an intertitle announcing, for example, 'mon cousin', 'ma soeur' and, most notably, 'mon père', a man Félix meets fishing just before he reaches Marseilles. These encounters demonstrate Félix's ability to create a surrogate non-Maghrebi family for himself wherever he goes (with the exception of the racist thugs in Rouen). As in *Chaos*, then, the film constructs an elective family born not of flesh and blood but of ways of relating which, in this case, do not discriminate between whites and *beurs*, gays and straights. However, Félix's decision to give up the search for the biological father he never knew endorses a negative view of the immigrant's role in the mixed-race family, as well as suggesting that his Algerian cultural heritage is unnecessary for his sense of self. The film plays off imagined, negative immigrant Algerian family relationships

---

[5] Serreau effectively kills off the 'good' biological mother, whose close relationship with her daughter might have led to a different outcome: a flashback shows the mother being punished for adultery when Noémie/Malika was still a child in Algeria, and then committing suicide.

against more modern modes of relating and denies its protagonist the chance to cultivate and take pleasure in a more hybrid identity.[6]

Félix's sexual identity raises a third issue in relation to the representation of the immigrant Maghrebi family, namely the perceived threat of the sexually active heterosexual Maghrebi male in films aimed at majority audiences. One of the biggest box office hits of 2003 in France, Merzak Allouache's *Chouchou,* adapted from the stage-play of the same name by Gad Elmaleh (who is of Jewish Moroccan descent), is an apparently progressive romantic comedy/farce which centres on a lovable camp, gay, transvestite Algerian immigrant (Gad Elmaleh), who ends up 'marrying' the aristocratic white Frenchman he falls in love with. Like *Drôle de Félix, Chouchou* sets up an idealised alternative community, a multi-ethnic family of gay men and their friends. However, it is not one which is going to give birth to a new generation. As one critic declared, 'La testostérone de l'arabe hétérosexuel fait peur'.[7]

Although a number of white-authored films do allow the young heterosexual Maghrebi to form a (usually mixed-race) couple, such couples are rarely successful, and even more rarely lead to the establishment of a family. In Anne Fontaine's *Les Histoires d'amour finissent mal en général* (1993), the *beurette* protagonist, torn between her Maghrebi and her white French lover, ends up with neither. In Bruno Dumont's *La Vie de Jésus* (1997), the *beur* protagonist is kicked to death before he can form a settled relationship with a white French girl. However, the ambivalence with which the sexuality of the *beur* is addressed in mainstream cinema is most evident in Jean-Marc Longval and Smaïn's comedy, *Les Deux papas et la maman* (1996). The plot centres on the virtually taboo topic of miscegenation through the decision of an impotent executive (Antoine de Caunes) to persuade his virile but accident-prone *beur* friend (Smaïn) to donate sperm to impregnate his (white) wife. His wife becomes pregnant, but Smaïn himself has an accident which leaves him impotent. Thus, though a *beur* character becomes the biological father of a mixed-race baby, he is also punished for his otherwise disturbing fertility.

---

[6] This contrasts with the ending of Abdelkrim Bahloul's *Les Soeurs Hamlet* (1998), when a telephone call from two mixed-race sisters to their absent Algerian father suggests that their reunion will enable them to come to terms with their bicultural identity.

[7] S. Bou, '*Chouchou,* de Merzak Allouache', *Charlie hebdo,* 9 April 2003.

Faucon's *Samia* (2001) and Jean-Pierre Sinapi's *Vivre me tue* (2003) are exceptions to the case made above in that they firmly situate their *beur* protagonists within the context of the immigrant Maghrebi family. However, both films are adaptations of semi-autobiographical texts by a *beur* (or supposedly *beur*) writer: *Samia* is based on Soraya Nini's *Ils disent que je suis une beurette* and adapted in collaboration with the author; *Vivre me tue* is based on the novel of the same title by Paul Smaïl (subsequently exposed as the *nom de plume* of Jack-Alain Léger). Because they centre on *beur* characters and *beur* points of view, their representations of the immigrant Maghrebi family have more in common with the *beur*-authored films analysed below.

Set in Marseilles, *Samia* portrays a seemingly stereotypical *banlieue* family in which the eponymous Samia and her sisters, caught between peer group and family pressures, strive to achieve a measure of freedom but are systematically repressed by their superstitious mother, their authoritarian but dying father and their even more authoritarian brother. However, the film avoids stereotyping by providing a documentary-like portrayal of the two generations in question, including positive representations of the intimacy between the sisters. It makes clear that the old man's ill health and fragility is the product of immigration and exploitation by the French and that the son's brutality towards his sisters is a reaction to his exclusion from – and emasculation within – French society. It also depicts a range of ways is which the children negotiate their lives – if one sister opts for studying as way of achieving a measure of independence, another runs away from home to live with a white French boyfriend (following the model of the elder brother, who is living with a white French girlfriend), while Samia herself is in constant battle with her mother and brother. But the film (unlike the source novel) offers a relatively open ending for the family through its representation of an unexpected shift in the mother's attitude to patriarchal authority. After the death of her husband, and after witnessing Samia's refusal to undergo the humiliation of a virginity test, forced upon her by her brother, the mother, hitherto supportive of her son, warns him that on her return from Algeria, there is to be an end to his coercive behaviour. It thus opens up the possibility that Samia's identity as a young Frenchwoman of Maghrebi descent may be negotiated through changes from within rather than through the break-up of the immigrant Maghrebi family.

Vivre me tue is a meditative film, the opening frame story of which is set in Hamburg where Paul, a young Frenchman of Maghrebi descent (Sami Bouajila) has come to visit his dying younger brother, Daniel (Jalil Lespert), in hospital. The film's narrative reconstructs in flashback their shared yet differing trajectories, one an arts graduate seeking a job in business, the other a body-builder ill at ease with his sexuality, both negotiating their identity within the context of a traditional immigrant Maghrebi family and a racist host society. If the film tends to marginalise the mother, it foregrounds the young men's relationship with their retired father and their awareness of their failure to live up to his desire for them to make a success of their lives and continue the family line. The father emerges as a strong character, not a victim of France's immigration policies (as in *Samia*), but an exemplary worker with the SNCF, greatly respected by the former colleagues who attend his funeral. His death is followed by the death of the gay brother from an illness related to his illegal body-building drugs, while the main protagonist's relationship with a young white Frenchwoman falls to pieces.

It is surely significant that both these films (unlike most of the other films cited to date) insist on the positive contribution of the father to the French economy, but also foreground his death, thus creating a space for rethinking the patriarchal model of the immigrant Maghrebi family (though not as yet one which results in the formation of a new family). In *Vivre me tue*, the remaining son decides to turn down the job he is eventually offered (which would mean recuperation into the system) and instead starts to write up his experiences. His decision is representative of the choice made by a number of *beur* writers and filmmakers, whose work continues to problematise the place of the Maghrebi family within, as opposed to without, French culture.

Beur-authored films
The majority of *beur*-authored films made since the mid-1990s actively set out to counter the absence or negative stereotyping of the immigrant Maghrebi family to be found in dominant cinema. As in *Samia* and *Vivre me tue*, the problematic identity of the *beurs* is played out in the context of both the wider French community and the

immigrant family; and although the family is acknowledged as a site of inter-generational conflict, members of the older generation are also constructed as recognisable individuals, able at times to accommodate change, their values and attitudes placed in context. For example, Karim Dridi's *Bye-Bye* (1995) includes the sympathetic representation of an immigrant Maghrebi mother who helps her daughters with their English homework and enjoys a cigarette. Zaïda Ghorab-Volta's *Souviens-toi de moi* (1996) shows the isolation and sadness of the parents caused by their displacement in France. In more comic mode, *Salut cousin!* (1996) by Merzak Allouache (admittedly an émigré Algerian director rather than a *beur*) confounds dominant expectations by constructing a *banlieue* family in which, though the parents are practising Muslims who watch Algerian television, two sons are successfully working in the USA, the daughter runs her own taxi business, and the mother enjoys an independent social life. In other words, the parents have adapted to life in France and globalisation without either abandoning their culture of origin or losing touch with their three well-integrated children. Abdelkrim Bahloul's crime thriller, *La Nuit du destin* (1999), also constructs a modern immigrant Algerian family in which the parents' practice of Islam does not stand in the way of their son achieving success as a radio presenter, nor of their own civic duty.

In addition to presenting the parents' generation as individuals, recent *beur*-authored films have also attempted to retrieve the immigrant family from the silence of dominant history, evident in Yamina Benguigui's highly acclaimed documentary *Mémoires d'immigrés* (1997/8). The trials and tribulations of first generation Algerian immigrants in the 1960s and 1970s have been reconstructed in Rachida Krim's *Sous les pieds des femmes* (1997), Christophe Ruggia's adaptation of Azouz Begag's *Le Gone du châaba* (1998), Bourlem Guerdjou's *Vivre au paradis* (1999), Yamina Benguigui's *Inch'Allah dimanche* (2001) and Chad Chenouga's *17, rue Bleue* (2001). These films foreground first generation immigrants as members of a family, young parents struggling to create a better life for their children, the future *beur* generation. At the same time, they are not uncritical of the patriarchal structures of Algerian family life. Indeed, *Sous les pieds des femmes* constitutes a forceful attack on the failure of the Algerian Revolution to address women's emancipation; and, along with *Vivre au paradis* and *Inch'Allah dimanche*, it provides a critical demonstration of the power relations at work within the displaced Algerian couple, pointing to the need for and possibility of change, in particular through the adaptation of women/mothers to their changing roles in exile.

In *Vivre au paradis,* set in the late 1950s/early 1960s, young mother Nora (Fedila Belkebla) rebels against her husband's attempts to confine her to her domestic role and becomes an FLN activist; in *Inch'Allah dimanche*, set in the 1970s, Zouina (Fejria Deliba) similarly rebels against her domestic confinement, and makes friends in the outside world which gives her the strength to challenge her husband. In both instances, however, the authoritarian attitude of the young father is shown to be exacerbated by the traumas of displacement, exploitation and humiliation suffered in France. In *Sous les pieds des femmes*, Aya (Claudia Cardinale/Fejria Deliba) has an adulterous affair as well as becoming an FLN activist, but eventually builds a relationship with her husband based on mutual respect, and a family life which happily accommodates her daughter's marriage to a white Frenchman and a loving relationship with her mixed-race grand-daughter. In contrast *17 rue Bleue*, set in the 1970s, provides a tragic counter-example of an Algerian immigrant woman with a young illegitimate family who is unable to adapt to life in France after the death of her (married) white French lover, and is eventually destroyed.

These creative memories of the immigrant family constitute a belated recognition of the part played by first generation immigrants in the postwar history of France and demonstrate that the beurs, who are incorporated within the texts as children, are not just 'issus de l'immigration', but have a concrete, material history, rooted in the varied, troubled experiences of their parents. They thus create the family genealogy, and its connectedness with the history of colonisation, which is so often missing in dominant French representations of young people of Maghrebi descent. The desire for a greater understanding of the *beur*'s family background and Maghrebi heritage is also to be found in a number of recent journey films which depict either a beur's return to the supposed homeland, as in Mehdi Charef's *La Fille de Keltoum* (2002), Tony Gatlif's *Exil(s)* (2004) and Hassan Legzouli's *Tenja* (2005), or in the case of Ismaël Ferroukhi's *Le Grand voyage* (2005), a pilgrimage to Mecca undertaken by father and son.

If these films allow for a better appreciation of the *beurs'* family and cultural heritage, however, they do not show how this might enable the younger generation to feel more settled. *Sous les pieds des femmes* is extremely unusual in its representation of Aya's daughter as a young *beur* woman, married to a white Frenchman, with a child of her own. It is striking that most *beur*-authored films to date are unable to envisage the *beurs* themselves giving birth to a new generation, and are even less likely than white-authored films to envisage the successful formation of either a *beur* or a mixed-race couple. Films like *Comme un aimant* (Akhenaton and Kamel Saleh 2000), *La Maîtresse en maillot de bain* (Lyèce Boukhitine 2002) or *Wesh wesh, qu'est-ce qui se passe?* (Rabah Ameur-Zaïmèche 2002), like the *beur* films of the 1980s, typically focus on the construction of alternative families based on male peer group inter-ethnic friendships, as do the films of Djamel Bensalah, *Le Ciel, les oiseaux... et ta mère* (1999) and *Le Raïd* (2002). Their central male protagonists may now often be closer to thirty than to twenty but, as in *Vivre me tue*, they still have no jobs, and no place or family of their own. I will take the case of *Wesh wesh* as an example.

Ameur-Zaïmèche's *Wesh wesh, qu'est-ce qui se passe?* (which was awarded the Louis-Delluc Award for Best First Film in 2002) is a low-budget film which took several years to make and creates roles for several members of the director's own family. Opening with the return to the Parisian *banlieue* of Kamel (Rabah Ameur-Zaïmèche), who has been deported to Algeria after a five-year prison sentence in France, it is dedicated to all those who have suffered from the invidious 'double peine'. It centres on the intertwining lives of Kamel, who has no papers and is unable to regularise his position and get a job, and one of his younger brothers, Mouss (Ahmed Hammoudi), who makes no attempt to find a job but gets increasingly involved in drug-dealing. Their lives contrast with that of their westernised lawyer sister, who has managed to escape the oppressive atmosphere of the *banlieue* housing estate by moving in to live with her white boyfriend. The disordered lives of the two brothers are set within the context of the immigrant Maghrebi family, focusing in particular on their relationships with their mother. The father runs a boutique selling North African artefacts and dreams of the villa he is building in Algeria, but is unable to help his sons get jobs. The mother's role is more developed. Wearing traditional dress and speaking for the most part in Arabic, she is the one who is closest to her children, preparing food with her daughter (whose social and geographical mobility does not prevent her from maintaining an attachment to her family), worrying about Mouss and trying to marry off Kamel. One of the most humorous scenes in the film is provoked by her disapproval of the visit of Kamel's white girlfriend, a local teacher, when her daughter is forced to translate her insulting remarks in Arabic into polite nothings. More importantly, however, she inadvertently plays a crucial role in the plot. When the police come to arrest Mouss, the mother gets sprayed with tear gas and has to be hospitalised. In order to avenge her (and by extension, all citizens of Maghrebi origin who are mistreated in France), Kamel ambushes and sprays one of the policemen, and pays the price by becoming in turn one of his victims. The film thus ends with the immigrant Maghrebi family in complete disarray, one of the sons in prison, the other, it is presumed, dead. It shows absolutely no prospect of male members of the *beur* generation being able to settle down and form a family of their own.

Wesh wesh is perhaps particularly pessimistic, but its uncertainty about the future of the *beur* generation is typical of the majority of *beur*-authored films. Why should this be the case? Is it because, knowing that their films need to attract majority audiences, *beur* directors remain cautious about expressing the active sexuality of the *beurs* and unwilling to expose tensions between the generations over appropriate marriage partners, for example? Is it because the formation of a family would suggest a degree of settlement and stability in a multicultural France which would belie their desire to express the *beurs'* continuing sense of alienation? Whatever the case, clearly their films do not address the range of realities relevant to the contemporary families of the *beur* generation themselves, whether they are formed through marriage or cohabitation, mixed-race or gay, created through childbirth or through other forms of procreation and filiation. Though they may strive to confound stereotypical or essentialist representations of the family by attending to the specificity of the postcolonial socio-economic context of immigration and settlement in France and/or by introducing a plurality of voices from within the immigrant Maghrebi family, they also demonstrate the limitations of the ways in which the immigrant family can be represented in the context of French ethnocentrism.

Girls on Film: Mothers, Sisters and Daughters in Contemporary French Cinema.

Fiona Handyside

My foot slipped into the glass slipper. I was Mrs Elvis Presley.
(Priscilla Presley)

The above quotation, from a 1988 TV movie, opens Hilary Radner's discussion of contemporary Hollywood film and its continuing reliance on the 'Cinderella' or marriage plot. Although given the changing dynamics of heterosexual relations (especially the entry of women into the workforce and later marriage, giving rise to the single but sexually active 'Cosmo girl' of popular culture), these plots no longer require sexual continence from the heroine, they still revolve around the idea that marriage is a just reward for an innate feminine goodness and that female maturation and recognition occurs primarily in the marital bed.[1] It is striking that genres that address themselves to female audiences and showcase female stars – musicals and romantic comedies – tend still to end with heterosexual couple formation (and usually implied marriage). However, psychoanalysis tells rather a different story. The defining romance for the psychoanalytic narrative is not that of marriage, but that of a family romance – father, mother and child. Psychoanalysis unravels the development of the individual within this nexus: in this discourse, the successful socialisation of an adult is signalled indeed by their desire to reform their own triangle. The family then forces us to re-consider the way in which individual subjectivity is negotiated: not between Self and Other, but rather in a more   complex   set   of   inter-relationships   between   various

---

[1] Hilary Radner, 'Pretty is as Pretty Does: Free Enterprise and the Marriage Plot', in Jim Collins, Hilary Radner and Ava Preacher (eds), *Film Theory Goes to the Movies* (New York and London: Routledge, 1993), pp. 56-76.

manifestations of the self and of the other. Far from being the end of the story, couple formation is posited here as the beginning of the long and often difficult journey of family life.

Hollywood cinema has neglected the triangular nature of the family romance in favour of the marriage plot, whose mechanics resolve gender difference. For example, Jane Feuer argues that the omnipresence of marriage at the end of the Hollywood studio musical represents the synthesis of its key oppositions of singing and speaking, sound and image, dream and reality, narrative and 'number', through the reconciliation of the binary opposition of gender in the harmony and blending of marriage.[2] In contrast, French film has a tradition of playing out the triangular nature of the family romance and the concomitant confusion and collision of roles within the family sphere. The French 'musical' *Les Parapluies de Cherbourg* (Demy, 1964) famously forces its heroine played by Catherine Deneuve to choose between a car mechanic, the father of her unborn child, and a diamond merchant. The film finishes with its chief protagonists separated by a large expanse of snowy garage forecourt rather than locked in a warm embrace, and the mechanic's daughter being raised by the jeweller.

Two key New Wave films, *Jules et Jim* (Truffaut, 1961) and *Une femme est une femme* (Godard, 1961) both create uncertainties about role and gender in the heterosexual couple by turning to the triangular relationship as a metonymically symbolic way to re-examine our understanding of how the family functions. *Jules et Jim*, traditionally read as a drama of adultery, in fact asserts a relationship of equal intensity between all three of its protagonists (indeed, its title hints as the disavowed homoerotic relationship between Jules and Jim). As Jill Forbes concludes, 'when Catherine kills both herself and Jim, Jules is less devastated than he might have been since their death helpfully resolves the ambivalence of his feelings by means of a symbolic fusion.'[3] *Une femme est une femme* similarly dramatises a woman oscillating between two partners, in a witty rather than morbid mode. It would be impossible, not to say tedious, to enumerate all the threesomes of French film, but one can trace a thread from *La Maman et la putain* (Eustache, 1973) and most Blier films of the 1970s and

---

[2] Jane Feuer, *The Hollywood Musical* (Basingstoke: Macmillan, 1993).
[3] Jill Forbes, 'Design for Living: the Family in Recent French Cinema', in Rosemary Chapman and Nicholas Hewitt (eds), *Popular Culture and Mass Communication in Twentieth Century France* (Lampeter: Edwin Mellen, 1992), pp. 114-125 (p. 118).

the 1980s to such contemporary films as *Un coeur en hiver* (Sautet, 1995), *Love, Etc* (Vernoux, 1995) *Nettoyage à sec* (Fontaine, 1997), *Nathalie* (Fontaine, 2003), *La Nouvelle Eve* (Corsini, 1999) and *La Veuve de Saint-Pierre* (Leconte, 2002).

As Forbes contends, French cinema uses the triangular relationship in order to undermine the traditional function of the family in popular cinema. By revealing the family to be a set of unstable and differing roles through recourse to the figure of the triangle, French cinema challenges the hegemonic status of the family both in cinematic representation and in society more generally, because it allows roles to shift across generations and genders and uncovers the conflicting needs the family tries to service. The emphasis on heterosexual couple formation in Hollywood cinema in fact hides the mechanics of the family structure in patriarchy. The 'winning' couple in the triangular family romance is not the man and woman, but the father and son. If the family traditionally symbolises the transmission of values and property from one generation to another, it does so at the expense of women. Women become side-lined, for the marriage plot, as Eve Kosofosky Sedgwick has demonstrated, turns not on a partnership between a woman and a man, but between two sets of men. 'The total relationship of exchange which constitutes marriage is not established between a man and a woman, but between two groups of men, and the woman figures only as one of the objects in the exchange, not as one of the partners.'[4] The daughter is passed from the father of one family to the son of another: an arrangement between male groups to ensure the correct passing of power from one generation to the next. This power is symbolically invested in the patriarch, in his property, and especially his name. In the heterosexual marriage plot, this positioning of the woman is disavowed. In film, the woman's ultimate invisibility in patrilineal formulations of the family is hidden under the sparkling gloss of her cinematic beauty. The marriage plot creates the woman as sexual spectacle, only to deny her historical and social invisibility within family structures.

Furthermore, the extent of the French cultural obsession with the meaning of the name of the father has been brought to light

---

[4] Eve Kosofsky Sedgwick, *Between Men: English Literature and Male Homosocial Desire* (New York: Columbia University Press, 1985), pp. 25-26.

following the recent legal decision (2002) that overturns the automatic bestowing of the father's name on legitimate off-spring in favour of parental choice as of 1 January 2005. Parents may now opt for the father's name, the mother's name, or both (it is noticeable that in the case of serious disagreement, the father's name remains the default option). This decision has been hotly debated both in psychoanalytical literature and the popular press, with worries being voiced that this will lead to further erosion of the father's place within family structures. The woman's magazine *Biba* warns that 'quand on sait qu'un enfant de divorcés sur trois ne voit jamais son père on peut se demander ce qu'il lui restera de son géniteur' and Lacanian psychoanalysts caution that 'mass psychotic splintering' may occur as the symbolic role of the father as giver of both name and law is challenged.[5] Such an extreme reaction suggests the overwhelmingly symbolically powerful connotations of the father's name (and the consequent effacing of the mother from family history) in contemporary French society.

The New Wave's youthful (Œdipal?) rejection of the aptly-named *cinéma de papa*, and its championing of the individual *auteur* over the studio or creative-team model of production represent a double challenge to the patriarchal family model in cinema in terms of thematic resonance and production values. It is this alignment of the thematic treatment of the family and the *auteur* model that Forbes identifies as specific to the New Wave. She concludes that when François Truffaut makes the 1971 film *La Nuit américaine* that illustrates film production as occurring in one big happy family, his capitulation to Hollywood style film-making can be seen as complete.

French cinema becomes a cinema that reacts against continuity, both in its formal sense of the realist cinematic codes of Hollywood editing and in the more general sense of the transmission of beliefs and values. Through their critique of the family in terms of both production and narrative codes and the championing of an individual young male subjectivity, the French New Wave undermines the patriarch. The father is no-longer the ordering figure, but is displaced by an emphasis on the family as a site of conflicting desires rather than one embedded in the heterosexual, progenitive couple. The

---

[5] Anon, 'Et il portera quel nom, votre bébé?', *Biba* February 2005, p. 32. For further details on psychoanalytic perspectives, see the discussion in Lisa Downing, *Patrice Leconte* (Manchester: Manchester University Press, 2004), p. 75.

New Wave, and its subsequent impact on French film narratives, thus challenges the centrality of the patriarch through writing large the triangular nature of the family romance. Rather than disavowing it, the French film opens up the family to the social and sexual ambivalence that is glossed over in the smooth workings of the marriage plot.

My interest in this article is in exploring two contemporary French films, *À ma sœur* (Breillat, 2001) and *Swimming Pool* (Ozon, 2003), that have thematised this structuring interest in the family triangle. They have even further advanced the diminishing of the role of the patriarch through removing him entirely from the situation. These are both films that re-imagine the family triangle as a wholly female space, inverting Kosofsky Sedgwick's formulation of the family as the conduit through which the female disappears. In conceiving a triangular relationship between two sisters and a mother, thus creating a multiplicity of identifications between mothers, daughters and sisters, these are films that allow a play of female identities across generations and explore the tensions inherent in the formulation of heterosexual femininity. These are films that restore 'intra-feminine fascinations' to the family sphere, in which femininity is usually characterised by difference (deficiency/lack) and valued primarily for its reproductive purpose.[6]

À ma sœur features two sisters; the slender one, Elena, embarks on a holiday romance caustically watched by her younger and plumper sister, Anaïs. Most of the commentary on the film has discussed the portrayal of the relationship between the two sisters and

---

[6] This term is taken from Teresa de Lauretis, *The Practice of Love: Lesbian Sexuality and Perverse Desire* (Bloomington and Indianapolis: Indiana University Press, 1994), p. 116. As the title of de Lauretis's study suggests, she is primarily interested in the issue of the representation of lesbian sexuality in film and indeed argues for the importance of distinguishing representations of female friendship from those of lesbian desire. However, as Emma Wilson argues, Judith Butler's work on gender demonstrates that the divorce of identity from desire is a result of the heterosexual matrix. She then goes on, however, to explore the implications of de Lauretis's argument for the French female friendship movie. See Emma Wilson, 'Identification and Female Friendship in Contemporary French Film', in Alex Hughes and James S. Williams (eds), *Gender and French Cinema* (Oxford: Berg, 2001), pp. 255- 268. In this article, by specifically exploring the family relationship between sisters, daughters and mothers, I hope to demonstrate the impossibility of separating identity from desire in a relationship which binds individuals together within a group and acknowledges bonds of love even as it enables generational rivalry.

their bodily appearances.[7] Half-way through the film, however, and so far critically ignored, the father abruptly leaves for Paris, leaving the two girls and their mother behind to make the car journey back alone, with shocking and fantastical consequences. In *Swimming Pool*, a repressed English crime-writer Sarah goes to the Luberon, meets her publisher's promiscuous young daughter Julie, and on her return to London meets his other daughter, Julia. The final scene shows Sarah waving from her balcony to Julia, who is replaced on the cut by Julie, throwing into question the relationship between all three of the women. Both these films begin by establishing binary oppositions between the characters which reflect their sexual desirability (put crudely, Sarah in *Swimming Pool* and Anaïs in *À ma sœur* are dowdy/pale/fat and undesirable, Julie and Elena are fashionable/attractive/tanned and desirable) only to undo this through recourse to an ambiguous and fantastical ending which firstly places three female characters along a continuum and secondly stresses the indeterminacy of female sexual desire.

À ma sœur's title celebrates the sisterly relationship that will be its main focus of attention. The personal sense of dedication implied by the title gave rise to press speculation that the film addressed Breillat's own relationship with her sister. Marie-Hélène Breillat is an actress, and the two sisters were once interviewed together in *20 ans*, a magazine aimed at teenagers.[8] Given this joint public profile, it was hardly surprising the press were intrigued by the autobiographical implications of the title. Breillat's answer is suitably ambiguous: 'Non, c'est un film de fiction, même si j'ai eu une sœur dont j'étais la seconde. Mais la fiction me semble toujours la meilleure façon de parler de soi' she replies in one article; in another, 'le film n'est pas de tout autobiographique même si, nécessairement, il a surgi quelquechose de l'ordre de la vie, ces désirs contradictoires de symbiose et de séparation.'[9] I do not want to suggest here that Breillat was unconsciously making a film that was about her and her sister. Rather, her complex responses highlight one of the key ways in which the film works, drawing on a combination of private, lived experience

[7] See for example Richard Gianorio, 'Entretien avec Breillat', *France-Soir*, 7 March 2001: his description of the two sisters as 'la boulotte et la belle' is typical.
[8] Sophie Grassin, 'Les deux sœurs', *L'Express*, 1 March 2003.
[9] Noël Tinazzi, '*À ma sœur*: conte cruel de l'adolescence', *La Tribune*, 7 March 2001 and Richard Gianorio, 'Entretien avec Breillat', *France-Soir*, 7 March 2001.

(it is worth noting here that the ending is based on a 'fait divers') and the way in which these experiences shape and are shaped by wider cultural myths and fantasies. For example, the location in the Landes forest recalls the potent power of the Little Red Riding Hood story in our understanding of precocious female sexuality, specifically referenced by *Les Inrockuptibles* in their review: 'Elena, 15 ou 16 ans, ravissante, [est] en attente affamé du loup qui la prendra au coin d'un bois.'[10]

Furthermore, the title evokes a relationship of reciprocity and love between Elena and Anaïs that is confirmed by the opening sequence where the two girls are filmed walking through the woods together discussing relationships, before the attentions of a young man divides them. The two sisters walk side-by-side as the camera follows them and circles round them from an objective distance, making them both objects of its study while eschewing the usual fragmenting way in which the female body is presented in cinema. The girls stop at a café and the previously highly mobile camera stops with them. Elena sits next to a young Italian boy, Fernando, and the camera frames the two of them together with Anaïs framed in the reverse shot by herself, isolated as her sister establishes a new relationship (both within the frame and more broadly within the narrative). Elena orders a sophisticated 'café' whereas Anaïs eats a banana split. Elena tries to reduce Anaïs to the position of a child as she introduces her as 'ma petite soeur', and Anaïs's choice of food would seem to affirm her juvenile status. However, as Elena flirts with Fernando, it is Anaïs who comes to a true understanding of the situation, as she mockingly tells her sister, 'il ne comprend rien, il écoute gentiment, c'est tout.' As Elena and Fernando begin to kiss, having established their respective fathers' professions, there is a shot reverse shot sequence between Elena and Fernando, here performing the expected narrative of the holiday romance, and Anaïs's cold appraisal of it. In a later sequence in the film, the film will again cut between Elena and Fernando, this time in bed together, and medium close-up on Anaïs watching.

The younger sister thus watches, comments on and deconstructs her older sister's naive consumption of the romantic

---

[10] Frédéric Bonnaud, 'À l'ombre des jeunes filles en fleurs', *Les Inrockuptibles*, 6 March 2001

narrative that Fernando creates. Fernando tells Elena that having sex with him will be 'une preuve d'amour' and offers her an engagement ring as proof of his good intentions. Anaïs regards the whole affair as 'louche', and sees no moral difference between the acts Elena has already performed and the virginity she is so desperate to preserve. When Elena tells Anaïs that 'je vais me donner à lui', Anaïs questions the very language that the loss of virginity is couched in, that of possession of the female by the male. A television programme the girls watch together comes to the conclusion that sex and sexual issues are routinely conflated in popular culture. Sex as an act cannot be divorced from the wider socialisation of women, a conclusion supported by the numerous comments Fernando makes to Elena that he will behave differently from her due to his gender: 'les garçons sont pas pareils aux filles'.

This sexual relationship is conducted alongside that of Elena's relationship to her family. Elena brings Fernando home with her, presenting him to her parents, and most particularly her father. The father indeed cuts across the mother's conversation in order to talk to the boy. In this moment, the two sisters are visually identified with each other as they both wear the same bright shade of yellow. The differences the sisters have asserted between themselves at the start of the film are denied by a family structure that views them as identical, both daughters of the same man. As the two men in the lounge establish a male bond over their possession of Elena, the film cuts to Anaïs in the pool. Shuttling backwards and forwards between the steps and the diving board, she constructs an alternative view of how sexual relationships may be conducted. 'Chaque amant donne quelque-chose de plus à une femme.' In the fluid space of the swimming pool, Anaïs uses her critical knowledge of her sister's relationship to deconstruct the hierarchies being established by her father and Fernando.

It is Elena's decision to invite Fernando back to the family home at night, without her parents' permission, in order to be able to establish greater sexual intimacy with him, which in fact undermines the patriarchal family structure. Anaïs, upset both by her sister's capitulation to Fernando's demands, and Elena's subsequent anger with her, refuses to eat breakfast with the family. The father, angered by her refusal to conform to yet another culturally received narrative, that of the happy family eating together, decides to return to Paris. The three women, Elena, Anaïs, and their mother, notably unnamed, are left together in the holiday location while the father returns to the wholly masculine spaces of the city and work. The first thing we then see the three women do together is go shopping, an activity classically marked as feminine. While the father retreats to the world of production, the women turn to consumption as the way to re-assert their sense of self. This is also a key moment where the two sisters reject both the idea that they are alike and their mother's controlling influence. Anaïs initially chooses a dress identical in design to that of Elena, angering Elena greatly. Arguing that she is not copying because it is in a different colour (in contrast to their identically toned clothes of the earlier scene), Anaïs claims the dress as hers. As the mother tries to persuade Anaïs to wear her dress longer, she claims her right to have her dress as she likes, as they are two different people: 'c'est pas toi qui va le porter.' At the top right hand of the screen, Elena enters the scene, dressed in a new, bright red dress. Her choice of colour and style declares her difference from both Anaïs and her mother, the style far more figure hugging than that chosen by the plumper Anaïs and the bright red referencing her sexual desire, unknown at this point to the mother.

Clothes are thus posited as sites of great ambivalence, allowing the women ways to negotiate their difference from and independence of each other, and yet also defining them against feminine norms and ultimately holding them within the heterosexual matrix. Elena's red dress underlines her independence from her mother and sister, yet also the way in which this independence is bought at the price of sexual objectification. In feminist film theory terms, Elena is shown constructing herself as 'a whole body fetish', the red of her dress underlining the way in which the fetish acts as a phallic substitute. She may gain narcissistic pleasure from this process, but it is a pleasure contingent upon a play of gazes – the gaze of her mother and sister and the saleswoman in the shop, and her own in the changing room mirror. This overdetermined conjunction of gazes both limits and makes possible her pleasure as a narcissistic moment that does not challenge the heterosexual contract and the role of women as spectacle, to connote 'to-be-looked-at-ness'.

This play of female-female gazing does have a more positive role elsewhere in the film. In two sequences in the film that follow this shopping trip, Elena and Anaïs discuss their relationship with each other. Filmed in close-up looking into a mirror, we see their reflections rather than their actual faces. Hating you, Elena says to Anaïs, would be 'comme si je détestais une partie de moi-même'. They share a deep bond: this feeling of belonging is located specifically in the gaze, as Elena declares it comes from looking deep into Anaïs' eyes. The sisters, gazing into the mirror at each other's reflection, taking great pleasure in each other's and their own appearance: in this gaze of 'intra-feminine fascination', identification and desire can co-exist. The gaze is undone from its traditional site of the male, allowing the boundaries between difference and identity to blur as the two girls discuss their physical differences and their deep emotional bond. As Breillat summarises, 'Etre sœur, ce n'est pas être soi-même mais être l'une et l'autre, c'est une âme à deux corps, c'est une complicité magique et un encombrement aussi.'[11]

The film cuts to the two sisters lying on the bed filmed from a high-angle shot, a highly unusual choice (this shot only occurs at one other point in the film). In the intimacy of this moment, the sisters discuss how Elena 'jouais la petite maman' with Anaïs when they were younger. The maternal role is freed up from a specific person and attributed to another female within the family structure. The triangular relationship established between Anaïs, Elena and their mother allows power and protection to flow between the generations. At the same time, the film undermines any hope of a homosocial feminine idyll, as the girls discuss how they have been brought up as rivals for attention, and their conflicting recollections of their relationship.

The mother in the film further unsettles the possibility of female-female bonding. After it has been revealed that Elena betrayed the father's trust and slept with Nicholas, the three women drive back to Paris. During the traumatic car journey, the mother apes Anaïs's constant eating with her chain smoking, while her red top references Elena's red dress. However, she bleakly tells Elena that 'ton père te fera examiner'. Her daughter pleads with her not to let this happen, asking her to remember her own first time. The mother refuses to place herself in the position of the daughter, simply saying the father has the right to do this. The child is his property. She will not betray the power of the patriarch, who remains a structuring absent and thus

---

[11] Richard Gianorio, 'Entretien avec Breillat', *France-soir*, 7 March 2001.

the complete fluidity of relationships suggested by the triangle is halted.

Arsinée Khanjian, an actress whose star image has been firmly established in the films of the Canadian film-maker Atom Egoyan, plays the mother. Her roles in Egoyan's films suggest the ways in which motherhood is tainted with possibilities of betrayal and loss. In *The Sweet Hereafter* (1997), she plays the grieving mother of a dead child. In *Exotica* (1994), heavily pregnant (with her and Egoyan's son in real life), she plays Zoë, the boss/mistress of a lap-dancing club who controls the girls she offers to male clients in the name of their protection. In *Felicia's Journey* (2000), she is the long dead mother of a serial killer who continues to haunt his daily life as he obsessively watches cookery programmes she starred in. In *Ararat* (2002), she is the mother of a boy engaged in an incestuous relationship with his half-sister, Cécile, who believes she killed her father. Khanjian's mothers are women who betray their children, unable to function outside of the limits a patriarchal system places on their power to protect them from sexual and political exploitation.

In Egoyan's films, maternity as embodied by his wife Khanjian, is inflected with the terrible knowledge of the inevitable loss of the child (through death or simply attaining adulthood, notably symbolised by a dysfunctional sexuality) and the impossibility of being the idealised mother figure. Her star image suggests maternity is inherently dysfunctional in patriarchy. However, her presence in Breillat's film allows a more recuperative reading. The choice of Khanjian to play the mother, alongside the decision to cast French director Romain Goupil as the father, allows *À ma sœur*'s production context to be read as an alternative system of cinematic inheritance.

Khanjian, the wife of Egoyan and the intermediary between his private life and his public work, represents independent Canadian cinema and its interest in undoing American/Hollywood myths in favour of 'personal alienation, voyeurism, fragmented narrative, dysfunctional marriage, empty landscape, identity issues and weird sex', all of which we could identify in *À ma sœur*.[12] Goupil's cinema, as exemplified by his film *Une pure coïncidence* (2002), examining the plight of illegal immigrants in Paris, is interested in the political possibilities inherent in representation. *À ma sœur*'s mother and father

---

[12] Jonathan Romney, *Atom Egoyan* (London: BFI, 2003), p. 11.

thus hint at a loose grouping of alternative cinemas, a new kind of cinematic family, which can explore representation outside of dominant Hollywood narrative codes and their recuperation in European prestige productions. Breillat's film speaks to a new fluidity of representation that her film's conclusion seems to echo with its indeterminate sliding between realism and fantasy.

Each sister's wish is granted by its violent conclusion: Anaïs loses her virginity to someone she does not love, in a rape filmed in real-time, and Elena and her mother both die, their corpses carefully explored by a slow-moving camera. This aesthetic of careful documentary recording stands at odds with an earlier conversation which would suggest this scene is an enactment of the girls' desires: Breillat comments, 'leurs vœux sont excausés, effectivement, mais ce sont des vœux mythiques'.[13] She refuses the easy categorisation of the end of the film, suggesting that the realistic filming technique is used to authenticate myths: she is filming the reality of feminine fantasy.

The film finishes as it begins; with representation of the female as ambiguous, multi-faceted and unable to be ascribed definitive readings. Indeed, Breillat suggests, these images are still unacceptable to [French] society in general, given the critical hostility (at the level of form as well as content) and censorship her films encounter.[14] The key image of the sisters looking at each other in the mirror evokes an unusual cinematic gaze: that of female heterosexual desire and its problematic formation in contradictory rivalry and identification with other women. The film's female triangle troubles the heterosexual matrix by framing the performance and performativity of identity categories and the instability of such performed identities, as the women slide between positions of identity and difference.

François Ozon's *Swimming Pool* (2003) evokes a strikingly similar agenda concerning feminine sexuality, female family relationships, and the continuum between the lived and the mythic that such representations are forced to negotiate. The film concerns the writer's block of a famous English crime writer, Sarah Morton, whose

---

[13] Claire Vassé, 'Une âme à deux corps', *Positif*, March 2001, pp.32-34.

[14] Indeed, the 'rape scene' is cut from the British DVD, and this changes the whole meaning of the film's final sequence (in the film's logic, it renders it rather nonsensical). Breillat has only given director's approval to the (American) Criterion DVD, which includes this scene. In conversation with the director, January 2005.

'Inspector Dorwell' series has been a huge commercial success, but who feels trapped by the power of her own creation. Her publisher suggests she escapes to the Luberon for a few weeks to write, and here she encounters his sexually promiscuous and very attractive daughter, Julie, who turns up expectedly late one evening. The film becomes a meditation upon the sources of creativity, specifically placing them into the emotionally charged context of Sarah and Julie's evolving relationship. Sarah embodies a certain set of stereotypes of the border-line alcoholic, spinster, dowdy, masculine English crime writer allegedly typified by Ruth Rendell, Patricia Highsmith and Patricia Cornwell. Ozon actually wrote to Rendell asking for her advice and 'elle l'a envoyé promener. Sarah Morton l'aurait fait aussi.'[15] Julie embodies her opposite, evoking youth, life, and easy sensuality.

Self-consciously playing with the hazy boundaries between stereotypes, culturally received fantasies of femininity, and the creative process that draws on them even as it tries to complicate them, Ozon argues that his film deals with the collision between cultural fantasy and individual creativity through this range of female stereotyping. He comments that even if an artist locks him or herself away, 'la réalité vient frapper à sa porte [...] Tôt ou tard, l'artiste est obligé de pactiser avec le réel.' He goes onto state that 'du point de vue de la mise-en-scene, je voudrais traiter tout ce qui est de l'ordre de l'imaginaire de manière réaliste, que tout soit à plat, les fantasmes et le réel au même niveau.'[16]

The style of the film then recalls the dual associations of the reality of everyday life and cultural fantasy, its documentary recording of Sarah's working practices and trips to the supermarket undercut by expressionistic use of lighting, especially noticeable in the scenes where light falls through the veranda in striped shadows onto Sarah's hands typing on her computer keyboard, recalling and referencing the use of shadow in 1940s film noir. Sarah Morton, the crime writer, serves as François Ozon's alter-ego in this film that explores the very nature of filmic and literary creativity. As Ozon amusingly comments, 'Avec *Swimming Pool,* disons que j'assume aujourd'hui mon côté

---

[15] Anon, 'Je vis ça me suffit', *Le Nouvel Observateur* 22 May 2003.
[16] François Ozon, 'Entretiens de presse', www.francois-ozon.com/francais/ozon.10html, accessed 18 March 2005.

vieille fille coincée [...] Sarah Morton, ça pouvait être moi.'[17] The film illustrates how the creative impulse feeds off a combination of everyday situations (realism) and previous artistic works (theatre, artifice, performance and self-reflexivity).

Both realistic and theatrical elements are clearly present in Ozon's work, the former being exemplified by his study of grief in *Sous le sable* and the latter by his film of a Fassbinder play, *Gouttes d'eau sur pierres brûlantes*, and the high camp musical farce *8 femmes*. By casting Charlotte Rampling, the star of *Sous le sable*, and Ludivine Sagnier, the young ingénue in both *Gouttes* and *8 femmes*, together in this film, Ozon re-unites these two distinctive strains in his work. Thus, even at the beginning of the film, the confrontation between these women expresses identity and desire for reconciliation as well as conflict and struggle.

As Charlotte Rampling comments in an interview included on the French DVD, the two main locations used by Ozon, that is to say the River Thames and the London skyline in England, and the Lubéron and its beautiful countryside and picturesque villages in France, appeal to stereotypical French views of England and stereotypical English views of France. Her conclusion is that 'there is something for everyone', but I would like to stretch this point further, arguing that these locations symbolise the way in which the film films fantasy as if it is reality, and reality as if it is fantasy, until we are unable to differentiate the two.

The identification of Sarah, the crime writer, as quintessentially English, and a passing reference to de Sade's chateau being located in Lacoste, a village in the Lubéron, should alert us to the ways in which both these locations serve as starting point for sexual and criminal fantasies even as they are embedded in everyday reality.[18] As Sarah tell us, 'blood and sex' sells: these are fantasies that enjoy wide cultural currency and popular success. The film then oscillates between Sarah's private fantasy, Sarah's 'public' novel, and

---

[17] Anon, 'François Ozon: "On se définit aussi par ses fantasmes"', *Le Monde*, 21 May 2003.
[18] A scene that was cut from the film for reasons of length, included as a bonus scene on the French DVD, illustrates Sarah visiting de Sade's chateau, further underlining the symbolic role Sadean sexual fantasies play in the film's use of the Lubéron as location.

wider cultural myths and fantasies, while simultaneously documenting the hard work involved in turning fantasy into artistic product.[19]

As the film progresses, Sarah becomes increasingly fascinated by Julie. She gazes at Julie, but this female-female gaze is mediated through the transforming/ deforming liquidity of the swimming pool, standing as a metaphor for the cinema screen, rather than the straight reflection of the mirror. Mutual identification occurs. The two women gradually become more alike, with Sarah abandoning her drab brown garments for a bright red dress and bearing her breasts to the sun before seducing Marcel the gardener. Meanwhile, Julie becomes more introspective, lying on her bed and writing her diary, while the theme music we have come to associate with Sarah's creative thought processes plays. Julie finally gives Sarah a romantic manuscript she claims her mother wrote and that John, her father, Sarah's publisher and erstwhile lover, rejected. She asks Sarah to get it published, 'so that my mother may live again', a moment of feminine inheritance outside of the law of the father and its obsession with money, sex and blood. While the patriarch remains a structuring absent in *À ma sœur*, here his influence is negated as Sarah has the manuscript, which may have belonged to her all along, published elsewhere.

The film's hints that Sarah may indeed be the author of the long neglected manuscript, and Julie the daughter she never had with John, even John's daughter that she aborted, reach their apogee in a scene of emotional crisis. Having murdered the unfortunate local waiter, Franc, 'for the good of the book' (read film here, given the osmosis occurring between Morton's book and Ozon's film), Julie lies prostrate on the bed. As Sarah enters the room, Julie throws herself at Sarah, crying, 'Maman! Maman! Ne m'abandonne pas encore!' Although Sarah denies to Julie that she is her mother, in the film's playing with levels of reality and fantasy, it allows us to imagine that Julie is indeed Sarah's abandoned daughter, an idea developed by the prominent scar on Julie's stomach that Sarah enquires about, and the omnipresent crucifix. This is constantly worn by Julie, and also by

---

[19] In this way, an important intertext for the film is Fellini's *8½*, in which Marcello Mastrioanni plays Guido Anselmi, a film director who suffers a creative block. Fellini's film oscillates between Guido's fantasy, Guido's film, and Guido's reality (which are all elements of Fellini's film). In Fellini's film, however, female stereotypes are used to explain Guido's complex psychic landscape, rather than allowing the woman access to her own creative resources.

Marcel's daughter, initially mistaken by Sarah for Marcel's wife, a further confusing of family relationships. It is also removed and then replaced on Sarah's bedroom wall. Its removal suggests buried parental guilt and its appearance the sacrifice of a child. In this scenario, the final scene of Sarah waving to Julie and Julia becomes an acknowledgement of the secret relationship between the three women, as Sarah assumes her maternal role and Julie her sisterly one, previously denied to them.

I would like to close by discussing the way in which, if $\grave{A}$ *ma sœur*'s production context posits Khanjian as a rescued bad mother, *Swimming Pool*'s allows us to see Rampling as a rescued bad sister. In an interview with *The Guardian* promoting the film, Rampling discusses her own sister, Sarah, who committed suicide in Argentina at the age of 23. For 30 years, Rampling declared that she died of a brain haemorrhage, a lie she told to keep the suicide secret from her mother at the request of her father (her mother is now dead, so the truth can be told). At the end of the interview, Rampling reveals that the character in the film was named for her dead sister. 'I thought that after such a long time of not letting her be with me that I would like to bring her back into my life.'[20] The layers of reality played with in the film spill out beyond the film's boundaries, the swimming pool no longer able to contain all that was within it.

bell hooks argues that films can enact a flexibility difficult to perform within the financial and social constraints of everyday life.

> In this age of mixing and hybridity, popular culture, particularly the world of the movies, constitutes a new frontier providing a sense of movement, of pulling away from the familiar and journeying into and beyond the world of the other.[21]

By allowing their protagonists to re-establish female bonds outside of as well as within their stories, these films become so powerful and so moving as the gaze (through water/through the mirror/ through the cinema screen) becomes one of identification with and sympathy for other women as well as desire of them. I began this article by

---

[20] Suzie Mackenzie, 'A Time for Happiness', August 16 2003, http://www.guardian.co.uk/weekend/story/0,,1018487,00.html, accessed 18 March 2005.
[21] bell hooks, *Reel to Real: Race, Sex and Class at the Movies* (London and New York: Routledge, 1996), p. 221.

referencing a key text for film and its representations of heterosexual women in patriarchy. In the Cinderella story, a young girl dreams of her escape from an evil (step) mother and ugly sisters. She is rescued by Prince Charming. These films re-write the Cinderella story as the women move from being dysfunctional, treacherous rivals to being re-established as loving sisters, daughters and mothers, through their own means and on their own terms.

Filmography

8 ½ (Fellini, 1962)
À ma sœur (Breillat, 2001)
Ararat (Egoyan, 2002)
Un cœur en hiver (Sautet, 1995)
Exotica (Egoyan, 1994)
Une femme est une femme (Godard, 1961)
Felicia's Journey (Egoyan, 2000)
Gouttes d'eau sur pierres brûlantes (Ozon, 1999)
Huit femmes (Ozon, 2002)
Jules et Jim (Truffaut, 1961)
Love, Etc (Veynoux, 1995)
La Maman et la putain (Eustache, 1973)
Nettoyage à sec (Fontaine, 1997)
La Nuit américaine (Truffaut, 1971)
La Nouvelle Ève (Corsini, 1999)
Les Parapluies de Cherbourg (Demy, 1964)
Une pure coïncidence (Goupil, 2002)
Sous le sable (Ozon, 2001)
Swimming Pool (Ozon, 2003)
La Veuve de Saint-Pierre (Leconte, 2002)

Où va le roman familial?
Chaos de Coline Serreau (2001)

Georgiana Colvile

> *La mère fait du tricot*
> *Le fils fait la guerre*
> *Elle trouve ça tout naturel la mère*
> *Et le père qu'est-ce qu'il fait le père?*
> *Il fait des affaires*
> *Sa femme fait du tricot*
> *Son fils la guerre*
> *Lui des affaires*
> *Il trouve ça tout naturel le père etc.*

> *Jacques Prévert*[1]

On aura reconnu 'Familiale' de Prévert, publié en 1945, mais où 'la guerre' se réfère probablement à celle de 14-18. Dans son livre *La Famille en désordre* (2002),[2] dont le titre fait écho à celui du film de Coline Serreau, *Chaos* (2001), Elisabeth Roudinesco décrit ainsi les répercussions de la dite Grande Guerre sur les structures familiales de l'époque:

> Elle fut surtout l'hécatombe des fils, des pères et des frères [...] Les mères, les filles et les soeurs apprirent à se passer des hommes dont elles recueillaient les souffrances ou les dépouilles à l'hôpital ou au cimetière. Contraintes de travailler pour continuer à exister, elles s'émancipèrent des signes les plus humiliants d'une domination masculine qui leur avait interdit de se mêler à la vie de la cité...[3]

---

[1] Jacques Prévert, 'Familiale', in *Paroles* (Paris: Gallimard, 1949), p. 88.
[2] Elisabeth Roudinesco, *La Famille en désordre* (Paris: Fayard, 2002).
[3] Roudinesco, *La Famille en désordre*, p. 169

Si la première leur avait donné de l'indépendance, 'La Deuxième Guerre mondiale entraîna les femmes dans le combat'.[4] D'un combat l'autre: suivirent ceux de Simone de Beauvoir qui publie *Le Deuxième sexe* en 1949, puis du MLF des années 70. Coline Serreau (née en 1947) est de la génération du 'baby-boom' d'après guerre, celle des hippies, des objecteurs de conscience, des féministes, des maoïstes etc., dont les enfants, venus au monde autour de mai 68, ont été élevés selon les principes du Dr Spock. Ceux d'origine maghrébine nés en France se nommeront dorénavant les Beurs. Serreau résume le chamboulement social de cette période en un seul mot: Chaos.

Selon Roudinesco, la source de ce 'chaos' remonterait au dix-huitième siècle, avec ce qu'elle appelle 'l'irruption du féminin',[5] venu défier 'la souveraineté divine du père', c'est-à-dire l'organisation patriarcale de la famille et de la société occidentales. En France au dix-neuvième siècle, où domine le modèle bourgeois, l'imaginaire collectif sera hanté par le

> Risque de déboucher sur une dangereuse irruption du féminin, c'est-à-dire sur la puissance d'une sexualité jugée d'autant plus sauvage ou dévastatrice qu'elle ne serait plus soudée à la fonction maternelle.[6]

A partir de 1860, philosophes et théoriciens entament un débat autour du matriarcat, que les uns considèrent 'comme source de chaos, d'anarchie, de désordre' et les autres 'comme un paradis originel et naturel'.[7] N'était-ce pas vers cette époque que Baudelaire traitait la femme de 'naturelle donc abominable'?

Roudinesco affirme que malgré des années de rejet de la famille, malgré la menace du clonage et peut-être à cause d'une certaine 'féministion' de la société, la famille, 'modèle en pleine mutation',[8] serait 'aujourd'hui revendiquée comme la seule valeur sûre à laquelle personne ne peut ni ne veut renoncer'.[9] Par ailleurs Elisabeth Badinter, tout en déplorant ce qu'elle appelle la 'fausse route'[10] des féministes, fait remarquer combien 'Il est [...] frappant de voir à quel point le binôme

---

[4] *La Famille en désordre*, p. 170.
[5]. *La Famille en désordre*, p. 12 et le chapitre 2, pp. 43-56.
[6] *La Famille en désordre*, pp. 46-47.
[7] *La Famille en désordre*, p. 50.
[8] *La Famille en désordre*, p. 221.
[9] *La Famille en désordre*, p. 243.
[10] Voir Elisabeth Badinter, *Fausse Route* (Paris: Odile Jacob, 2003).

femme/famille est si peu questionné par les médias depuis quelque temps'.[11]

Avec son film rythmé, énergique et décapant, Coline Serreau apporte une réponse mi-comique, mi-rageuse à la question suivante de Badinter: 'Entre la femme-enfant (la victime sans défense) et la femme-mère (pour les besoins de la parité), quelle place reste-t-il à l'idéal de la femme libre dont on a tant rêvé?'[12] *Chaos* est le plus féroce des films de Serreau, car jusque là, malgré sa tendance féministe à subvertir l'ordre patriarcal et les stéréotypes de genre en créant des personnages androgynes: 'Coline Serreau has often said in interviews that she considered family and children as a key aspect of society and of life overall'.[13] Dans *Chaos* par contre, l'"irruption du féminin' fait éclater une guerre des sexes sans merci, où les hommes sont battus d'avance, mais dont les femmes sortent trop mutilées pour jouir de leur victoire. Il faudrait sans doute interpréter l'éclatement des structures familiales chez Serreau comme le début d'un renouveau plutôt que comme une fin en soi, comme un mouvement en spirale, une ouverture sur l'avenir car, comme le suggère encore Rollet, 'families as a microcosm of society as a whole could become the space where changes can initially occur'.[14]

'La famille sera toujours une histoire de famille',[15] aussi l'intrigue de *Chaos* concerne-t-elle deux noyaux familiaux, l'un français et bourgeois, l'autre de souche algérienne et de milieu ouvrier. La première famille, restreinte, se compose d'un triangle oedipien: le père, Paul (Vincent Lindon), la mère, Hélène (Catherine Frot) et le fils, Fabrice (Aurélien Wük); Mamie, la grand-mère paternelle (Line Renaud), étant maintenue à distance. Il s'agit en tout cas d'un groupe décentré, postmoderne et post-freudien. Si on récrit Prévert dans ce contexte, seule la profession du père demeure inchangée:

> La mère est avocate
> Le père s'en fout
> Le fils fait l'amour, pas la guerre
> Le père fait des affaires
> La mère fait la guerre au père

---

[11] Badinter, *Fausse Route*, p. 200.
[12] *Fausse Route*, p. 187.
[13] Brigitte Rollet, *Coline Serreau* (Manchester & New York: Manchester University Press, 1998), p. 124.
[14] Rollet, *Coline Serreau*, p. 146.
[15] Roudinesco, *La Famille en désordre*, p. 158.

> Le fils s'en fout
> Le père est furieux
> La mère s'en fout
> La mère s'en va
> Elle s'en va au bord de la mer, la mère
> La vie continue sans le père sans le fils sans la guerre...

La famille maghrébine de Malika (Rachida Brakni) s'avère à la fois plus traditionnelle par sa phallocratie et plus postmoderne par son éclatement. Le père, quincagénaire au comportement de proxénète, mène deux ménages de front, une maîtresse de son âge et des enfants en France où il vit, et en Algérie une toute jeune épouse à qui il va faire un enfant un an sur deux. Elle aura l'aînée, Malika, à dix-sept ans, puis deux fils et la petite Zora. Esseulée en Algérie, la jeune femme se lie avec un voisin, on les surprend, son père la bat presque à mort, son mari vient lui arracher ses enfants, son ami se marie ailleurs, elle se suicide. Ramenée en France, Malika doit, à huit ans, élever ses frères et sa soeur, la belle-mère refusant de s'occuper des enfants de l'autre. Plus tard, le père essaiera de faire acheter d'abord Malika, puis Zora, par de vieux Algériens riches, comme il avait acheté leur mère. L'année du Bac et des 17 ans de chacune des filles, un de ces hommes leur examine les dents, puis leur propose des vacances en Algérie. Ayant compris la ruse, Malika s'enfuit du bateau à Marseille et se fait récupérer par un réseau de proxénétisme, dont elle mettra longtemps à se libérer; plus tard elle sauvera sa soeur Zora du même sort.

Vers le dernier tiers du film Malika raconte d'une traite son histoire à Hélène en voix-off, ponctuée de gros-plans frontaux de son visage pendant sa narration dans la voiture, moments où elle s'adresse directement au spectateur.[16] En revanche, l'histoire fragmentée de la famille d'Hélène où personne n'a plus rien à se dire, se transmet surtout visuellement, par l'intermédiaire d'une caméra narratrice, dès le prologue 'in medias res' d'avant le générique. Il en résulte des plans marquant un retour au prélinguistique et aux rapports non-verbaux du nourrisson avec sa mère: régression pour les personnages masculins et recherche de la formation d'un 'je' féminin pour les femmes.

Dans les premières séquences, le couple Paul/Hélène s'apprête à sortir à la hâte, enfilant un vêtement par ci, rangeant des affaires par là,

---

[16] Comme Belmondo, dans *À Bout de souffle* de Godard (1959), lorsqu'au volant d'une voiture volée, il regarde vers la caméra et dit au spectateur: 'Si vous n'aimez pas la mer, si vous n'aimez pas la montagne, si vous n'aimez pas la campagne, allez vous faire foutre!'

se regardant chacun dans sa glace. Tout les sépare et les décentre:
montage rapide, cadrage fragmenté, silence et absence totale de
communication. Ils se tournent le dos dans l'ascenseur et on ne les voit
côte à côte que dans la voiture. A peine partis, que les voici agressés par
'l'irruption du féminin', venu bouleverser leur vie.

Serreau utilise souvent l'intertextualité[17] et la scène d'ouverture
de *Chaos* présente une réécriture, revue et corrigée, de la scène finale de
Vivre sa vie de Godard (1962), film qui se termine par un règlement de
comptes de trois proxénètes. Ils abattent l'héroïne, belle prostituée
interprétée par Anna Karina, puis s'enfuient, la laissant morte sur le
trottoir. Là, Godard illustre à la perfection le schéma établi par Mulvey:
la belle méduse castratrice, d'abord fétichisée en tableau, puis en texte
d'Edgar Poe, sera finalement mise hors d'état de nuire, c'est-à-dire
tuée.[18] Serreau se rebiffe quarante ans plus tard. Sa prostituée beurette,
grande, allurée, à la superbe chevelure de gorgone, incarne l'irruption du
féminin dans la vie du couple qui n'en est est plus un: dès que leur
voiture démarre, elle dévale la rue vers la caméra en hurlant au secours
et se jette sur le capot les yeux écarquillés, les suppliant de l'emmener.
Paul vérouille sa portière, surviennent trois maquereaux qui martèlent la
tête de Malika contre le pare-brise du couple et la tabassent sur le trottoir
où ils la laissent pour morte. Mais elle vit et survira.

Par ailleurs, si Paul ne pense qu'à laver sa voiture et à éviter la
police, l'irruption du féminin se produit simultanément en Hélène.
Indignée par ce qu'elle vient de voir et par le cynisme de son mari, elle
abandonne sa famille égoïste pour porter secours à la jeune femme dont
le sang a giclé sur leur voiture et qui lui donne une raison d'être. Elle
localise l'hôpital où se trouve Malika puis s'occupe d'elle nuit et jour.
Une critique a qualifié Catherine Frot en Hélène de 'libellule insolite
(qui) traverse le chaos sans s'abîmer les ailes'.[19] Le rythme de la caméra
s'accélère autour de son personnage et Serreau utilise un humour
grinçant, une mécanique du rire à la Bergson, faisant d'Hélène une sorte
d'héroïne de dessin animé, de super-woman ou de petite souris de Walt
Disney, plus maline que ses prédateurs. Elle parvient, par exemple, à

[17] Voir Brigitte Rollet, *Corine Serreau*, ch. 3.
[18] Voir Laura Mulvey, 'Visual Pleasure and the Narrative Cinema', d'abord publié dans *Screen* en 1975. Une version française abrégée, 'Plaisir visuel et cinéma narratif', figure dans *20 Ans de théories féministes sur le cinéma*, réuni par Ginette Vincendeau et Bérénice Reynaud, *Cinémaction*, 67 (1993), 17-23.
[19] Critique de Cécile Mury dans *Télérama*, lors d'une rediffusion de *Chaos* en 2004.

protéger Malika des proxénètes qui veulent la récupérer à l'hôpital, allant jusqu'à assommer l'un d'entre eux avec une planche sur un chantier de construction. Lorsque deux des souteneurs, Touky et Pally, ce dernier s'étant présenté comme l'oncle de Malika, l'emmènent dans sa chaise roulante, Hélène, survenue juste à temps, intercepte l'opération, se fait passer pour une infirmière et enlève sa protégée qu'elle cache à la campagne chez Mamie, le tout en montage accéléré. La encore, il s'agit d'un retour des femmes à leur domaine maternel d'origine.

Tous les personnages féminins de *Chaos* contribuent à l'éclatement de la structure familiale par 'l'irruption' volcanique de leur sexe. Florence, la fiancée de Fabrice, n'hésite pas à interrompre un déjeuner d'affaires de Paul pour solliciter son aide concernant les infidélités de son fils. Plus tard, elle se venge en saccageant le studio de Fabrice, puis revendique ses droits de fiancée en s'imposant chez Paul et Hélène. Fabrice y étant déjà installé avec une certaine Charlotte, on serait en plein vaudeville, si Serreau n'en subvertissait pas la forme, en faisant sympathiser les deux jeunes femmes, à l'insu de Fabrice. Mamie, la mère de Paul, s'insurge elle aussi contre son fils ingrat, en montant le voir à Paris tous les trois mois, même s'il veut ignorer ses visites et ne la voit qu'une fois, à la hâte, dans un café. Finalement Hélène, obsédée par Malika victimisée qu'elle voudrait sauver, et Malika défiant ses maquereaux et son père, établissent la norme d'une cinéaste féministe, résolue à renverser les schémas du patriarcat, du roman familial freudien et de la scoptophilie masculine dénoncée par Mulvey.

Prise dans l'engrenage infernal d'un réseau de prostitution, séquestrée, violée, violentée puis matée à l'héroïne dans des 'centres de dressage', Malika-Noémie se durcit, devient trop intelligente pour ses proxénètes, se sèvre de la drogue, apprend à gérer l'argent gagné et subtilisé, récupère et cache son vrai passeport et celui de Zora, symboles de leur identité. S'attaquant au 'gros gibier' suisse de son métier, Malika plume une série de milliardaires moribonds, notamment Blanchet (masculinisation ironique de Blanchette, la Chèvre martyre de Monsieur Seguin) qui meurt en lui laissant toute sa fortune. Ses maquereaux, le vieux Pally et le jeune Touky (anti-famille qui mire la vraie famille d'Hélène), à qui elle n'a transmis que des bijoux (symboles freudiens de son sexe commercialisé), devinent à la colère des héritiers que Malika a gardé l'argent de Blanchet. Ils se remettent donc à persécuter la jeune femme. La boucle est bouclée, lorsque Malika raconte sa dernière fuite et le couple de bourgeois lui refusant le refuge de leur voiture. Plus complices que jamais, Malika et Hélène finissent alors par orchestrer la défaite et la mort des souteneurs. Dans une séquence qui parodie celles des veuves éplorées des polars classiques, Hélène va à la morgue reconnaître les cadavres des macs pour la police, sans pour autant leur donner d'informations sur Malika.

Le thème de la méduse pétrifiante, à la fois excitante et castratrice, représentant l'image ambigüe de la femme, telle que la présente Freud dans son essai 'la Tête de la Méduse' (1922),[20] repris plus tard par Mulvey, s'avère crucial dans *Chaos*, par rapport à Malika. Le premier plan d'elle courant comme une folle, hurlant, puis de son visage sanglant aux yeux exorbités, entouré de l'abondance serpentine de sa chevelure, écrasé en gros plan sur le pare-brise de Paul, évoque la tête de la Méduse peinte par le Caravage ou par Rubens.[21] Cette première image inspire la terreur de la castration, d'où la panique de Paul. A l'hôpital, la tête blessée et auréolée de ses cheveux noirs en désordre, d'abord dans le coma, puis les yeux écarquillés lorsqu'Hélène mentionne le passage d'un des proxénètes, Malika paraît plus terrifiée que terrifiante et là encore, Serreau renverse les rôles. Par contre, comme prostituée, Malika a appris toutes les finesses de l'autre face de la Méduse, et lorsqu'elle réapparaît dans la vie de Paul, elle l'aborde en tant que séductrice professionnelle. Elle ensorcèle les hommes avec ce qu'elle appelle 'sa techique d'allumage au lance-flamme'. Blanchet, puis Paul, deviennent hystériques lorsqu'après avoir possédé Malika, ils se retrouvent privés de sa présence. Le jeune Fabrice, qui ne pense qu'à son propre plaisir, sera fasciné par une Malika qui ne lui parle que pour dire 'je ne couche plus'. Elle utilise son pouvoir médusant et la régression des hommes vers le monde pré-linguistique d'images qui en découle, pour punir ces derniers et pour venger ses deux amies, Hélène et Mamie. A la fin du film, Serreau va jusqu'à travestir la Méduse-monstre: Malika et Hélène ayant mis-en-scène un rendez-vous fatal à Sèvres-Babylone, qu'elles observent aux jumelles depuis une fenêtre d'hôtel, le jeune mac, Touky, venu chercher l'argent de Blanchet, sera abattu par Pally, qui se croit trahi par lui. Touky s'écroule alors comme l'héroïne de *Vivre sa vie* et sa tête hirsute et sanglante aux yeux grand-ouverts ressemble étonnamment à la Malika brutalisée du prologue et à la Méduse décapitée de Rubens...

---

[20] Sigmund Freud, 'Medusa's Head', in *Sexuality and the Psychology of Love*, (New York: Touchstone Books, 1997), pp. 202-203.
[21] Le Caravage, *Méduse*, 1596-1598, et Rubens, *Tête de Méduse*, vers 1618, reproduits in Jean Clair, *Méduse*, (Paris: Gallimard, 1989), Figures 39 et 40.

Dès la séquence du prologue, où un grand rideau d'eau effectuant le lavage de la voiture envahit l'écran, et évoque la ponctuation par des plans d'une mer houleuse dans *Mais qu'est-ce qu'elles veulent?*, documentaire féministe réalisé par Serreau trente ans plus tôt,[22] la prise en charge par l'élément féminin s'instaure. Ce n'est pas par hasard que les quatre femmes rebelles, Hélène, Malika, Zora et Mamie, représentatives de trois générations et de deux communautés sociales, se retrouvent dans leur élément féminin au bord de la mer à la fin du film, formant une nouvelle famille de femmes, dans une maison achetée par Malika avec l'argent blanchi de Blanchet.

Cette fin nous ramène au poème 'Familiale', dont le vers final, 'La vie avec le cimetière', renvoie à l'hécatombe des hommes par les guerres mondiales. L'ultime séquence de *Chaos* se déroule *sur la grève*, non pas *by the grave*, mais il y est néanmoins question de la pulsion de mort, définie par Laplanche, entre autres, comme le retour au ventre de la mère.[23] Même si, en finale, Serreau fige en gros photoplans successifs les visages silencieux des quatre femmes réfugiées auprès de leur élément maternel spéculaire, ce sont les hommes qui régressent vers la matrice d'origyne tout au long du film. Pour commencer, ils ont perdu la parole, leur fonction paternelle et symbolique traditionnelle, car 'le père n'est […] un père procréateur qu'en tant qu'il est un père par la parole'.[24] Au début du film, Hélène veut parler à Paul de leur fils et il ne répond que 'Ah!', monosyllabe qu'il ressert à une Florence bouleversée par les tromperies de Fabrice. Ce dernier, tel père tel fils, accueille par un 'Ah!' chargé d'ennui l'idée d'une rupture entre ses parents, émise par Paul. Ces 'Ah!' évoquent l''areu' pré-linguistique du nourrisson accroché au corps de sa mère. La maisonnée d'Hélène s'écroule lorqu'elle part s'occuper de Malika: mari et fils crient comme des bébés abandonnés, Paul au téléphone pour qu'on lui repasse son costume, Fabrice à la cuisine, furieux de ne pas retrouver la râpe à fromage. Malika provoque un schéma hystérique analogue chez Blanchet, puis chez Paul, en disparaissant sans laisser d'adresse. Les macs, eux, en sont restés au stade anal: si on ne leur donne pas ce qu'ils exigent, comme l'argent de Blanchet ou une procuration, ils agressent, tapent, tuent, détruisent. De

---

[22] À propos de ce film, voir G.Colvile, 'On Coline Serreau's *Mais qu'est-ce qu'elles veulent?*', *Nottingham French Studies*, 32.1 (Spring 1993), 84-90.

[23] Voir Jean Laplanche, *Vie et mort en psychanalyse* (Paris: Flammarion, 1970).

[24] Roudinesco, *La Famille en désordre*, p. 27.

même, les frères de Zora la tabassent, lorsqu'elle refuse de les nourrir et de les servir, devant réviser pour son Bac.

Au lieu de fétichiser et punir les femmes castratrices selon le schéma hollywoodien décrit par Mulvey, Serreau fait régresser ses personnages masculins, les ridiculise et les châtie à la mesure de leurs délits envers les femmes, structure un peu simpliste, relevant du fantasme féminin. Les femmes rétorquent par la prise de la parole, de l'action et du pouvoir. Hélène dit à Paul de trouver une autre poire pour repasser son costume et à Fabrice, qu'elle ne leur fera plus la cuisine. Paul: 'Alors, c'est la guerre?' Hélène: 'Totale!'. Malika vole des hommes riches pour retrouver sa liberté à l'insu des souteneurs, prive son père de Zora, puis venge Hélène et Mamie en bernant leurs fils égoïstes. Le gros plan de Paul, penaud, les yeux rougis, assis auprès de sa mère, chez qui Malika l'a déposé, paraît à la fois utopique et caricatural.

Or, des quatre femmes réunies au bord de la mer, une seule sourit: Mamie. Elle seule y gagne, une famille de femmes valant mieux que sa solitude. Les autres, bien que pas prêtes à entrer au Carmel, n'ont plus guère d'illusions. Marquée à vie par l'horreur de la prostitution, Malika la Méduse ne rit pas, n'en déplaise à Hélène Cixous. A la question d'Hélène 'Tu crois que tu pourras encore aimer quelqu'un?', elle répond: 'Aimer ou baiser?' – 'Je ne sais pas', enchaîne Hélène. La cinéaste et la spectatrice en savent-elles davantage? Lucide, Hélène dira de son mari: 'Il se fiche complètement de moi, il n'aime plus personne depuis des années' et voyant son fils prendre le même chemin, Hélène pourra-t-elle retrouver une place auprès d'eux? Zora, qui reprochait à sa soeur d'avoir 'la haine', doit se rendre à l'évidence de la brutalité bornée de ses frères et du cynisme cupide de son père, qui leur crie de ne pas la frapper au visage, pour ne pas abîmer la marchandise.

Roudinesco termine son livre par une phrase d'aperture: 'La famille à venir doit être une nouvelle fois réinventée'. Le quadruple arrêt sur l'image, avec les quatre gros plans d'Hélène, Malika, Zora et Mamie qui constitue la finale de *Chaos*, indique que le roman familial qu'elles ont fui n'est pas fini et qu'elles devront le réinventer dans l'avenir. Cette fin renvoie aussi à celle des *400 Coups* de Truffaut (1959), où la caméra fige l'image du jeune Doinel courant vers la mer (et la mère absente). Serreau semble vouloir revenir à sa mère cinématographique, la Nouvelle Vague, comme pour y corriger le rôle des femmes. Elle essaie de re-réinventer la famille dans tous ses films, depuis la famille des

femmes de *Mais qu'est-ce qu'elles veulent* (1975-78), qui se reforme
autrement dans *Chaos*, en passant par les structures marginales de
Pourquoi pas! (1977), *Trois hommes et un couffin* (1985), *Romuald et
Juliette* (1989), *La Crise* (1992), *La Belle Verte* (1996) etc. Or, personne
n'est enceinte dans *Chaos*, ce qui indique un pessimisme rare chez
Serreau. La fin atroce de la mère de Malika semble annoncer la mort de
la maternité. Serreau différencie les deux familles du film,
paradigmatiques de deux groupes de la société française. La famille
bourgeoise d'Hélène est issue d'une société qui a colonisé les
générations précédentes de celle de Malika, mais la cinéaste veut de
toute évidence montrer qu'une structure de colonisation interne survit au
sein des familles musulmanes, où la tyrannie du père prévaut dans un
schéma d'exploitation des femmes comparable à celle des réseaux de
proxénétisme. Pour Serreau, dans et en dehors de la famille le vrai
racisme se dirige contre les femmes. Dans une scène-clé du film, Malika,
encore sous la coupe des souteneurs, va demander asile à S.O.S.-
Racisme où on la chasse en tant que 'femme qui fait du tort à l'Islam'.
Ne pouvant donc se tourner ni vers sa famille biologique, ni vers son
peuple, Malika n'a plus que son sexe et sa seule famille sera désormais
celle des femmes qui, elles, ne trouvent plus naturel de faire du tricot, ni
même forcément d'être mères.

Dans la mythologie grecque, le 'Chaos' dénotait l'origine,
matière indéterminée, d'où surgirent les éléments, le Jour, la Nuit et un
premier Dieu qui organisa l'univers, mais aussi matière à connotation
souvent féminine, née de et/ou accouplée avec les Ténèbres, pré-
continent noir peut-être, ancêtre d''Aphrodite (foam-born)... the same
wide-ruling goddess who rose from *Chaos* and *danced* on the *sea*'.[25]

---

[25] Robert Graves, *The Greek Myths*, Vol. I (London: The Folio Society, 2000), p. 55.

VI. Ordre et désordre familiaux

Family Histories: Reproduction, Cloning and Incest in Louise Lambrichs

Kathryn Robson

'The stories a culture tells about parents and children frame, as if in microcosm, the culture's conception of the inevitably problematic inheritance, of the present's perplexing relation to the past'.[1] Louise L. Lambrichs's novels recount complex and compelling family histories, narratives of reproduction, resemblance and repetition, which trace precisely the present's 'perplexing relation to the past'. These themes recur throughout her fictional *œuvre*, from the earliest novel, *Le cercle des sorcières* (1987), in which madness is passed on through generations of women in one family, to the most recent, *Aloïs ou la nuit devant nous*, an uncanny tale of doubling and (con)fused identities.[2] In Lambrichs's fiction, the family constitutes a space of infinite resemblance and reproduction, within which individuals seem compelled to repeat the crimes and tragedies of their ancestors. In *Le Jeu du roman* (1995) and *À ton image* (1998), as in *Le cercle des sorcières*, the main theme is familial inheritance: of property, but also of madness, suffering and transgressive desires seemingly transmitted through the generations. Dominique Viart has noted of contemporary French literature that 'le besoin d'écrire se lie à une interrogation de la filiation';[3] Lambrichs's novels explore how identity is constructed and

---

[1] Richard Terdiman, *Present Past: Modernity and the Memory Crisis* (Ithaca, NY: Cornell University Press, 1993), p. 214.
[2] *Le Cercle des sorcières* (Paris: La Différence, 1987); *Aloïs ou la nuit devant nous* (Paris: Olivier, 2002).
[3] Domique Viart, 'Filiations littéraires', in Jan Baetens et Dominique Viart (eds), *Écritures contemporaines 2* (Caen: Minard, 1999), pp. 115-39 (p. 116).

shaped by family history, how the present and future are dictated by
the events of the past.

In addition to five novels, Louise Lambrichs has written
various non-fictional texts on diverse themes: the history and current
practice of medicine; cancer; childbirth and infancy. Her most recent
publication, *Nous ne verrons jamais Vukovar*, uses psychoanalytic
models to meditate on the ways in which the wars in the Balkans have
been inscribed in cultural, collective and national memories and in
French political discourses.[4] Her fiction has won various prizes:
Journal d'Hannah was voted best novel of 1993 by the editorial team
of *Lire*, whilst *Le Jeu du roman* won the Prix Renaudot junior in
France and the Prix des lycéens in Belgium. Her novel *À ton image*
was adapted for the cinema in 2004 by Aruna Villier; she is also co-
writer of the screenplay for Claude Chabrol's film *La fleur du mal*
(2003). Her fictional texts, including a short story, 'Anatole', explore
(con)fused and doubled identities, uncanny resemblances figured in
the repetition of names throughout her corpus: Anatole,
Elise/Elisa/Héloïse, amongst others. In several of Lambrichs's texts,
these resemblances are located within the family. In a preface written
for the new film tie-in paperback edition of *À ton image*, entitled 'À
notre image', Lambrichs explains that she grew up in a 'famille en
miroir': her father's sense of self was negotiated via the resemblance
with and difference from his identical twin brother, whilst both her
father and his twin had two daughters. It is, she hypothesises, at least
partly as a result of her family background that she became fascinated
by doubles, by Narcissus and Echo, and ultimately by the notion of
human reproductive cloning, more specifically, the
relation/resemblance between the clone and the 'original', as we see in
À ton image.[5] The striking resemblances set up in this novel, however,
extend beyond the domain of cloning itself to the realm of the family
more generally: the family in *À ton image*, as in Lambrichs's earlier
novel *Le Jeu du roman*, is a space where identities are frequently
doubled, confused, and blurred through seemingly endless repetition
and resemblance. Both of these texts effectively recount family
histories structured around repetition and likenesses, within which
individuals struggle to narrate a sense of self. Yet my analysis of *À ton*

---

[4] See *Nous ne verrons jamais Vukovar* (Philippe Rey 2005).
[5] Louise L. Lambrichs, 'À notre image',
http://www.inventaire-invention.com/laplace/lambrichs_clonage.htm.

image and *Le Jeu du roman* raises a question: why should family histories be constructed as fantasized narratives of resemblance and reproduction? This question is my point of focus here.

In the first part of this chapter I analyse figures of cloning and incest in *À ton image*, which act as figures for the narrator's entrapment within the repetitive structures of his own family history. I go on to analyse *Le Jeu du roman* in order to show that the repetitions and resemblances that are so striking in these family histories are to a great extent created by the family histories themselves. I argue that Lambrichs's narrators are telling particular versions of their family histories as a fantasized means of warding off loss and death. Yet these stories, these family histories, become more powerful than the individual who constructs them; they wield a fascinating and untamed power. Indeed, as my analysis shows, the most striking threat to individuals and families, in Lambrichs's novels, comes not from technological or scientific inventions such as cloning, but from family histories themselves.

Cloning, incest and reproduction in *À ton image*

À ton image tells a dramatic story of incest and cloning. The narrator, Jean, writes his life story for his defence lawyer Nicole as he awaits trial for a crime disclosed only at the end of the novel and which transpires to be statutory rape and murder. His narrative attempts to justify and exculpate his crimes through tracing their origins back to his dysfunctional childhood overshadowed by secret incest (both he and his father have had incestuous sexual relations with his retarded sister Elise). Later, married to a widow, Françoise, Jean clones her without her knowledge and passes off the clone, France, as their biological child; when she finally discovers France's identity, Françoise commits suicide, whereupon Jean leaves Paris and returns with France to his family home. As the years pass France's resemblance to Françoise becomes increasingly striking; the clone seems to become a carbon copy of the 'original'. When France is a sexually precocious twelve year-old, he has sex with her (mistaking her for his wife) and strangles her when he realizes the crime he has committed. Jean is on trial for her statutory rape and murder, not for the illicit cloning; indeed, only his lawyer believes France to be a clone.[6] At the end of the novel Jean commits suicide, after leaving a sample of his DNA for Nicole with the tantalising suggestion that she clone him secretly and bring the clone up as the child she has desired but cannot otherwise have. He sees this as the chance to begin his life anew in a more secure family environment; as a chance to break free of the transgressions and secrets that he sees his family as generating and reproducing, yet one could equally see it as a re-enactment of past crimes, showing him to be perpetually locked within the repetitive structures of his family.

Jean's family history is shaped firstly by incest and later by cloning, both transgressive acts that disrupt structures of inheritance and threaten the continuation of the family line. If the family is typically to a certain extent defined and sustained by its relations with what lies outside it, that is, by difference, incest and cloning seem to point instead to resemblance and repetition that threaten the family from within. There are of course differences between cloning and incest: the incest taboo is far from new – indeed is frequently if erroneously presumed to be universal – whereas the very possibility of cloning is fairly recent and its consequences only imaginable. There is no space here to explore the extensive debates on incest in detail; suffice it to note that theoretical writings on incest emphasize its double role within the family: both prohibited and yet also somehow solicited. If sexuality finds its origins in childhood, then it is within the family that sexual desires and fantasies are produced, as well as prohibited; relations between family members are constructed around the prohibition yet repeated invocation and generation of incestuous desires. Thus Michel Foucault writes that incest 'est sans cesse sollicité et refusé, objet de hantise et d'appel, secret redouté et joint indispensable'.[7] Incest is ambiguously placed in *À ton image* as both threatening and consolidating the family. When Jean has sex with Elise for the first time the night before he leaves home to study in Paris, he claims that ''je découvrais pour la première fois notre sort

---

[6] Jean describes his sex with France as consensual and instigated by France almost without his knowledge; in legal terms, however, a minor cannot consent and thus their sexual encounter constitutes statutory rape.

[7] Michel Foucault, *Histoire de la sexualité*, 1 (Paris: Gallimard, 1976), p. 144. Foucault's account of incest is complex and suggestive: for a useful detailed analysis, see Vikki Bell, *Interrogating Foucault: Feminism, Foucault and the Law* (London: Routledge, 1993). There is no space here for me to analyse Foucault's take on incest, or feminist responses to it.

commun, à quoi se résumait notre fraternité',[8] as though the seemingly transgressive sexual encounter seals – creates, even – their fraternal relationship. The incest seems to define him, for the first time, as part of his family: where previously he has felt 'étranger à ma famille' (ATI 25), free to escape its bonds, now he feels he is 'par mon acte, définitivement lié à ces êtres dont le secret, en même temps, me répugnait' (ATI 26). In the incestuous relationship with Elise, he is unwittingly following his father's example: when, shortly after sex with Elise, he realises that his father has already had sex with her, he is forced to recognize his resemblance to his father. Yet it is more specifically the shame and silence that incest demands that ties him to his family definitively; the need to keep the family secrets seems to leave him 'attaché comme un esclave à cette terre' (ATI 39), unable to move on. The nature of this entrapment is clearer later, shortly after France's birth, when he visits the family home and is again (from his perspective) seduced almost against his will by a heavily pregnant Elise. He describes himself as having 'l'impression de terminer un acte entrepris il y a des lustres et resté inachevé' (ATI 189), as though the second act of incest somehow completes the first. Yet the repetition of the earlier sexual encounter shows incest to be self-generating and repeating; just as he seems ultimately unable to forsake his family entirely, so Jean seems unable to leave incest in the past.[9] Later, he will re-enact with France the earlier relationship with Elise: he sees France as an uncanny double of Elise, hears her speak in Elise's voice and describes her as sexually predatory like Elise (ATI 294). The sexual intercourse with France thus mirrors the earlier incest with his sister (even though France is not biologically related to him) and sets cloning within the same repetitive (family) patterns set up by incest.

Like incest, cloning may be seen to pose a particular threat to the family and to structures of kinship and inheritance; this threat is

---

[8] Louise Lambrichs, *À ton image* (Paris: Seuil, 2004), p. 22. Referred to hereafter in the text as ATI.

[9] As Victoria Best writes, in *À ton image* 'la préoccupation textuelle pour le clonage et l'inceste révèle une crainte profonde non seulement que la manière de se comporter, léguée par la génération précédente, ne se répète à l'infini mais aussi que les divisions instaurées par le complexe d'Œdipe n'apparaissent fragiles et faciles à transgresser' ('Le fantôme à venir: inceste et clonage dans *À ton image* de Louise L. Lambrichs', in Nathalie Morello and Catherine Rodgers (eds), *Nouvelles écrivaines, nouvelles voix* (Amsterdam: Rodopi, 2002), p. 191.

worth exploring as there has been little theoretical work to date on this subject. In the last few years, the possibility of reproductive human cloning has courted controversy, mainly as the fantasy of being able to create a carbon copy of an existing human being has captivated the popular imagination for decades. According to Gina Kolata, cloning 'was the stuff of science fiction' until Dolly the cloned sheep was born in 1997.[10] The fictional depictions of cloning in novels and films have tended to reinforce the popular conception of human cloning as inherently threatening to individual identity, as a recent study on cultural responses to cloning in Britain suggests. Analysing discussion groups on cloning, the study observes that 'Discussions were peppered throughout with negative references to films and books', while many participants had very clear images of human clones as '"photocopied" individuals', describing 'automated production lines or artificial incubators producing multiple adult clones'.[11] If human clones are imagined as exact, artificial copies of existing beings, then cloning risks shattering a culturally prevalent belief in the uniqueness of the individual as well as offering potential to fascist attempts to create a 'master race', and to consumerist demands for 'designer babies'. These threats – which form the basis of many literary and cinematic representations of cloning – rely on the assumption that identity is wholly determined by genetic inheritance. In *À ton image*, however the risks of cloning are presented slightly differently; this novel – published the year after Dolly's birth – may inaugurate a different fictional take on cloning.[12]

In 'À Notre image', Lambrichs rethinks the ethical consequences of cloning in contemporary Western societies, by focusing on its implications for family structures. Lambrichs argues that in cloning 'on a affaire à une *filiation indirecte* ou plutôt à une *absence de filiation consécutive à une rupture dans la chaîne*

---

[10] *Clone: The Road to Dolly and the Path Ahead* (New York: Morrow, 1998), p. 3.

[11] Craig Donnellan (ed.), *The Cloning Issue* (Cambridge: Independence, 2002), p. 5.

[12] Morello and Rodgers refer to this as a 'texte de science-fiction (tout au moins pour un peu de temps encore...' (*Nouvelles écrivaines, nouvelles voix*, p. 31) but this novel sets cloning in the (recognisable) present, not the future. More recent fictional accounts of cloning have done likewise: Eva Hoffman's *The Secret* is set in the near future, but the society it depicts is nonetheless familiar to us now, whilst Kazuo Ishiguro's 2005 novel *Never Let Me Go* dates clandestine cloning back to the 1970s in Britain.

générationnelle'.[13] This is because cloning does not require the fusion
of sperm and egg: it simply requires an ovum with its nucleus
removed and replaced by the kernel of another cell carrying the
genetic capital of the person to be cloned. Thus cloning can involve
only one individual, providing the DNA and the ovum and giving
birth to the baby, or up to three (the egg donor, the DNA provider, and
the woman who gives birth). Cloning is then, both similar to and
different from other technologically assisted forms of reproduction
which can also involve up to three individuals (sperm donor, egg
donor, host mother), but which – unlike cloning – cannot simply
involve one. Moreover, the clone is not conceived in the usual sense,
is 'non conçu' and thus 'inconcevable': the clone has no place in
family structures as they are currently articulated.[14] The clone risks
being unable to construct a sense of self within the family: as France
France asserts in *À ton image*: 'Je ne suis pas votre fille, je ne suis pas
quelqu'un, seulement l'ombre de quelqu'un, je suis un être en trop. Je
suis la fille de personne, c'est ça, ma maladie' (ATI 323). France, as
nobody's daughter, is somehow also herself nobody: worse, she feels
'en trop', supplementary, a copy. This is echoed in Eva Hoffman's
2001 novel *The Secret*: when the narrator, Iris, discovers that she is a
clone, she describes herself as 'a superfluity, a technical non-being',
whose identity is inextricably and fatally bound up in that of the
woman she initially believed to be her mother.[15] Yet Lambrichs hints
that if clones cannot construct a sense of self, this is partly due to the
fact that they are excluded from current notions of the family. She
asks, 'quel nouveau mode de parenté inventer pour désigner le lien qui
unit le clone à celui ou celle qui lui a donné son capital génétique?'[16]
If the position of the clone within the family were to be articulated, if
definitions of the family were widened, then cloning – and other
technologically assisted forms of reproduction – could be less
threatening.

In *À ton image*, however, cloning is figured in similar terms to
incest: illegal, ethically prohibited, intended to protect the family that
it simultaneously destroys. Jean resorts to cloning his wife ostensibly

---

[13] See Louise L. Lambrichs, 'À notre image', op. cit.
[14] 'À notre image', op. cit.
[15] Eva Hoffman, *The Secret* (London: Vintage, 2003, first published Secker and
Warburg, 2001), p. 65.
[16] 'À notre image', op. cit.

because she has refused the possibility of adoption or of egg donation and has insisted that she will leave him or commit suicide unless she can conceive a child. Impregnating Françoise with her clone seems to offer Jean the chance to set up a new family and to break free of the traumatic legacies of his past, yet it ends up simply repeating them. The cloning, like the incest, is conducted in secret and necessitates elaborate fictions (even blackmail) to 'protect' Françoise from the truth about France. Revelation of the secret leads Françoise to suicide: if the clandestine cloning originally served to save his marriage, the revelation of the secret destroys his wife and their marriage and ultimately turns Jean into a murderer. In *À ton image*, cloning, like incest, ambiguously works both to protect and to destroy the family and to disrupt structures of inheritance. Yet if they threaten the stability of the family, cloning and incest do not disrupt Jean's narrative; instead, they emphasize the inevitability of Jean's crimes in the context of a family history governed by repetition and resemblance. Within Jean's own story, he is entirely defined by events and characters in the past, unable to act autonomously, compelled by his family history to repeat against his free will. This is also the case for the narrator of Lambrichs's earlier novel, *Le Jeu du roman*, to which I now turn.

Family resemblances in *Le Jeu du roman*
The plot of *Le Jeu du roman* is too intricate to outline fully: to summarise, Georges, the narrator, returns after his father's death to his mother's childhood home, which he visited each summer as a child and which is now to be sold. This last visit to the ancestral home marks his quest to uncover family secrets and learn more about his mother, who drowned when he was very young. He takes with him the group of friends who accompanied him there once before, twenty years ago, but with whom he subsequently lost touch. Two of their party end up missing, presumed to be drowned. A year later, an unidentified hand has been found in the water, and Georges is trying to write his story in order to make sense of the past: of his family history and of the relationships between his group of friends. His family history, like Jean's in *À ton image*, is structured by hitherto secret repetition. During his return visit to the family home, Georges meets Madeleine, the woman he believed to be his great aunt, but who turns out to be his grandmother. It transpires that Madeleine and her

sister Marguerite became pregnant at the same time: Madeleine with Marguerite's husband's baby and Marguerite with the baby of her lover. The family decided to pass off Madeleine's child as her sister's to preserve the family name, even when Marguerite died giving birth to her own illegitimate child some weeks before Madeleine's baby (Elisa, Georges's mother) was born. Elisa learnt the truth about her parentage only after Jean had disappeared, by which time she was married with a child of her own, dominated by a difficult and domineering husband. Elisa, like Marguerite before her, subsequently became pregnant with an illegitimate child and committed suicide to avoid shame. Georges's family history is then, a story of repeated adultery and illegitimacy dissimulated in an attempt to preserve and protect the family name. Initially Georges attributes this repetition to the house itself, asking, 'Certaines maisons seraient-elles à ce point habitées par leur histoire qu'elles en viendraient à hanter l'esprit de leurs habitants?'.[17] The ancestral home seems to house the secrets of the past, compelling its present inhabitants to repeat the past unwittingly, scripting their identity and destiny. This is symbolised in the novel by the depiction of Georges's family tree that occupies a large wall in the salon. This magnificent tree dominates the room and Georges's narrative, tracing back the different branches of his family and inscribing his own destiny within them, a destiny 'dictée[s] [...] comme la toile est dictée à l'araignée' by the intersecting branches that form 'une véritable cage mentale' (JR 230-231). Georges's identity seems anchored in the roots of this family tree, in the resemblances and connections he finds therein. Like Jean, he appears bound to repeat the crimes of the past, inextricably tied to his family history as it unfolds during his stay in his ancestral home and as he narrates it a year later.

If, however, Georges' family history is shown to be rife with repetition and resemblances, this novel hints that these are produced to some extent not by the family itself but by the family history. Having unveiled the secrets surrounding Elisa's birth and death, Madeleine notes the resemblances and re-enactments within her story and questions their origins:

---

[17] Louise Lambrichs, *Le Jeu du roman* (Paris: La Différence, 1995), p. 143. Hereafter referred to in the text as JR.

J'ignore si l'histoire se répète vraiment. Je veux dire, n'est-ce pas le regard que nous portons sur elle, qui accentue les aspects de répétition au détriment de la nouveauté? Sommes-nous capables de déceler dans l'histoire de notre famille autre chose que la répétition, justement? Autre chose que ce qui nous est déjà familier? (JR 227)

As Madeleine suggests, the family history may seem to be dictated by repetition, yet the resemblances emerging from it may simply be a result of the way events are narrativised and interpreted. Family histories tend to play on repetition and resemblance in order to produce a coherent and connected story; otherwise, the family history would be a meaningless disjointed narrative of seemingly disconnected individual lives. The emphasis on resemblance within family histories allows individuals to see their own lives and identities reflected in the past and extending into the future; it creates a sense of continuity that extends beyond deaths and gives the individual a sense of belonging. This is figured in *Le Jeu du roman* by the family tree, without which Georges literally cannot survive: when he discovers that the new owners of the Casa del Monte have destroyed the family tree mural, he abandons his project to recreate his family history in writing, falls ill with an undiagnosed disease and dies. Georges seems to rely on a particular symbolic representation of the connections in his family past (figured by the tree mural) to survive: he admits that 'J'ai mon passé devant moi comme d'autres ont leur avenir derrière eux' (JR 45) as though his past has become his only future. When his family history is taken away, he dies. Yet why should the symbolic depiction of his family tree be so central to his identity? The significance of his family history in relation to his identity lies, I would argue, in the emphasis within it on resemblance and repetition. Georges uses his family history as a means to define himself and to anticipate his destiny, to establish himself a place in relation to his ancestors, who are so similar to him that they almost become interchangeable. This is also, as we have seen, true of Jean's family history: within his family, he claims, individuals are 'interchangeable' (ATI 18), in other words, seemingly so alike as to become repeatedly replaceable. This notion that individuals are infinitely substitutable helps Jean and Georges to define themselves according to and within their family history. Within these family histories, individual lives are interchangeable, resurrected in a way through being infinitely replaced/reproduced within the framework of the family history. Thus one could argue that loss is effectively both articulated and denied by the family histories in Lambrichs's novels.

The relation between family histories and loss requires further elucidation. Turning back to *À ton image*, the refusal of loss via a fantasy of infinite replacement also threads through Jean's narrative. Françoise's first husband and two boys were killed in a car crash and she is incapable of moving beyond the horror of this loss until she has had a child to make up for (replace?) the dead children: without the longed-for child, she claims, she will commit suicide or leave Jean. Jean, meanwhile, admits to cloning his wife partly in order not to lose her through death or separation: the clone offers a means of evading that loss. Cloning also, however, gives Jean the chance to replace Françoise even before he might lose her through the ageing process and death. As he realises she might be going through premature menopause, he notes, 'sur son front autrefois si lisse', 'de jeunes rides installées déjà' (ATI 89); he becomes increasingly aware of the signs of ageing inscribed on her body. He admits, as he considers the possibility of cloning, to being seduced by the possibility of watching Françoise as a child, so that 'La vie recommencerait à zéro' and he could become 'le seul homme de sa vie' (ATI 119). In other words, France constitutes for him a perfect substitute of his wife: even better, an idealized and improved version. It is unsurprising then that he shows no signs of grief when Françoise dies: if France has already replaced Françoise for him, he has no need to mourn. In this way cloning acts as a pre-emptive strike against loss through offering a fantasy of endless duplication and resurrection that effectively dispenses with the need to mourn as the lost object is infinitely replaceable. This need to replace individuals even before the loss occurs is clearly evident throughout Jean's family history even before the cloning of Françoise: when Jean is due to go to university, he is replaced in the family home even before he leaves the house. No one mourns in his family; deaths are met with indifference. In other words cloning simply offers a more sophisticated version of substitution than that which Jean's family already subscribes to; within *À ton image*, families are spaces within which loss is perpetually denied through fantasized replacements.

The refusal to mourn that characterises Jean's family history marks not only a denial of loss of others, but also an unwillingness to accept his own mortality. Before he clones his wife, he considers and rejects the idea of cloning himself, at least partly because he is afraid that the clone might carry some of the genetic inheritance that made Elise retarded. Later, however, in prison for statutory rape and murder, Jean fantasizes about starting anew, about living his life over again – and bequeaths his DNA to Nicole to that end. His aim is however not to repeat his life in the same way, but to relive it differently and better within a more secure family environment which might allow his potential clone (who he confuses with himself) to escape the mistakes he attributes entirely to his upbringing. He admits: 'Qu'une seconde chance puisse m'être offerte, dans de meilleures conditions, me donne le courage de mettre un terme à cette existence' (ATI 379); he seems to see the potential clone as simply himself resurrected. In her analysis of cloning, Lambrichs notes that it offers just such a fantasy of reliving one's life, differently, not so much repeating the same existence as becoming someone different. Identity is not, she points out, entirely genetically determined: each person's identity consists of 'des milliers de personnes possibles, différentes de celle que nous sommes devenus'; that might have been realised in different contexts.[18] Individuals need, Lambrichs argues, to accept that most of these identities are already lost and cannot be reclaimed; in other words, 'faire le deuil de ces milliers, de ces milliards de possibles'. Cloning, however, offers Jean the tantalising possibility of not having to mourn his lost potential selves, of being able to start again in a different family, a new context.

Ultimately, however, Jean cannot sustain the fantasy of warding off loss through denying his connection to his family any more than Georges can through clinging to his family history. Indeed, in both novels the stories told to reject loss reveal, despite themselves, their own dangerous consequences: the reproduction and proliferation of loss itself. These stories do have a certain power, but it is potentially dangerous; they fail to protect against loss precisely because their outcomes proliferate beyond the individual's control. This may be seen in the eponymous 'jeu du roman' that Georges introduces to his friends in the Casa del Monte. He explains the rules as follows: one person leaves the room, while the others invent the plot of a novel; when the volunteer returns, he or she must ask

---

[18] 'À notre image', op. cit.

questions requiring an answer of yes or no to reconstruct the novel's plot. After Henri's wife Claire, one of the women who will later disappear, has volunteered and left the room, Georges explains the game differently to the others: they will not invent a novel, but will simply answer yes to any question Claire asks that ends with a feminine rhyme and no to any ending in a masculine rhyme. These rules are not explained to Claire, who proceeds in constructing a narrative out of the disparate answers she is given, a narrative of female rivalry that ends with the disappearance and likely death of the two women (JR 271). Later that night, she and another woman (apparently her love rival) disappear without trace. Out of the disjointed answers given, Claire has not only inferred connections and causes and consequences to invent a narrative, but has also potentially foretold her own story. The answers she was given were irrelevant in themselves; the clue lies in her choice of questions, motivated without her knowing it by her own circumstances, fears, anxieties. In other words, the story she has invented herself has prefigured and even potentially generated her own death.

   Le Jeu du roman, like the game of the same name within it, is a testament to the dangers of storytelling and more specifically of family histories. Georges over-invests his own sense of self in his family history so that when the house is sold and the tree destroyed, he loses sense of who he is and dies. This is partly due to his inability to produce a cohesive written family history: his story ends with the recognition that he has himself partly willed the uncanny repetitions and re-enactments to occur in order to understand his ancestors' behaviour and to make his narrative coherent. These re-enactments have however had the opposite effect: as he muses, 'Comment aurais-je pu prévoir que la répétition, au lieu de m'apporter une réponse aux questions qui ne cessaient de m'assaillir, ne ferait qu'ouvrir sur de nouvelles questions?' (JR 279) We discover in the epilogue written by his partner Marie that Georges died leaving an incomplete and disjointed family story, having been unable to draw it together; Marie herself has finished and rewritten his manuscript, making the connections and parallels he ended up unable to see. It is because he cannot control his family history, his own story, that Georges loses the will to live; his premature death of no physiological cause is generated by the outcome of the family history that he cannot ultimately make sense of.

The power of the family history to cause tragedy and death is also evident in *À ton image*, where events can be linked back to the way the family history has been constructed. This may be seen clearly in Jean's version of France's life story as a clone. It is not, I would suggest, because France is a clone but precisely because Jean persists in seeing France as the replica of Françoise that she ends up taking his wife's place, in his home and in his bed. Jean admits that 'J'ai vu France comme une répétition de Françoise et je l'ai enfermée dans ce rôle' (ATI 356) but he does not draw out the implications of his admission, i.e., that if France is prematurely seductive, this may be because he has cast her in that light already. This is suggested in a scene Jean describes in which France dresses up in Françoise's clothes and parades herself in front of him:

> Tout en restant une enfant, France parvenait à projeter l'image d'une femme troublante, incroyablement provocante, ce qu'elle n'eût jamais réussi me semblait-il sans une conscience aiguë de sa propre séduction. Et c'est cette conscience précoce, prématurée même, qui plus que son déguisement me plongea dans un malaise insupportable. (ATI 318-319)

Jean describes France as unusually precociously seductive, as deliberately setting out in awareness of her charms to make him desire her: his account depicts France as a disturbing Lolita figure. By contrast when Françoise enters the room, she simply laughs and comments that, 'comme toutes les petites filles' (ATI 319), France likes to dress up in her mother's clothes. For Françoise, then, France is like any other little girl, whereas for Jean she is markedly different, monstrous, even. The difference in their reactions could suggest that Jean imputes the precocious sexuality to France, just as he insists on seeing her as the identical image of Françoise. France, then, ultimately turns into the image he has cast her in all along when she enters his bedroom and sleeps with him: if she now seems sexually predatory, it may be because he has always seen her that way. Certainly, when he has had sex with her and strangled her, he looks again at her body and sees clearly 'la dépouille [...] d'une enfant à peine pubère' (ATI 366). He attributes this to accelerated cell growth and regression caused by the cloning process, yet it could equally show him to have finally opened his eyes to the reality of France's age and appearance after years of seeing her only as a carbon copy of his wife.

Jean, like Georges, discloses secrets and crimes within his family past in order to protect himself, to carve out an identity for himself through his family history. For both of these men, the family history spirals out of their control: Georges uncovers the skeletons in the family closet without being able to make sense of them, whilst Jean commits suicide in a dangerous and futile bid to escape his family history. Thus these narratives that try to make sense of the deaths of the past end up predicting, and seemingly generating, as yet inarticulated loss and trauma in the future. The refusal to conceive of alternative versions of their family history effectively kills off Lambrichs's narrators and their families; it renders the future unimaginable other than via the nightmarish visions of endlessly repeated horrors figured by cloning in *À ton image*. In *À ton image*, as in *Le Jeu du roman*, these dangerous traumas lie not in cloning, or in unregulated scientific experimentation, but – perhaps surprisingly – in the logical, if unseen, outcome of family histories.

Family Tragedies: Child Death in Recent French Literature

Gill Rye

The death of a child throws a family into disorder, rocks its very foundations. It is what parents fear most. In the family, and in society more generally, a child's death is almost always perceived as a wrongful death. For the parents, the experience of losing a child is a 'limit experience', an irreparable loss.[1] All too fearfully imaginable before its occurrence, such a loss nonetheless proves *un*imaginable even in the face of its stark and tragic reality. In the wider socio-cultural sphere, the death of a child is so shocking – and, one might add, given its coverage in the popular media, so compelling – because it is felt to be a reversal of the natural order of things. In the UK, following the conviction in 2003 of Ian Huntley to life imprisonment for the Soham murders, the parents of the murdered 10 year-olds Holly Wells and Jessica Chapman spoke to the press of their own 'life sentence' – sentenced as parents to live (or rather survive) without their daughters.[2]

---

[1] The term 'limit-experience' is used in Trauma Studies. See Shoshana Felman and Dori Laub, *Testimony: Crises of Witnessing in Literature, Psychoanalysis, and History* (New York & London: Routledge, 1992), p. 205, where it is used specifically in the context of the Holocaust. Emma Wilson uses the term 'limit-subject' in the context of the loss of a child, for which there is no repair or reparation (*Cinema's Missing Children* (London & New York: Wallflower Press, 2003), p. 153). Similarly, Henry Krystal posits the loss of a child by parents as 'an example of one [loss] that may not be capable of completion' ('Trauma and Aging: A Thirty-year Follow Up', in Cathy Caruth (ed.), *Trauma: Explorations in Memory* (Baltimore & London: The Johns Hopkins University Press, 1995), pp. 76-99 (p.84)).

[2] Paul Cheston and Patrick McGowan, 'We are Living our own Life Sentences' (report on Soham trial verdict), *Evening Standard*, 17 December 2003, p. 3.

In France, a number of literary texts have been published over the last decade dealing with the death of a child from the perspective of a bereaved parent, contributing to the genre referred to by Jacques Drillon as the *récit de mort*.[3] This chapter analyses a group of four such *récits de mort* from the period: Camille Laurens's *Philippe* (1995); Philippe Forest's *L'Enfant éternel* (1997); Laure Adler's *À ce soir* (2001); and Aline Schulman's *Paloma* (2001).[4] All very different from each other in form and in style and in the circumstances of the child's death, they nonetheless display some striking similarities, which warrant their grouping together here. They are all autobiographical accounts, although Forest's text is written as a novel, which won him the Prix Femina du Premier Roman in 1997.

Two of the texts relate to recent loss and two are written some years afterwards. Laurens and Adler write about the loss of their baby sons; Laurens writing in the months following the death of Philippe which occurred just two hours and ten minutes after he was born, and Adler writing 17 years after the loss of her 9 month-old baby Rémi from a respiratory problem. Forest and Schulman both lost their young daughters to cancer; Forest, like Laurens, writing his novel soon after the death of his 4 year-old daughter and Schulman's text, in a similar way to that of Adler, written 16 years after the death of her daughter at the age of 8.

Interestingly, given the thrust of this article, Kevin Wells has published a book about his daughter's death (*Goodbye, Dearest Holly* (Psychology News Press, 2005), translated into French as *Ma fille s'appelait Holly* (Paris: Privé, 2005).
[3] Jacques Drillon, *Face à face* (Paris: Gallimard, 2003), p.129; see also Emmanuel Bouju, 'Romans et tombeaux: l'insoutenable indétermination du genre', in *L'Éclatement des genres au XXe siècle*, ed. Marc Dambre and Monique Gosselin-Noat (Paris: Presses de la Sorbonne Nouvelle, 2001), pp. 319-30, for a discussion of genre with reference to Philippe Forest's text.
[4] Camille Laurens, *Philippe* (Paris. P.O.L., 1995); Philippe Forest, *L'Enfant éternel* (Paris: Gallimard, 1997); Laure Adler, *À ce soir* (Paris: Gallimard, 2001); Aline Schulman, *Paloma* (Paris: Seuil, 2001). Other examples are Jacques Drillon's *Face à face* about the death of his stepson, aged 25, from a brain tumour, in which he attempts to define their relationship; Janine Massard's autobiographical novel, *Comme si je n'avais pas traversé l'été* (Vevey: L'Aire bleue, 2001), the account of losing both her husband and her 24 year old daughter to cancer within a short space of time. See also Hélène Cixous, *Le Jour où je n'étais pas là* (Paris: Galilée, 2000) on the death of a Downs Syndrome baby. The theme of child death has also been treated in recent fiction by Marie Darrieussecq, *Bref séjour chez les vivants* (Paris: P.O.L., 2001), in which each member of a family is still haunted by the drowning of a little boy, many years after the event.

The tragedies recounted are of a different kind to those experienced by the Soham parents, of course – the children in the texts are not murdered but die as a result of an illness or from damage at birth – but they do suggest that the parents involved carry a similar kind of 'life sentence'. It is the nature of this 'life sentence' that I explore here; for what happens to the identity of parents, to parenting, after the death of a child? When the child who names them 'Maman' and 'Papa' is gone, to what extent do parents continue to be parents? The analysis of two texts written soon after bereavement alongside two written a decade and a half later enables some tentative conclusions to be drawn about what is nonetheless, in each case, a singular experience.[5]

The notion of a 'life sentence', although very understandable as a metaphor to draw attention to overwhelming loss, does not, however, sit comfortably with Western models of mourning which require the bereaved person, after a suitable period of mourning, to let go of the lost loved one and to move on, to get on with life. Indeed, all four texts protest at such well-meaning platitudes that work, from the parents' perspectives, to deny the import of the child's death and life. Laurens's narrator most vehemently accuses those by whom her baby son 'Philippe souffre mille morts'.[6] Those who avoid talking about him, tell her she will soon get over it, or advise her to have another child. From Freud, an inability to overcome the pain of loss – the melancholic prolonging of the mourning process – is considered to be pathological.[7] Melanie Klein's work on mourning in which mourning the loss of loved ones, even in adulthood, entails a psychic reworking of the primary processes of infantile loss, arguably allows for a longer period of connection than the Freudian model, but nonetheless Klein still promotes an ideal of 'effective mourning' and thus a sense that it

[5] See William Watkins, *On Mourning: Theories of Loss in Modern Literature* (Edinburgh: Edinburgh University Press, 2004), p.16. Watkins stresses that loss is 'singular' rather than individual. It is singular to us but also what we share with others.

[6] Camille Laurens, *Philippe*, p. 64. Hereafter referred to in the text as P.

[7] See Sigmund Freud, 'Mourning and Melancholia (1917 [1915])', in *On Metapsychology: The Theory of Psychoanalysis*, The Pelican Freud Library Volume 11 (Harmondsworth: Penguin, 1984), pp. 245-68; 'The Ego and the Id (1923)', in *The Ego and the Id and Other Works*, Standard Edition, Vol. XIX (London: Hogarth Press and the Institute of Psycho-Analysis, 1961), pp. 1-66.

should be completed.[8] Klein's work may be useful, though, in appreciating the particularly complex mourning process in parents who lose a child. The re-working of unconscious infantile anxieties of primary loss (which in Klein involve both love and hate and a sense that the infant has destroyed his or her parents, followed by the impetus to reparation) may in bereaved parents accentuate to an intense degree, at the level of the psyche, feelings of the loss of self (as parent). Newer models of grieving, and some non-Western models of grief and mourning, on the other hand, allow more explicitly than Freud or Klein for what the clinical-psychologist editors of one collection of essays call 'continuing bonds' with, rather than disengagement from, dead loved ones.[9] This volume deals with a number of different kinds of bereavement and the concept of the 'continuing bond' is not confined to the loss of a child, but the chapter by Dennis Klass does focus specifically on bereaved parents.[10] Most interestingly, the 'bond' posited here is not a pathological melancholic longing as in Freud, nor does it signal a compulsive return to trauma.[11]

---

[8] Melanie Klein, 'Mourning and its Relation to Manic-Depressive States' (1940), in *Love, Guilt and Reparation and Other Works 1921-1945* (London: The Hogarth Press and the Institute of Psycho-Analysis, 1981), pp. 344-69.

[9] Dennis Klass, Phyllis R. Silverman and Steven L. Nickman (eds), *Continuing Bonds: New Understandings of Grief* (Washington DC: Taylor & Francis, 1996). Klass et al. cite Japanese ancestor worship as an example of a culture's continuing bonds with the dead (pp. 59-70); the Mexican Día de los Muertos (The Day of the Dead), celebrating the reunion of the dead with their families, is another example.

[10] Dennis Klass, 'The Deceased Child in the Psychic and Social Worlds of Bereaved Parents during the Resolution of Grief', in *Continuing Bonds*, pp. 199-215.

[11] Freud stressed the importance of return, repetition and working through in dealing with trauma. See 'Remembering, Repeating and Working-Through (Further Recommendations on the Techniques of Psycho-Analysis II (1914)', in *The Case of Schreber, Papers on Technique and Other Works*, Standard Edition, Vol. XII (London: Hogarth Press and the Institute of Psycho-Analysis), 1958, pp. 145-56. For key work in modern Trauma Studies, see Caruth, *Trauma: Explorations in Memory*. In this volume, van der Kolk and van der Hart discuss the need to return to a traumatic memory often, in order to complete it, so as to integrate it and turn it into narrative (Bessel A. van der Kolk and Onno van der Hart, 'The Intrusive Past: The Flexibility of Memory and the Engraving of Trauma', in Caruth, *Trauma*, pp. 158-82 (p. 176)). Elsewhere, in the case of a teenager's experience of the violent death of his best friend, Caruth does identify a continuing bond; in this case, as in the case of the authors analysed here, language constitutes the bond. Nonetheless, in Caruth's study, a sense of closure remains (in the form of letting go) – the boy's 'parting words' bind him 'to his dead friend even in the very act of *letting go*' (Cathy Caruth, 'Parting

Rather, it takes the form of a positive, integrated form of connection that, in order to be most beneficial, especially in the loss of a child, is also socially ratified. This notion of a socially ratified continuing bond is useful in thinking about not only what happens to parenting after a child's death, but also about the role of the reader in such personal accounts of traumatic loss.

Texts that deal with tragic loss and overwhelming grief are particularly challenging to the reader. For what is our place here? How or where are we situated by the text? Where should we place ourselves in relation to it? The critical reader of such texts faces a particular dilemma. To what extent is it unacceptably invasive to take a critical position on personal accounts of loss? How can we ethically negotiate the tension between reading as bearing witness to a testimony of traumatic loss and reading as interpreting a published text, when the very act of publication renders a text open to interpretation, interrogation, criticism and even possibly scepticism and/or suspicion.[12]

Cultural production that commemorates or testifies to the loss of a child is not a new development, of course – Victorian paintings and photographs of dead children spring to mind[13] and, in the French literary tradition, Forest himself makes reference to Mallarmé and Hugo.[14] However, as Emma Wilson points out in her sensitive study *Cinema's Missing Children*, contemporary Western culture 'has a particular interest in observing, managing and testifying to such losses'. This interest forms part of the late twentieth and early twenty-first century's 'drive towards memorialisation'[15] and is reflected in the growth of Trauma Studies, which, it must be said, has not been

---

Words: Trauma, Silence and Survival', *Cultural Values* 5.1 (January 2001), pp. 7-27 (p. 18), my emphasis). With thanks to Kathryn Robson for this reference.

[12] For an engagement with this problematic, see Felman and Laub, (p. xv); Céline Lamy also asks this question in her review of Laurens's *Philippe*: 'Comment présenter ce récit autobiographique sans le trahir?' (Céline Lamy, 'Un enfant sauvé du néant', http://ecrits-vains.com/critique/lamy11.html, accessed 29 February 2004). In general, critical reception of these texts has been respectful rather than sensationalist.

[13] See, for example, Gillian Avery and Kimberley Reynolds (eds), *Representations of Childhood Death* (Basingstoke: Macmillan, 1999); in France, see Nathalie Rheims's novel, *Lumière invisible à mes yeux* (Paris: Léo Scheer, 2003), which both concerns and includes photographs of people after their death, including several of children.

[14] Forest, *L'Enfant éternel*, pp. 189-229. Schulman also refers to Hugo's poems on the death of his daughter (*Paloma*, pp. 31, 62).

[15] Wilson, *Cinema's Missing Children*, p. 159

without its critics.[16] Texts, such as those which are at the centre of this chapter, can nonetheless make an intervention into contemporary debates on trauma and loss and the management – or the 'unmanageability'[17] – of grief and mourning, and, in doing so, they offer a space for reflection on these issues.[18] In exploring the way parenting is represented in the four texts, I do not presume to comment on the respective authors' own personal lived experience of grief. Rather, my analysis dwells on what these texts can tell us about the bringing of the intimate experience of parental bereavement into the public arena.[19]

At the time of writing their *récits de mort*, all four authors were already established writers, but, in each case, these texts took the form of a new departure: Camille Laurens had written a number of novels and *Philippe* inaugurated a more openly autobiographical or autofictional mode of writing;[20] Laure Adler, a historian and journalist, director of French Radio's France-Culture had written a biography of author Marguerite Duras; Philippe Forest, an academic, had produced studies of literature and a history of the avant garde journal *Tel Quel*, and with *L'Enfant éternel* and its sequel *Toute la nuit* (1999) turned to writing novels;[21] Aline Schulman had specialised in and translated Spanish literature. Each of the four texts retrospectively covers the period up to and including the death of the

---

[16] See the editors' introduction to Nancy K. Miller and Jason Tougaw (eds), *Extremities: Trauma, Testimony and Community* (Urbana & Chicago: University of Illinois Press, 2002), which addresses both the commodification of trauma (p. 2) and the 'moral murkiness of the enterprise [i.e. of Trauma Studies]' (p. 19). Alessia Ricciardi, *The Ends of Mourning: Psychoanalysis, Literature, Film* (Stanford CA: Stanford University Press, 2003) argues that postmodernism has brought about the demise of mourning and an ethical relation to the past in favour of culture as commodity.

[17] Wilson, *Cinema's Missing Children*, p. 159.

[18] See Wilson, *Cinema's Missing Children*, p.159; Watkins, *On Mourning*, p. 41.

[19] See also Bouju, who discusses, among other things, the placing of Forest's text 'dans le champ de l'institution littéraire française' (p. 320).

[20] In particular, the subject matter and characters of Laurens's novel *Romance* (Paris: P.O.L., 1992) are reworked in the autofictional *L'Amour, roman*; the latter text also makes reference to her son Philippe and to the book *Philippe*; similarly the narrator of *Dans ces bras-là* (Paris: P.O.L., 2000) has a son who died (p.207). Laurens's text on the photography of Rémi Vinet, *Cet Absent-là: figures de Rémi Vinet* (Paris: Léo Scheer, 2004), also meditates on Polaroid photographs of Philippe, before and after his death (pp. 39-47, 92-3).

[21] Philippe Forest, *Toute la nuit* (Paris: Gallimard, 1999).

child. In so doing, they all speak of parenting in the light both of experienced loss and of impending loss, and with the guilt of survival. The ways in which they each inscribe maternity or paternity forms the focus of my discussion, though, of course, there is obviously much more that they say – and do not say – about the unbearable experiences they evoke.[22]

Camille Laurens's *Philippe* is a short account of the death of her first child from prolonged foetal distress during birth. The text, constructed in fragments, short paragraphs and sections, giving a rather raw, staccato tone to the account, tells how the narrator returned to France from Morocco, where she had been living, in order, ironically, tragically, to have her baby safely. Laurens's narrator describes herself at the beginning of the text as a 'mère défunte' (P 14). In losing her son at birth, she feels that her motherhood has died with him: 'J'ai eu deux minutes pour être mère. Enfant défunt, mère défunte [...] Famille défunte' (P 14-15). Yet, poignantly, she describes how her body asserts its maternity a month after the baby has died: 'malgré une double dose de médicaments, le lait monte. Il déborde, il jaillit tout seul comme des larmes, il coule sur les seins, sur le ventre' (p.19).

With this image of the milk tragically flowing from her breasts like tears, the body itself is figured here powerfully – albeit achingly powerless – as a *mater dolorosa* (Catholicism's representation of the Virgin Mary in sorrow at Christ's suffering). This very physical, physiological, manifestation of maternity after the baby's death also reflects the fact that, in Laurens's text, memories of motherhood relate almost entirely to its physical experience: the sensations of the baby moving in the womb, the flow of her waters breaking, the pains of childbirth and, finally, the intense feeling of the baby's body, 'des contours de son corps, de ses jambes très longues', leaving her body, as he is born (P 47).

As well as being a personal memoir of traumatic loss, Laurens's text also has a public role. It functions as an accusation. The narrative incorporates a number of official voices, which serve to provide a range of perspectives on the baby's death and its causes: extracts from medical textbooks, dictionaries, the dossier of the birth and experts' reports. The impetus of the text is made explicit: on the

---

[22] On the inexpressibility of traumatic experience, see Felman and Laub, and Caruth.

one hand, the need to understand what happened and why (the second section of the book is entitled 'Comprendre') and, on the other, to 'rendre justice' (P 74). The narrator's own experience of labour is juxtaposed with excerpts from the clinical dossier of the birth and the opinion of experts, making use of irony in order to lay the blame for the baby's death squarely on the doctor (Dr. L in the text). He did not read the obvious signs of severe foetal distress and neglected to take the action that was necessary to save the baby.

The baby is named Philippe at birth – at death – 'pour qu'il existe [...] Le *reconnaissant*' (P 26-7), at once recognising his existence and expressing gratitude for his short life. At his funeral, the father reads a letter to the baby signed '"ton papa, ta maman" pour la joie folle d'en former une fois les syllabes' (P 28). In naming themselves as 'Maman' and 'Papa' in the present, the parents in Laurens's text at once elegiacally mourn and performatively lay claim to the parenthood whose future has so tragically been denied them.[23] Laurens's book ends with a moving conflation of the private and the public: 'J'écris pour dire *Je t'aime*. [...] J'écris pour desserrer cette douleur d'amour, je t'aime, Philippe, je t'aime, je crie pour que tu cries, j'écris pour que tu vives. Ci-gît Philippe Mézières. Ce qu'aucune réalité ne pourra jamais faire, les mots le peuvent' (P 75).

Here, the book has a role in the public assertion of baby Philippe's existence, of his death and of the narrator's parenthood, as, indeed, Laurens confirms in a recent interview: 'Il y avait son nom sur la couverture. C'est banal à dire, mais ça le mettait dans le courant de la vie. Ça le mettait au monde d'une certaine manière'.[24] Thus, in Laurens's text, in common with the other examples I discuss in this chapter, writing itself is a maternal (or parental) act – an act, a practice, which recreates the parenting relationship with the child in the present, in language, in the world.[25]

---

[23] See William Watkins on elegiac naming at the graveside as performative (*On Mourning*, pp. 5, 7); in Laurens's text, naming at the graveside consists not only of naming the lost loved one, but also of the parents naming themselves as parents, an elegy to their loss of self as parents.

[24] Philippe Savary, 'La Peau et le Masque' (interview with Camille Laurens), *Le Matricule des Anges* 43 (15 March-15 May 2003), pp. 18-23 (p. 21); this issue includes a dossier on Camille Laurens, pp. 14-23.

[25] See Elaine Tuttle Hansen, *Mother without Child: Contemporary Fiction and the Crisis of Motherhood* (Berkeley, Los Angeles & London: University of California

In Adler's text, *À ce soir*, which like Laurens's *Philippe* is written in the form of fragments, the narrator is, from the outset: 'une mère vivante qui a perdu son enfant'.[26] This reference to a continuing sense of motherhood is not simply because she has other children but rather because the pain of losing her baby son Rémi remains with her all these years later: 'Je sais depuis dix-sept ans que la douleur est et demeura ma compagne [...] rien ne s'efface, rien ne s'adoucit' (ACS 49-50). The fragments of written text are interspersed irregularly with numerous large blank white spaces as if, on the one hand, to signify the inadequacy of words to express the mother's pain, and, on the other hand, to inscribe – or at least to inscribe a space for – those unspoken, unspeakable, intensely private feelings.

In striking contrast to the account of the harrowing weeks, and months, spent in the 'insoutenable anonymat' of the hospital,[27] unable to hold Rémi as he lay in intensive care wired up to machines, the memories of maternity prior to the baby's hospitalisation are, here, as in Laurens, intensely physical. In Adler's text, what is remembered is the healthy joyful pregnancy and relatively easy birth, and then bodily memories of the baby's early months – evoking his milky smell, the touch of his skin, his eyelashes, the cuddles and 'petits babillages secrets' of mother and child (ACS 54).

Adler's text does not display the same accusatory impetus that is found in Laurens's *Philippe*. Neither hospital staff nor the care the baby received are criticised in any way. Nonetheless, the text does denounce the alienating way in which the hospital system sometimes deals with parents, and, in interview, Adler claims a public role for her text, hoping that it will help improve matters in the future.[28]

A feature of Adler's *récit*, which is common to all four texts, is its self-reflexivity – its reflection on the writing process and on her reasons for writing and publishing. Adler's narrator writes to commemorate both the courage of baby Rémi ('On ne le dira jamais assez. Les enfants, aussi, peuvent être courageux' (ACS 113)) and the

---

Press, 1997), in which storytelling is figured as a 'nonprocreative maternal practice' (p. 226).

[26] Adler, *À ce soir*, p. 50. Hereafter referred to in the text as ACS.

[27] Marie-Laure Delorme, '*À ce soir*, Laure Adler', *Magazine Littéraire* 401 (September 2001), pp. 68-9 (p. 69).

[28] See Olivia de Lamberterie, 'Laure Adler, "Perdre un enfant, c'est rompre l'ordre naturel du monde"' (interview with Laure Adler), *Elle* (Monday 3 September 2001), pp. 247-50 (p. 250).

parents' accompaniment of his death. Above all, for Adler, *À ce soir* is 'une tentative de raccommodement avec le monde' (ACS 29) – a coming to terms with an overwhelming pain and sense of guilt which, 17 years after Rémi's death, permeates the text.[29]

All the texts discussed here express parental guilt following the death of a child, but in Adler's text it engulfs the narrator: guilt for not being there when Rémi was first taken ill (she was at work and the nanny was looking after him ('J'avais déserté le camp de la maternité', ACS 88)), guilt for feeling she had abandoned him (because of the hospital system which prevented her staying with him, holding him (ACS 91, 108)), guilt for her own continued survival after his loss (ACS 131), and the shame of being a mother who has lost her child ('je pense que les mères ont toujours honte de perdre un enfant').[30] However, if writing, for Adler, is an attempt to comes to terms with guilt, it does not heal the pain. Indeed, it is 'ni une délivrance, ni un apaisement, ni une page que je tourne' but 'plutôt une déchirure, cela a rouvert des plaies'.[31]

Forest's and Schulman's texts are somewhat different from those of Laurens and Adler in their memories of parenthood. Both relate the long year or so in which the parents accompanied their daughter from the initial diagnosis of cancer to her death, via the tortuous path of their hopes and fears, and of the suffering and periods of respite of her treatment. Forest's narrator speaks of being 'orphaned' by the death of his daughter (called Pauline in his novel): 'un père, une mère dont l'enfant meurt se retrouve orphelin. Celui qui perd son enfant se découvre projeté dans le même solitude affolante que celui qui, tout petit, se retrouve privé de ses parents'.[32] His paternal identity is born from his child: 'Je suis né de ma fille autant que de mes parents, par elle j'ai appris ce que signifiait ma vie'.[33] Losing her means he loses a part of himself – as father.

Although much of Forest's novel is narrated in the first person, some sections of it are written in the third person, with the

---

[29] See also interview in *Elle* for Adler's discussion of shame and guilt.
[30] Olivia de Lamberterie, 'Laure Adler, "Perdre un enfant, c'est rompre l'ordre naturel du monde"', p. 248. Hansen makes the point that a 'mother without child' is a social taboo, a 'logical impossibility' (*Mother Without Child*, p. 26).
[31] Ibid.
[32] Philippe Forest, *Toute la nuit* (Paris: Gallimard, 1999), pp. 202-203. Hereafter referred to in the text as TN.
[33] Forest, *L'Enfant éternel*, p. 142. Hereafter referred to in the text as EE.

narrator as 'Papa', a technique which holds on to his paternal identity at the same time as it recreates the relationship with his daughter. Many sections are devoted to dialogue between father and daughter, and, rather than the purely physical memories of motherhood found in Laurens and Adler, in Forest's novel, language and storytelling play a large part. This is storytelling on the level of the novel itself, which constantly asserts its own fiction, while also including autobiographical episodes which identify the narrator closely with the author.

Yet storytelling is also prevalent within the diegesis itself, with the story of Peter Pan (J. M. Barrie's eternal child) operating both as an intertextual framing device to the novel and as Pauline's favourite story within it.[34] On the one hand, the emphasis on language here simply reflects the age of the child – Laurens's and Adler's babies died too early for language to play the same part. On the other hand, it reflects the importance of words, and of writing, both in the commemoration of the life and death, and courage, of Pauline and in the preservation of, and reconnection with, the parent-child relationship.

The latter is an extremely important element of Forest's novel. The narrator even goes so far as to say: 'La longue année où mourut notre fille fut la plus belle de ma vie' (EE 233). Here, he is referring to the closeness of mother, father and daughter during this period, and, indeed, the book focuses more on important moments in the life the family has together during Pauline's illness than on her suffering, which, although always present, is not dwelt on.

Like Adler, though, both Forest and his narrator Félix refuse the redemptive qualities of writing about loss: 'Les mots ne sont d'aucun secours' (EE 399). For Forest, the novel is rather an exemplary locus for the expression of the Lacanian Real – the void, the abject, confrontation with death.[35] His alter ego, Félix, within the novel, considers his own writing as both positive and negative: on the one hand, as commemoration of his daughter's courage, an offering of words, 'la seule obole pensable' (EE 191) and, on the other, as

---

[34] Indeed, Barrie's *Peter Pan* also has a melancholic dimension since Peter Pan is trapped in eternal youth. With thanks to Michael Worton for this point.
[35] Philippe Forest, *Le Roman, le réel: un roman est-il encore possible?* (Saint-Sébastien-sur-Loire: Editions Pleins Feux, 1999).

betrayal: he turns her into an 'être de fiction' (EE 226), 'un être de papier' (EE 399).

In a similar vein, but quite differently treated, the move to hold on to parenthood that is evident in the writing of Forest's text is also to be found in Schulman's *Paloma*. At the end of the book, the narrator tells how she responds, as a mother, a year after her daughter died, to another child's cry of 'Mamaaan' (P 174). But this poignant episode ends positively with a feeling of renewed connection and the sense of the continuing presence of the lost daughter. Indeed, the story that is told in this text is addressed to the dead child.

The narrator refers to herself as a 'un conteur' (P 32), creating 'cette histoire vécue' (P 14) 16 years after her daughter's death. As in Forest's novel, storytelling also plays a large part in the mother-daughter relationship itself: here, it is the mother's stories which entertain the daughter during the long hours in hospital and which accompany her in her illness. Storytelling is also the way in which the narrator re-connects not only with the lost daughter but also with the lost mother-daughter relationship which it recreates: 'c'est toi, c'est nous, que je veux sauver' (P 32). This is clearly evident towards the end of the text when the narrator admits that the child's father was also present throughout the events recounted, although he has scarcely been mentioned:

> Mais je l'ai voulue, notre histoire, comme un dialogue à huis clos, de toi à moi, comme une élégie à deux voix. Et autour de nous j'ai fait le vide. Pour mieux te voir, mon enfant. Pour mieux te serrer, mon enfant. Pour mieux te garder, mon enfant. (P 163)

This passage ends with (almost sinister) intertextual echoes of *Little Red Riding Hood*, gesturing, like Forest, to the daughter's love of stories, and, at the same time, reinforcing the fictional qualities of the story being recounted within the text.

The backgrounding of the father in Schulman's text does not, however, mean that the maternal relationship is privileged over the paternal one (although the narrator does comment on the different ways that the mothers and fathers at the hospital deal with their children's illness). Rather, in rendering the exclusion of the father explicit, she makes it clear that it is her own, singular, one-to-one relationship with her daughter that she wants to recover in writing.

In fact, Schulman's text does at times include the parental 'nous', although to a lesser degree than the other three authors discussed, and if the father is backgrounded during much of her text, his perspectives are nonetheless eventually included. Three and a half pages, set in italics, purport to be her English husband's own writing about his daughter's illness (P 165-169). Interestingly, Forest's sequel to *L'Enfant éternel* concludes with a similarly italicised section, written in the narrative voice of Félix's wife, Alice (TN 307-315). But both these moves to incorporate the perspective of the bereaved other (partner) are doomed to failure.

In Schulman's text, the husband's pages are translated from his native English: 'traduites dans ma langue, avec mes mots, comme si c'était moi qui parlais pour lui!' (P 165); in Forest's text, Alice's section concludes what is overtly a novel, albeit autobiographical. Throughout this text, Alice is cast as reader of Félix's first novel, and each of the preceding four sections conclude with a dialogue between Félix and Alice, in which Alice says she does not recognise herself in what Félix has written.

The giving over of the conclusion of the fifth section, and the novel, to Alice alone, then, is, on the one hand, a move towards the other, albeit a fictionalised one, yet, on the other hand, as Schulman makes clear with her exclamation mark, an appropriation of the other's perspective. Both texts ultimately assert the impossibility of knowing how the other parent feels and, attest to the absolute singularity of the experience of bereavement.

Although these four writers all turn to writing at different stages of their loss, it is striking that, in contrast to theories that posit literature as reparative or therapeutic – as part of the process of working through loss and ultimately achieving effective mourning – they all reject the idea that writing plays a healing role.[36] Rather,

---

[36] See, for example, Suzette A. Henke, *Shattered Subjects: Trauma and Testimony in Women's Life-Writing* (Basingstoke: Macmillan, 1998). Henke proposes the term 'scriptotherapy' for what she identifies as a writing cure (p. xii); and notes the importance of the 'sense of agency' that writing imparts (p. xvi). Hansen, however, argues that to represent the effects of loss is not to assimilate the loss or to forget the lost loved one (p. 237); and Sandra M. Gilbert suggests that writing (about) a wrongful death can 'relieve the pain of reliving the pain' and 'to bring some order, some meaning', even if that in itself is painful and the pain will never heal (Sandra M. Gilbert, 'Writing Wrong', in *Extremities*, ed. Miller and Tougaw, pp. 260-70 (pp. 264, 270).

Adler and Laurens claim a public function for their texts – Laurens's call for justice, Adler's wish to help bring about change in the hospital system – and, as we have seen, for all of them writing and publishing are acts of both private and public commemoration; the published book functions in a certain way as a memorial. Above all, though, what these texts express very clearly is that parental identity does not disappear with the loss of the child. In each case, however much time has elapsed between the bereavement and the writing, parenting is remembered in the past and claimed, through the act of writing, in the present.

In the introduction to *Continuing Bonds,* Silverman and Klass suggest that, by constructing an inner representation of the loss that is characterised by life, energy and love, bereaved parents can begin to let go of pain (both their own pain and the pain their child has suffered).[37] This is of course also part of the normal work of personal grieving and mourning, but, for Klass, who works with self-help groups of bereaved parents, the process is ongoing and, importantly, it requires a social element.[38] According to Klass, what these parents want most is public recognition and acceptance of, on the one hand, their loss and feelings of grief and, on the other, the continuing connection that they, as parents, have with their lost children. In this way, Klass argues, the 'life sentence' of bereaved parents can go beyond the melancholic to become integrated. It enables parents to let go of pain but to hold on to the child and, crucially, to themselves as parents. This formulation offers a different model of mourning from that posited by Freud and Klein, in that it recognises that mourning may never be completed as such and argues that recurrent grief (as opposed to constant grieving) is not necessary pathological.[39]

There are of course many ways to read each of the four texts I have discussed in this chapter, and there are undoubtedly many things they do not or cannot say about parents' feelings and experiences of profound loss, but what they do say is important and it requires that we listen. The texts operate to inscribe into the public, cultural, social sphere not only loss and death but also life – the life of and love for the child and, above all, the parents' continuing self-identity as

---

[37] Silverman and Klass, *Continuing Bonds*, p. 17.
[38] *Continuing Bonds*, p. 17.
[39] Paul C. Rosenblatt, 'Grief that does not end', in *Continuing Bonds*, pp.45-58 (p. 55).

parents. Following Klass, then, the reader can be cast as having a role in the social ratification of the accounts whose very publication asks for public recognition, for social acceptance, of lives lived, of deaths died and, above all, as we have seen throughout, of a continuing sense of parenthood.

La Famille (du cinéma) en désordre: Roudinesco and Contemporary French Cinema

Phil Powrie

Elisabeth Roudinesco's *La Famille en désordre* paints a sorry picture of the family as traditionally conceived. She points out how the authority of the father defined the family for as far back as can be established historically. That authority was undermined by the eruption of the feminine, as she calls it, in the eighteenth century. It is increasingly under attack from a combination of factors, she points out: sexual freedom and divorce; materialism and its attendant selfishness; technology in the form of artificial insemination and cloning. All of these conspire to undermine the stability of the family unit where once upon a time all were for one, and one was for all. She writes as follows towards the start of her book: 'À la famille autoritaire de jadis, à celle, triomphale ou mélancolique, de naguère, succéda la famille mutilée d'aujourd'hui, faite de blessures intimes, de violences silencieuses, de souvenirs refoulés'.[1] And towards the end of the book, the picture is just as gloomy. The family no longer functions as it used to historically, as a structure where social laws can be inculcated, but rather as 'un lieu de pouvoir décentralisé et à visages multiples', more akin, as she so memorably puts it, to 'une tribu insolite, à un réseau asexué, fraternel, sans hiérarchie ni autorité, et dans laquelle chacun se sent autonome ou fonctionnalisé'.[2] She is not suggesting the end of the family, however, so much as a change in what is meant by a family structure. The decline of patriarchal authority, women's control of their bodies, and the relatively recent possibility of gay marriages as a result of the PACs, when taken

---

[1] Elisabeth Roudinesco, *La Famille en désordre* (Paris: Fayard, 2002), p. 24.
[2] *La Famille en désordre*, p. 191.

together suggest a major reorientation of what might be understood by a 'family'. Roudinesco's point is that this poses problems for individual identity.

Cinema, unsurprisingly, reinforces the disintegration and destabilisation of which Roudinesco speaks so eloquently. Indeed, this chapter's working hypothesis is that recent French cinema constantly returns to the issue of the family as a major preoccupation. Tarr and Rollet suggest that this is one of several preoccupations of women filmmakers,[3] and Prédal points out that it is a major focus of *le jeune cinéma*;[4] this chapter suggests that the family is perhaps the major preoccupation of French cinema as a whole in recent times. While there are undoubtedly some films which show the more traditional extended French family as a stable social structure whose constituent members are fulfilled, the bulk of recent French cinema seems to work on the basis that this stereotype of the utopian family is unachievable. Recent French films gesture to this unachievability by proposing a variety of unworkable, dystopian structures, whose binding force is, as Roudinesco suggests, more the unruly and unstable tribe. At the centre of these dystopian gestures is the *absence* of the traditional family as defined by Roudinesco. Further, we might argue that at the dead centre, in more ways than one, is the dead patriarch; in some respects, contemporary French cinema is a ritual immolation of the totemistic father.

This chapter is a broad survey of recent films from the 1990s and 2000s (with more of an emphasis on the mid-1990s onwards) in different genres and often with very different preoccupations, but which all revolve, it will be suggested, around the failing family in one way or another. The first major point made in this survey, following Roudinesco, is that French cinema is more interested in the couple or the tribe than in family structures. However, the chapter will

---

[3] Carrie Tarr with Brigitte Rollet, *Cinema and the Second Sex: Women's Filmmaking in France in the 1980s and 1990s* (London/New York: Continuum Press, 2001), p. 111. Tarr and Rollet's volume has a useful chapter on the family in films by women, whose focus is the representation of the mother rather than broader issues to do with the family as an institution (see *Cinema and the Second Sex*, pp. 111-132). Notes which follow indicate work on films mentioned, although generally this work does not take the same perspective as this chapter; it is intended to help the reader follow up academic work on recent French films from a variety of perspectives.
[4] René Prédal, 'La Déferlante', in Michel Marie (ed.) *Le Jeune cinéma français* (Paris: Nathan, 1998), pp. 8-21 (p. 19).

go on to show that where there is a more obvious focus on the family, the tone is more often than not dystopian, or, in the case of comedies, critical. In all cases, however, the point of collapse, the raw nerve as it were, is generally the central male figure rather than the female. Women come out of this general collapse far better than men.

Methods and contexts

The use of films as social documents is a well-established practice in French academic circles, beginning with the work of Marc Ferro[5] and Pierre Sorlin[6], although it is currently not as widespread as textual criticism. More recent volumes using this paradigm are interested in very broad historical and political issues. Catherine Gaston-Mathé explores the way in which French cinema since 1945 has mediated major political crises, such as the Second World War or decolonisation.[7] Yannick Dehée, more sympathetic to gender issues, shows how the cinema has mediated wider social and political changes in French society since 1960;[8] apart from a brief allusion towards the end of the book, however, there is nothing sustained on how French cinema has been preoccupied with the family in recent years.

A few statistics suggest how profound the changes are where the family is concerned, and help explain why French cinema, as we are claiming in this chapter, seems to be so preoccupied with the family at the turn of the millennium. In 2002, one in three people lived alone (a 26% increase since in the period 1990-1999); one in four couples did not have any children. Single-parent families had increased by a phenomenal 22% between 1990 and 1999. Only 0.6% of households comprised more than two generations of the same

---

[5] See Marc Ferro, *Analyse de film, analyse de sociétés: une source nouvelle pour l'histoire* (Paris: Hachette, 1975) and *Cinéma et histoire* (Paris: Denoël, 1977; 2nd revised edition Paris: Gallimard, 1993).

[6] See Pierre Sorlin, *Sociologie du cinéma: ouverture pour l'histoire de demain* (Paris: Aubier Montaigne, 1977), *The Film in History: Restaging the Past* (Oxford: Blackwell, 1980) and *European cinemas, European societies 1939-1990* (London: Routledge, 1990).

[7] Catherine Gaston-Mathé, *La Société française au miroir de son cinéma : de la débâcle à la décolonisation* (Condé-sur-Noireau: Arléa-Corlet, 1996).

[8] Yannick Dehée, *Mythologies politiques du cinéma français, 1960-2000* (Paris: Presses universitaires de France, 2000).

family.[9] Studies of *familles recomposées* and single-parent families show how traditional familial structures and behaviours changed in the 1990s. A first example is that in single-parent families, the reliance by single mothers (more numerous than single fathers) on their own mothers has led to a feminisation of lines of descent. A second and rather different example is the way that children in *familles recomposées* learn how to negotiate skilfully between different sets of parents/step-parents and grandparents/step-grandparents as part of an extended (non-traditional) network: 'dans ce fonctionnement en réseau, la négociation s'institue là où l'on ne connaissait bien souvent que l'autorité et le cloisonnement'.[10] That said, most commentators echoe Roudinesco in insisting that family structures in recent times have merely changed, rather than collapsed. Dirn, for example, points to the fact that despite the rural exodus, a majority of children live less than 20kms from their parents, and those who do not maintain '(une) intimité à distance' using the telephone.[11]

As Dehée points out, films express 'non-dits' in quasi-mythical mode, working through the tensions between 'la norme et l'interdit',[12] the 'obsessions cachées' of a society.[13] The obsession that this chapter will chart is sometimes clear at the surface of the narrative, sometimes more latent. But it is our contention that many contemporary films can be seen to engage either directly or indirectly with the changing family.

Surveys of this kind raise specific problems. The first of these is a practical issue, in that a survey tends to be constructed as a list of films, many of which the reader is unlikely to have seen. This feature is exacerbated here by the inclusion of films which have not been distributed outside of France. If we assume that film production as a whole is likely to suggest ways of negotiating social change, there would clearly be little statistical value in a survey which dealt only with films deemed by French distributors to be worth distributing abroad. The inclusion of non-UK-distributed films is therefore a

---

[9] Figures from Géraldine Labarthe, 'Les Structures familiales, in Paul Charpentier (ed.), *Données sociales: la société française, 2002-2003* (Paris: INSEE), pp. 31-38.
[10] Louis Dirn, 'Famille', in *La Société française contemporaine*, sp. no. *Les Cahiers français*, 291 (May-June 1999), ed. by Jean-Yves Capul, 10-14 (p. 12).
[11] Dirn, 'Famille', p. 13.
[12] Dehée, *Mythologies politiques du cinéma français*, p. 11.
[13] *Mythologies politiques du cinéma français*, p. 12.

necessary methodological move, in that the purpose of the chapter is to try and identify trends over a large number of films. Moreover, the films included are not just popular films; in that respect the approach taken here is methodologically different from that of Dehée or of Pierre Maillot,[14] who tend to focus only on popular films, assuming that such films give a better idea of social preoccupations. The working hypothesis of this chapter is that if films can be said to negotiate social change, there is no reason to differentiate between the very popular at one extreme and experimental art-house at the other.

A second problem is raised by this inclusive approach, is that it pays little regard to generic boundaries. It might seem perverse to establish typologies which cut across sometimes only recently-formed boundaries between genres; so, for example, we will see below how an art-house film, a musical, and a *banlieue* film can be seen as part of a distinct subgroup of 'tribe' films. The value of the socio-anthropological approach taken in this chapter is at least partly that it asks us to reconsider how films signify beyond the usual generic typologies into which they are sometimes forced, and which, arguably, lead to partial ways of seeing them.

A third problem is that a survey deals in generalities, and neglects what might seem to some like significant exceptions. It is hoped that the sheer volume of films that appear to illustrate a preoccupation with the family will convince the reader that the hypothesis is valid.

The approach taken will be to give a brief summary of the plot or situation of each film mentioned in so far as it corresponds to the underlying hypothesis that contemporary French films show a preoccupation with the disappearance of the traditional family. The approach taken is typological, in that the purpose of the chapter is to identify groups of films within this overall development. We will begin with films focusing on the couple, the most distant from family preoccupations in their concentration on two individualities. A second group is formed by films that focus on groups of individuals organised in what Roudinesco would call a tribe. We then consider films that home in on dystopian families, by far more prevalent than our next category, those which set up utopian families, even if this third

---

[14] Pierre Maillot, *Les Fiancés de Marianne: la société française à travers ses grands acteurs: Jean Gabin, Jean Marais, Gérard Philipe, Alain Delon, Jean-Paul Belmondo, Gérard Depardieu* (Paris: Cerf, 1996).

category interestingly contains two developments which take us away from the traditional family, school films, and gay families. The reader will find the films organised into the categories discussed in an Appendix.

Couple films

First, then, let us briefly consider the focus on the couple, which we could argue is either a potential family, or works against the family insofar as the couple is often adulterous in romance plots. This is the case with *Mademoiselle* (Philippe Loiret, 2001), in which Claire Canselier (Sandrine Bonnaire) is a happily-married professional woman who has a 24-hour fling with the moody Pierre Cassini (Jacques Gamblin). Here the family is, as you might expect in this kind of plot, simply sidelined. In other films, the focus is on the married couple, but the couple is often disintegrating. In *La Séparation* (Christian Vincent, 1994), for example, Anne (Isabelle Huppert) tells Pierre (Daniel Auteuil) that she loves another, and the film chronicles Pierre's initial acceptance of the collapse, but increasing violence as he finds it difficult to cope with its reality. In *L'Enfer* (Claude Chabrol, 1994), Paul Prieur (François Cluzet) becomes increasingly convinced that his wife Nelly (Emmanuelle Béart) is having an affair (which is not the case), the film focusing on the disintegration of the couple through the paranoia of the husband.[15]

In contrast, in one of the films which, unusually, deals with a satisfactory couple relationship, *Une liaison pornographique* (Frédéric Fonteyne, 1999), what makes the couple work is never directly revealed, as if the motor which drives a successful relationship is somehow obscene. Indeed, the title is intentionally misleading, since the nature of the couple's kinky sex is never made clear, the film focusing instead on the close bond between them, and the mutual respect they have for each other, while making it clear that it is 'Elle' (Nathalie Baye) who dominates 'Lui' (Sergi López). The liaison comes to an end as the couple settle into the routine one might associate with a stable couple relationship, suggesting even more clearly that the normal couple relationship is doomed to failure.

---

[15] See Guy Austin, *Claude Chabrol* (Manchester: Manchester University Press, 1999), pp. 119-23.

What these films have in common, then, is that the male is deficient: passive, resigned or paranoid, in the dystopian films he breaks, becoming violent. It is difficult to see how such profoundly dysfunctional couple relationships could ever lead to happy families.

Tribe films

The second group consists of films which focus on tribes, that is, films with an extended social group of individuals, functioning as a substitute for the traditional extended family. There are three types: those with a woman as their focus, those with a man as their focus, and those which try to establish communities where all are equal.

a) woman as focus

Chacun cherche son chat (Cédric Klapisch, 1996) is a *quartier* film, as is *Le Fabuleux destin d'Amélie Poulain* (Jean-Pierre Jeunet, 2001); both of these have young women as their main protagonist, and both films try to establish a close local community through a principle of circulation. In the first, the slightly reclusive Chloé (Garance Clavel) slowly gets to know a variety of local people as she searches for her lost cat, the building of links working in contrast to the gradual physical destruction of the *quartier* by builders.[16]

In the second, there is a stronger romance plot as Amélie (Audrey Tautou) and Nino (Mathieu Kassovitz) gravitate closer to each other in the course of the film, while those around them form an increasingly tight-knit group. Interestingly, 'community' is figured not just by the close ties established between solitary individuals in both films, but also by the use of a very 'traditional' musical sign, the accordion, the musical accompaniment underlining the nostalgia inherent in tribal communities; and the nostalgia suggests in turn that such communities are fantasies. Those who work against the principle of circulation and community are punished (such as the grocer Collignon); even the gnome belonging to Amélie's father circulates, going off to far-away places, but crucially returns, and his return

---

[16] For an illuminating discussion of this film, see Elizabeth Ezra, 'Cats in the 'hood: the unspeakable truth about *Chacun cherche son chat*', in Phil Powrie (ed.), *French Cinema in the 1990s: Continuity and Difference* (Oxford: Oxford University Press, 1999), pp. 211-22. See also Sylvie Blum-Reid, 'Destruction d'un quartier et reconstruction d'une communauté dans *Chacun cherche son chat* et *Les Gens normaux n'ont rien d'exceptionnel*', *Iris*, 29 (2000), 25-38.

persuades Amélie's reclusive father to circulate in his turn. The film's final sequence marks the tension between the principle of circulation and the stability implied by couple relationships; we see Amélie and Nino following the camera on Nino's moped rapidly through the streets of Paris. On the one hand, it is as if the couple's togetherness reinvigorates the community with its frantic mobility, motion as emotion. As Scatton-Tessier says: 'The final sequence of Amélie and Nino, filmed at high speed, in which the two travel through the streets of Paris [...] brings together the stereotype of romantic closure and the dynamic complex of emotional well-being and mobility'.[17] On the other hand, we might argue that the frantic pace of these final moments is an almost desperate attempt to maintain the fluidity and mobility of the tribal structures on which the film is predicated, so emotion versus motion.[18]

In one of the key films of the *jeune cinéma*,[19] *La Nouvelle Ève* (Catherine Corsini, 1999), Camille (Karine Viard) is similarly the main protagonist whose frantic search for romance brings different social groups together, and whose relationship with her family – unsurprisingly, given that the tribe is arguably a replacement for the family – is violently conflictual.

Women in these films are the usually unwilling and mobile focus of a shifting community.

b) man as focus
The difference between these female-centred films and the second sub-group, the male-centred films, is that the former are generally utopian, whereas those focusing on men are more dystopian. In the satire *Rien sur Robert* (Pascal Bonitzer, 1999), for example, a weak Didier Temple (Fabrice Luchini) cannot choose between his

---

[17] Michelle Scatton-Tessier, '*Le Petisme*: flirting with the sordid in *Le Fabuleux destin d'Amélie Poulain*', *Studies in French Cinema*, 4.3 (2004), 197-207 (p. 203).
[18] For a more extended discussion of community in *Le Fabuleux destin d'Amélie Poulain*, see Phil Powrie, 'The fabulous destiny of the accordion in French cinema', in *Changing Tunes: The Use of Pre-existing Music in Film*, ed. by Phil Powrie and Robynn Stilwell (Aldershot: Ashgate, 2006), pp. 137-51. See also Dudley Andrew, '*Amélie*, or Le fabuleux destin du cinéma français', *Film Quarterly*, 57.3 (2004), 34-46.
[19] For a useful introduction to *le jeune cinéma*, see Michel Marie (ed.), *Le Jeune cinéma français* (Paris: Nathan, 1998) and René Prédal, *Le Jeune cinéma français* (Paris: Nathan, 2002).

promiscuous girlfriend Juliette Sauvage (Sandrine Kiberlain), who scandalises him when she talks in a café about how much fun anal sex with a stranger had been, and the emotionally fragile enigmatic femme fatale Aurélie Coquille (Valentine Cervi). As a result of his vacillations, Aurélie tries to commit suicide, and in the course of the film he is publicly humiliated both in his role as a critic (he savages a play he has not seen), and as a potential lover. Unlike the main female protagonists of the other films mentioned, he is often criticised by his friends, and ends up alone.

L'Emploi du temps (Laurent Cantet, 2001) is a rather more dour study of alienation. Family man Vincent (Aurélien Recoing) has lost his job but maintains the pretence that he is still in employment. He moves from sleeping in car parks to elaborate charades, and finally to petty crime, while his wife Muriel (Karin Viard) suspects nothing. After he is found out, instead of the melodramatic closure we might have expected, suicide (which seems likely at one point), we find Vincent in a job interview half-heartedly committing himself to his new employment. As in *Rien sur Robert*, the film is a study in loneliness, but is all the more significant for Vincent's apparently unshakeable roots in a close-knit family structure to which he is unable to commit when the going gets tough.[20] The message of both of these films is that men are unable to integrate themselves either in the family or in the extended community which takes its place.

More gloomy still is *C'est la vie* (Jean-Pierre Améris, 2001) in which terminally-ill Dimitri (Jacques Dutronc) spends his final days in a hostel where he meets Suzanne (Sandrine Bonnaire) who does voluntary work caring for the patients. She helps him come to terms with his impending death, and he integrates himself into the community, unlike the two previous films. However, their attraction to each other is not taken to its conclusion because she has already lost her husband and does not want to live through the loss again; and Dimitri's estranged wife and son arrive once he has died. The solitary male may well have managed to integrate himself into a community in this film, but it is short-lived, and family structures are non-existent.

---

[20] See Will Higbee, "'Elle est où, ta place?'": The social-realist melodramas of Laurent Cantet: *Ressources humaines* (2000) and *Emploi du temps* (2001)', *French Cultural Studies*, 15.3 (2004), 235-50.

Phil Powrie

c) community of equals: men

The third and final type within the tribe films is those films where
there is no obvious central protagonist; rather, the point of the film is
to explore the group as a group. In theory, we might consider that such
films resolve the tensions between individual and group prevalent in
the man-focused films mentioned above. In practice, however, the
community of equals is no less dystopian.

One of the more fascinating developments in the 1990s is the
focus on the homosocial group. *Beau travail* (Claire Denis, 1999)
focuses on an all-male environment, that of the Foreign Legion, in its
adaptation of Melville's *Billy Budd*; the jealous Galoup (Denis
Lavant) is expelled from the group for his treatment of Gilles Sentain
(Grégoire Colin).[21] The homosocial group is much in evidence in the
banlieue genre. *La Haine* (Mathieu Kassovitz, 1995) focuses on a
black-blanc-beur male trio where mothers and grandmothers, but not
fathers, function as background. While *banlieue* films are generally
focused on male homosocial groups, usually at odds with the police, it
is important to note that the films by Maghrebi directors tend to avoid
the more melodramatically confrontational scenarios, and place their
protagonists more firmly in family contexts, as Carrie Tarr's work has
shown.[22]

---

[21] There is a special number of the *Journal of European Studies* on the film. See in
particular Julia Borossa, 'Love of the soldier: citizenship, belonging and exclusion in
Beau Travail', *Journal of European Studies*, 34.1/2 (2004), 92-105. See also Susan
Hayward, 'Claire Denis' films and the post-colonial body: *Beau travail*', *Studies in
French Cinema*, 1.3 (2000), 159-65; Martine Beugnet and Jane Sillars, '*Beau Travail*:
time, space and myths of identity', *Studies in French Cinema*, 1.3 (2000), 166-73;
Sarah Cooper, 'Je sais bien, mais quand même...: fetishism, envy, and the queer
pleasures of *Beau Travail*', *Studies in French Cinema*, 1.3 (2000), 74-82; Catherine
Grant, 'Recognizing Billy Budd in *Beau Travail*: epistemology and hermeneutics of
an auteurist "free" adaptation', *Screen*, 43.1 (2002), 57-73; Janet Bergstrom, 'Opacity
in the films of Claire Denis', in Tyler Stovall and Georges Van Den Abbeele (eds),
French Civilization and Its Discontents: Nationalism, Colonialism, Race (Lanham,
MD: Lexington, 2003), pp. 69-101; Pascale-Anne Brault, 'Claire Denis et le corps à
corps masculin dans *Beau travail*', *French Review*, 78.2, (2004), 288-99; Martine
Beugnet, *Claire Denis* (Manchester: Manchester University Press, 2004), pp. 103-24.
[22] See Carrie Tarr, 'Ethnicity and identity in the cinéma de banlieue', in Phil Powrie
(ed.), *French Cinema in the 1990s: Continuity and Difference* (Oxford: Oxford
University Press, 1999), pp. 172-84. Other major work on this film includes Myrto
Konstantarakos, 'Which mapping of the city? *La Haine* and the cinéma de banlieue',
in *French Cinema in the 1990s: Continuity and Difference*, pp. 160-71; Jill Forbes,
'*La Haine*', in Jill Forbes and Sarah Street (eds), *European Cinema: An Introduction*

Le Dîner de cons (Francis Veber, 1998) was an extremely successful comedy, in which a group of male friends take it in turns to invite a 'con' to their all-male dinners so that they can laugh at his expense. The film relies on the catcher-caught trope, as the 'con' François Pignon (Jacques Villeret) turns out to be more sensitive than they thought, as well as catastrophically well-meaning, helping, or trying to help, the main character Pierre Brochant (Thierry Lhermitte) through his emotional problems. The film establishes a dysfunctional male community (men who victimise another man), and proceeds to show how that community can turn into a more functionally homosocial community where 'hysterical' women are seen as destabilising factors, a trope already well-established in the successful 80s comedy, *Trois hommes et un couffin* (Coline Serreau, 1985).[23]

These films seem to suggest that families are less likely to succeed than groups of men working together as a kind of extended family; although the way forward is usually blocked by selfishness or macho violence.

d) community of equals: women

In contrast, *Vénus beauté (institut)* (Tonie Marshall, 1999) focuses on a self-supporting group of women who work in a beautician's parlour. The twee pinkness of the décor suggests clearly the fantasy world of the parlour, which contrasts with the rather less utopian realities

---

(Basingstoke: Macmillan, 2000), pp. 170-80; Ginette Vincendeau, 'Designs on the *banlieue*: Mathieu Kassovitz's *La Haine* (1995)', in Susan Hayward and Ginette Vincendeau (eds), *French Film: Texts and Contexts*, 2nd edition (London/New York: Routledge, 2000), pp. 310-27; Dominique Bluher, 'Hip-hop cinema in France', *Camera Obscura*, Special Issue: Marginality and Alterity in New European Cinemas, Part 2, eds Randall Halle and Sharon Willis, 16.1 (2001), 77-96; Will Higbee, 'Screening the "other" Paris: cinematic representations of the disadvantaged urban periphery in *La Haine* and *Ma 6-T va crack-er*', *Modern and Contemporary France*, 9.2 (2001), 197-208; Erin Schroeder, 'A Multicultural conversation: *La Haine, Raï*, and *Menace II Society*', *Camera Obscura*, Special Issue: Marginality and Alterity in New European Cinemas, 16.1 (2001), 143-179; Will Higbee, 'The return of the political, or designer visions of exclusion? The case for Mathieu Kassovitz's *fracture sociale* trilogy', *Studies in French Cinema*, 5.2 (2005), 123-135; Dayna Oscherwitz, '*La Haine/Hate*', in Phil Powrie (ed.), *24 Frames: French Cinema* (London: Wallflower Press, 2006), pp. 237-46.

[23] See Phil Powrie, '*Trois hommes et un couffin*: hysterical homoeroticism', in Phil Powrie, *French Cinema in the 1980s: Nostalgia and the Crisis of Masculinity*, (Oxford: Clarendon Press, 1997), pp. 147-58.

outside, as 40-year-old single Angèle Piana (Nathalie Baye) tries to find love, rejecting it when it is offered to her by someone she meets by chance. The films interestingly tries to create a sense not just of female togetherness, but of female filiation, as the director's mother, Micheline Presle, appears as an aunt.[24]

8 femmes (François Ozon, 2002) focuses on a group of women who are all related to each other either by blood, or through the father of the family who is supposed to be dead at the start of the film, but who is in fact alive, although he commits suicide at the end. Alive or dead, however, we never see him properly. The film therefore revolves around the father, but in his absence, as the women try to work out who killed him — an eloquent statement about the failure of patriarchal law. It is almost as if the very staged musical numbers which punctuate the film are addressed to the absent father.[25]

These two films, like the previous group, show the female homosocial group imploding into the hole left by men or father figures. Utopian leanings are there, but found at the more superficial levels of décor and music.

Dystopian family group films
In this section we consider films which focus on what we would recognise as a family group, rather than the couple films or the tribal films previously considered. Films based in family situations tend to show dystopian families in the process of disintegration, as hinted at in some of the films explored above. Again, three types can be identified.

a) disintegration from without
In the first type, the motor for disintegration comes from without. *Ponette* (Jacques Doillon, 1996) traces the disarray of a four-year-old (Victoire Thivisol) who has lost her mother, and the difficulty she has in coming to terms with loss; the father appears as a very distant

---

[24] See Joan M. West, 'Cures for midlife trauma: *Post-coïtum animal triste* and *Vénus beauté (intitut)*', *Esprit Créateur*, 42.3 (2002), 17-27.
[25] See Mark Pegrum, 'Virgins, vixens, vamps and victims: François Ozon's *8 femmes* and the sexual (sub)texts of French popular culture', *Australian Journal of French Studies*, 42.1 (2005), 76-93.

figure.[26] Disintegration can be the result of political conditions, as is the case in the big-budget heritage spectacular *Germinal* (Claude Berri, 1993), which chronicles the gradual destruction of the Maheu family by strike action in the mines.[27] The strike is in part encouraged by the arrival of an outsider, Étienne Lantier (played by singer Renaud); similarly, the massacre of the bourgeois family in *La Cérémonie* (Claude Chabrol, 1995) is the result of the friendship between disaffected postal worker Jeanne (Isabelle Huppert) and the illiterate maid Sophie (Sandrine Bonnaire).[28] *Harry, un ami qui vous veut du bien* (Dominik Moll, 2000), is a more satirical version of this scenario. The external threat is Harry (Sergi López) as a psychotic college friend who haunts a middle-class family on their summer holidays, first killing off the father's parents, then trying to kill off his wife and children so that the father can regain his individuality and youthful creativity.

b) disintegration from within
In the second type, the motor for disintegration comes from within. In *Un air de famille* (Cédric Klapisch, 1996), the family is dysfunctional,

---

[26] See Michèle Respaut, 'Jacques Doillon's *Ponette*: the perennial mourning child', *Literature and Medicine*, 21.1 (2002), 45-55.

[27] Most of the work on this film is either from the perspective of adaptation, or from the perspective of Franco-American culture wars. See Denis Bertrand and Françoise Ploquin, '*Germinal*: un livre, un film: le défi du texte à l'image', *Le Français dans le Monde*, 262 (1994), 53-61; Patricia Carles and Béatrice Desgranges, 'Le *Germinal* de Claude Berri, entre hommage et trahison', *Excavatio: Emile Zola and Naturalism*, 6-7 (1995), 1-10; Russell Cousins, 'The marketing and reception of Claude Berri's *Germinal*', *Bulletin of the Emile Zola Society*, 12 (1995), 3-11; Laurent Marie, 'La nostalgie est toujours ce qu'elle était: *Germinal* de Claude Berri et le Parti communiste français', *Excavatio: Emile Zola and Naturalism*, 11 (1998), 149-55; Russell Cousins, 'The heritage film and cultural politics: Berri's *Germinal* (1993)', in *French Cinema in the 1990s: Continuity and Difference*, pp. 25-36; Jill Forbes, '*Germinal*: keeping it in the family', in Ginette Vincendeau (ed.), *Film/Literature/Heritage: A Sight and Sound Reader* (London: British Film Institute, 2001), pp.104-09; Sylvie Waskiewicz, 'Cola vs. Zola: *Germinal* and the French battle for "cultural exception"', *Excavatio: Emile Zola and Naturalism*, 17.1-2 (2002), 120-34; 'Film as national icon: Claude Berri's *Germinal*', *French Review*, 76.5 (2003), 906-16.

[28] See Austin, *Claude Chabrol*, pp. 150-67; Anna Gural-Migdal, 'La représentation de la femme dans le cinéma français des vingt dernières années: *Sans toit ni loi*, *Nelly et M. Arnaud*, *La Cérémonie*', *Women in French Studies*, 9 (2001), 193-206; Jean-Claude Polack, 'Chabrol and the execution of the deed', *October*, 98 (2001), 77-92.

Phil Powrie

constantly arguing, the family members fragile and touchy, particularly the central brother/sister pair played by Jean-Pierre Bacri and Agnès Jaoui, who wrote the script.[29] *La Reine Margot* (Patrice Chéreau, 1995) is a big-budget heritage spectacular version of the same situation, as members of the royal family plot against and poison each other.[30] In *Il est plus facile pour un chameau...*, directed by and starring Valeria Bruni Tedeschi (2003), Bruni Tedeschi plays a rich heiress, Federica, consumed by guilt that she is wealthy, and harassed by various members of her family, including her mother (played by the director's real-life mother, Marysa Borini), who reminds her that she has no right to be unhappy. Federica, an unsuccessful playwright pursued by a past lover, and worrying whether to settle down and have a family with her current lover, spends her time shuttling from being anxious to daydreaming; in other words, she abstracts herself from the problematic family situation in which she finds herself (her father is terminally ill, she and her sister are not speaking, her brother is self-centered).

The father is often at the centre of such films, although absent. In *Enfants de salaud* (Tonie Marshall, 1996) four adults who have grown up without their father, Julius (Jean Yanne), rediscover him when he is arraigned for murder. In *Embrassez qui vous voudrez* (Michel Blanc, 2002), a family with an extended group of friends and employees bicker and sleep around, with a gloomy and world-weary Bertrand Lannier (Jacques Dutronc) as the focal patriarchal male. In *Ceux qui m'aiment prendront le train* (Patrice Chéreau, 1998), the patriarch (a minor painter) has died, and the extended family and friends meet for the funeral in Limoges, and they, as in *Embrassez qui vous voudrez*, bicker between themselves. Turning from a comedy to a darker drama, Dutronc is André Polonski, the husband of Marie-Claire 'Mika' Muller (Isabelle Huppert), in *Merci pour le chocolat* (Claude Chabrol, 2000). Mika has taken the patriarch's place at the head of the family chocolate firm; she drugs members of her family out of jealousy and spite. In the later *La Pianiste* (Michael Haneke, 2001), Huppert plays a similarly deranged and in this case a sexually depraved piano teacher, Erika Kohut, who has an extremely

---

[29] Martine Guyot-Bender, '*Un Air de famille*: tragi-comédie des sexes et androgynie', *Women in French Studies*, 11 (2003), 64-75.
[30] See Alison Smith, '*La Reine Margot/Queen Margot*', in *24 Frames: French Cinema*, pp. 227-236.

conflictual relationship with her mother (Annie Girardot); there is no father in sight.[31]

Sex is never far away from the disintegrating family: Erika urinates in public places, fellates the much younger Walter Klemmer (Benoît Magimel) in a men's toilet; Margot seeks pleasure with strangers in the streets of Paris in *La Reine Margot*. In *Sitcom* (François Ozon, 1998), it is the son's homosexuality which starts a ball rolling, finishing in the murder of nearly everyone,[32] a darkly comic dystopia to contrast with the more utopian *Ma vie en rose* (Alain Berliner, 1997), where the son likes dressing up as a girl, and causes innumerable problems for his family. In this film, the focus is much more on the son's fantasy world, however, only proving that the family functions mainly as a ground for the development of individual identity.[33] Sex is at the heart of *À ma sœur* (Catherine Breillat, 2001), where one of the two daughters has her first sexual experience (painful anal sex) while on holiday, only to be murdered in a motorway car-park along with her mother, while her father is back in Paris.[34]

---

[31] See Robin Wood, '"Do I Disgust You?" or, Tirez pas sur La Pianiste', *CineAction*, 59 (2002), 54-61, Bridget Birchall, 'From nude to metteuse-en-scène: Isabelle Huppert, image and desire in *La Dentellière* (Goretta, 1977) and *La Pianiste* (Haneke, 2001)', *Studies in French Cinema*, 5.1 (2005), 5-15; Tony McKibbin, 'The Chaos of the organs: Isabelle Huppert's reverse Pygmalionism', *Studies in French Cinema*, 5:1 (2005), 17-26; and Catherine Wheatley, 'The masochistic fantasy made flesh: Michael Haneke's *La Pianiste* as melodrama', *Studies in French Cinema*, 6.2 (forthcoming 2006).

[32] See Andrew Asibong, 'Meat, murder, metamorphosis: the transformational ethics of François Ozon', *French Studies*, 59.2 (2005), 203-15.

[33] See Kate Ince, 'Queering the Family? fantasy and the performance of sexuality and gay relations in French cinema 1995-2000', *Studies in French Cinema*, 2.2 (2001), 90-97; Keith Reader, '"If I were a girl-and I am not": cross-dressing in Alain Berliner's *Ma vie en rose* and Jean Renoir's *La Grande Illusion*', *Esprit Créateur*, 42.3 (2002), 50-59; Michael Schiavi, 'A "girlboy's" own story: non-masculine narrativity in *Ma vie en rose*', *College Literature*, 31.3 (2004), 1-26; and Cordula Quint, 'Boys won't be boys: cross-gender masquerade and queer agency in *Ma vie en rose*', in Murray Pomerance and Frances Gateward (eds), *Where the Boys Are: Cinemas of Masculinity and Youth* (Detroit, MI: Wayne State UP, 2005), pp. 41-60.

[34] See Trevor Maddock and Ivan Krisjansen, 'Surrealist poetics and the cinema of evil: the significance of the expression of sovereignty in Catherine Breillat's *À ma sœur*', *Studies in French Cinema*, 3.3 (2001), 161-171.

c) dysfunctional fathers

Several films combine sex and patriarchal dysfunction. We have seen how in nearly all of the films mentioned, the father, or central male figure, is either absent, or if he is present, he is failing or weak. Dehée, in the few lines devoted to representations of the family in his book, points out how contemporary French films often present young protagonists in search of a missing father or father figure:

> Le foyer familial est … en creux, curieusement absent pour beaucoup de jeunes personnages, condamnés à une errance sans terme précis. Ainsi, une Vanessa Paradis est éternellement privée de parents et part en quête d'un amant paternel (*Noce Blanche* (Jean-Claude Brisseau, 1989), *La Fille sur le pont* (Patrice Leconte, 1999)), d'un père vaguement incestueux (*Élisa* (Jean Becker, 1995)), voire met en compétition affective deux pères putatifs (*Une chance sur deux* (Patrice Leconte, 1998)).[35]

There is a group of films where the father is more sinister, often directly rather than 'vaguely' incestuous. In *Y aura-t-il de la neige à Noël ?* (Sandrine Veysset, 1996), a film which is a kind of dark fairytale with a mother and her seven children working on a farm in the South of France, the father is the ogre-figure who exploits this family of bastard children while living elsewhere with his real family. He exploits them not just economically, by paying them subsistence wages, but also sexually, as we see him trying to rape his eldest daughter.[36] In *Seul contre tous* (Gaspar Noé, 1999), the father is bringing up his retarded daughter by himself, and fantasises killing her while professing his incestuous love for her.[37] Finally, in *La Classe de neige* (Claude Miller, 1998), the over-protective father of a young boy

---

[35] Dehée, *Mythologies du cinéma français*, p. 290. On Leconte, see Lisa Downing, *Patrice Leconte* (Manchester: Machester University Press, 2004).

[36] See Beugnet, *Claire Denis*, Florian Grandena 'The provinces in contemporary French cinema: the case of *Y aura-t-il de la neige à Noël?*', *Studies in French Cinema*, 4.2 (2004), 113-120, and Beugnet, '*Y aura-t-il de la neige à Noël?/Will It Snow For Christmas?*', in *24 Frames: French Cinema*, pp. 247-56.

[37] See Phil Powrie, 'The W/hole and the abject', *Paragraph* 26/1&2, sp.no. 'Men's Bodies' (March/July 2003), 232-44, and Dion Tubrett, 'Love hurts: redemption within the bowels of *Seul contre tous* and the cinema of aggression', *CineAction*, 62 (2003), 34-40.

going on a school skiing trip turns out to be a child rapist and murderer.[38]

As Roudinesco points out in her book, the father has been replaced by the selfish subject: 'Ayant perdu son auréole de vertu, le père, qui la dominait, donna alors une image inverse de lui-même, laissant apparaître un moi décentré, autobiographique, individualisé'.[39] Surely there must be films which attempt to give a more positive account of family structures?

Utopian family films

Given that many French films seem to revolve around the family, it is not surprising that the few which seem to function in utopian mode do so from a nostalgic perspective, evidently lamenting the passing of traditional structures. Nostalgia and realism interweave in a group of films centering on schools. The only films which do not seem to rely on nostalgia in their formulation of new types of families are those focusing on gay families.

a) nostalgia

The time-travel comedy *Les Visiteurs* (Jean-Marie Poiré, 1993) is the third most popular film in the history of French cinema. While not self-evidently about the family, as many commentators pointed out at the time, it plays to fantasies of perpetuating family structures and the traditional values which underpin them. Before we get carried away, however, let us not forget that the noble knight Godefroy de Papincourt, Comte de Montmirail (Jean Reno) has some tender moments with Béatrice de Montmirail (Valérie Lemercier) who resembles Frénégonde de Pouille, the sweetheart he has left behind him in the Middle Ages, precisely because she is, as Godefroy puts it smiling at her tenderly, 'la descendance'. Family values, like the morphing faces as the intrepid knight and his servant travel through time, are incestuously distorted.[40]

---

[38] See Emma Wilson, 'Lost boys: trauma, masculinity and the missing child film', in Phil Powrie, Ann Davies and Bruce Babington (eds), *The Trouble with Men: Masculinities in European and Hollywood Cinema* (London: Wallflower Press, 2004), pp.155-62.

[39] Roudinesco, *La Famille en désordre*, p. 24.

[40] See Martine Danan, 'Revisiting the myth of the French Nation: *Les Visiteurs* (Poiré, 1993)', Phil Powrie (ed.), *French Cinema in the 1990s: Continuity and Difference* (Oxford: Oxford University Press, 1999), pp. 92-103; Anne Jäckel, '*Les Visiteurs*: a

Marius et Jeannette (Robert Guédiguian, 1997), a film which refers in very clear ways to Pagnol's Provençal community films of the 1930s, by contrast looks positively parochial, with, admittedly, a *famille recomposée* supported by the other inhabitants of the Marseille *courette* where they all live and seem to have endless fun together, particularly when talking about women's underwear.[41] Guédiguian's attempt to recapture utopia the following year in *À la place du cœur* reeks of maudlin sentimentality as it explores the *amour fou* of the two youngsters, again supported unflinchingly by the extended group of family and friends around them, despite claims of rape against the young male.[42]

b) school as family
Dehée mentions a group of films focusing on schools. His perspective is not the family, however, but the changing social function of the teacher in French society, who is no longer a symbol of authority so much as 'un personnage faillible mais déterminé'.[43] There is the satire *Le Plus beau métier du monde* (Gérard Lauzier, 1996), in which Lauzier tried to recapture the success he had had with Depardieu in *Mon père, ce héros* five years earlier, as well as the grittier social drama *Ça commence aujourd'hui* (Bertrand Tavernier, 1999), where Tavernier tried to recapture the social-realist mode of the police drama *L.627* (1992).

To these films mentioned by Dehée, we could add the enormously popular documentary *Être et avoir* (Nicolas Philibert, 2002), and the even more popular *Les Choristes* (Christophe Barratier, 2004). *Être et avoir* is a sensitive study of a year in the life of a small rural primary school, with great emphasis on the passing of the seasons. In *Être et avoir* we focus on the male (but feminized)

---

feelgood movie for uncertain times', in Lucy Mazdon (ed.), *France on Film: Reflections on Popular French Cinema* (London: Wallflower Press, 2001), pp. 41-50; Phil Powrie, 'Cinema', in Hugh Daucney (ed.), *French Popular Culture: An Introduction* (London: Arnold, 2003), 119-34; Guy Austin, 'Body comedy and French cinema: notes on *Les Visiteurs*', *Studies in French Cinema*, 6.1 (forthcoming 2006).
[41] See Phil Powrie, '*Marius et Jeannette*: nostalgia and utopia', in Mazdon (ed.), *France on Film: Reflections on Popular French Cinema*, pp. 133-44.
[42] For issues of space in Guédiguian's films, with a particular emphasis on *À la place du cœur*, see Laura Rascaroli, 'The place of the heart: scaling spaces in Robert Guédiguian's cinema', *Studies in French Cinema*, 6.2 (forthcoming 2006).
[43] Dehée, *Mythologies du cinéma français*, p. 288.

schoolteacher's attempt to hold together what constitutes a tribe in a utopian version of the extended family. The fact that we hardly ever see the children in their families, but in school, suggests that the family can no longer nurture, and that the nurturing which state education should give is only possible in small rural communities with schoolteachers who seem rather more like idealised Third Republic schoolteacher-missionaries than the embattled social worker types of Tavernier's *Ça commence aujourd'hui*. *Les Choristes*, similarly, shows us a dedicated teacher who brings his pupils on, this time through teaching them how to sing. Both *Être et avoir* and *Les Choristes* gesture nostalgically to the rural idyll, particularly through the passing of the seasons. *Être et avoir* is specifically structured on the four seasons, as we see snow, then flowers in the countryside; likewise *Les Choristes* is located in the Château de Ravel, deep in the Auvergne, and we see shots of the castle under snow or bloom. *Les Choristes* is rendered even more nostalgic through its use of music and a structure of loss. The story, set in a reform school for boys in the 1940s, is told in flashback by one of the choristers, Pierre Morhange (Jacques Perrin) when he is told of the death of his unassuming and dedicated teacher, Clément Mathieu (Gérard Jugnot) who had once loved his mother with an unrequited love. The nostalgia is not just a function of the décor, music, or plot where life and death mingle somewhat mawkishly, however. The film clearly gestures to well-known films. It reworks utopically two archetypal films where school plays a major part in the repression of the child, *Zéro de conduite* (Jean Vigo, 1933) and *Les Quatre cents coups* (François Truffaut, 1959); and the presence of Perrin cannot fail to call up his best-known role as Maxence in one of the great French musicals, *Les Demoiselles de Rochefort* (Jacques Demy, 1967).[44]

These films suggest strongly that school, in the form of dedicated individuals who function as father-figures, take the place of the failing family, and in so doing recall forcefully the Third-Republic values of the school-teacher as zealous missionary of the State. Not only does the school-teacher take the place of the father, therefore, but he takes us backwards a century to a time when public servants believed in community values.

---

[44] For both of these films, see Phil Powrie, 'Unfamiliar places: "heterospection" and recent French films on children', *Screen*, 46.3 (2005), 341-52.

c) PACs and gay families

The utopian films are on the whole backward-looking, set in the past either in terms of when the action takes place, or because they refer sometimes very clearly to films from previous cinematic golden ages (the 1930s, the New Wave), or because they refer to traditional values. The few films which could be said to function as utopias, but which reject the nostalgic mode, are in one way or another gay films.

Amongst the more memorable scenes in *Le Placard* (Francis Veber, 2001) are Depardieu camping it up in a pink sweater, and Daniel Auteuil dressed as a condom on a festival float. Auteuil plays François Pignon (the same character as in Veber's earlier *Le Dîner de cons*), a bland accountant who works in a condom factory. Realising that he is about to be fired, Pignon pretends to come out of the closet, on the advice of his gay neighbour (played by Michel Aumont), knowing that his boss will not take the risk of being seen to victimize a gay. By coming out, he changes his personal relationships, as well as those around him. The macho Depardieu character (Félix Santini) comes out too, destroying an unfulfilling marriage; Pignon, estranged from his wife and son (so a failed husband and failed father), earns his son's respect, finds the courage to stand up to his domineering wife, and, finally, gets his woman in another memorable scene where he makes love to Mlle Bertrand (Michèle Laroque) on the factory floor watched by enthusiastic Japanese businessmen. At its simplest, this film suggests that the family, as constituted by Pignon's failed marriage, can only be saved if one passes through a gay masquerade. While not particularly complimentary to gays (the usual verbal and visual stereotypes are paraded throughout the film), the film's message seems to be that you need to be at least a little bit queer to be 'normal', and that the blandness of the traditional nuclear family is no longer appropriate.[45]

Gazon maudit (Josiane Balasko, 1995) has been much written about,[46] and is arguably more subversive than *Le Placard*, even

---

[45] See Vinay Swamy, 'Gallic dreams? The family, PaCS and kinship relations in millennial France', *Studies in French Cinema*, 6.1 (forthcoming 2006).

[46] See Lucille Cairns, '*Gazon Maudit*: French national and sexual identities', *French Cultural Studies*, 9.2 (1998), 225-37; Susan Hayward, '"Hardly grazing", Josiane Balasko's *Gazon maudit* (1995): the mise-en-textes and mise-en-scène of sexuality/ies', in Owen Heathcote, Alex Hughes and James S Williams (eds), *Gay Signatures: Gay and Lesbian Theory, Fiction and Film in France, 1945-1995* (Oxford/New York: Berg, 1998), pp. 131-49; Brigitte Rollet, 'Unruly woman? Josiane

though homosexuality is again relegated to a masquerade by virtue of the fact that spectators know full well that the butch lesbian character Marijo (Josiane Balasko) is played by a heterosexual woman (who insisted on her heterosexuality on the film's release). Marijo enters the life of a middle-class couple, Loli (Victoria Abril) and Laurent Lafaye (Alain Chabat). Loli falls for Marijo, partly because her husband is unfaithful and uncaring; the three set up an uneasy *ménage à trois*, and at the end Laurent falls for a good-looking male client. As is the case with *Le Placard*, *Gazon maudit* suggests that the traditional family is in need of revitalisation, and that this should come from a questioning, however superficial, of heteronormativity. One might argue that these films are superficial because they displace the awkward questions into the utopian mode of comedy where gags and quick fixes take the place of developing relationships through time.[47]

There seem to be few utopian family films which are not comedies. One of these is the road movie *Drôle de Félix* (Olivier Ducastel and Jacques Martineau, 2000), where gay Sami Bouajila travels down to Marseilles to find the father he has never known (the absent father at the centre, as mentioned above), only to decide once he reaches Marseille that he will not try to find him after all. This is partly because he has met many people on the way, whom the film calls his 'mother', his 'cousin', his 'brother' etc. In other words, France is a happy multicultural family where individuals unrelated by blood can take the place of the family which has collapsed because of the absence of patriarchal law.[48]

Conclusion

The hypothesis underlying this chapter is that French cinema is obsessed with representations of the family, because the family is

Balasko, French comedy, and *Gazon maudit'*, in Powrie, *French Cinema in the 1990s*, pp. 127-36; Emma Wilson, *French Cinema since 1950: Personal Histories* (London: Duckworth, 1999), pp. 59-63; and Darren Waldron, 'Fluidity of gender and sexuality in *Gazon Maudit'*, in Mazdon (ed.), *France on Film: Reflections on Popular French Cinema*, pp. 65-80.

[47] For a discussion of other recent gay films, see Cristina Johnston, 'Representations of homosexuality in 1990s mainstream French cinema', *Studies in French Cinema*, 2.1 (2001), 23-31.

[48] See Murray Pratt, 'Félix and the light-hearted gay road movie: genre, families, fathers and the decolonization of the homosexual self', *Australian Journal of French Studies*, 41.3 (2004), 88-101, and Swamy, 'Gallic Dreams?'.

changing into the looser tribal unit described by Roudinesco, as we have seen in many of the sub-types explored above. We might even argue that, on the basis of what has been seen on French screens in the last decade, families are no more than the necessary ground for two intersecting mobilisations: narrative and individual trajectories anchored in those narratives. In other words, families are the dystopian ground which allow the utopian-driven quest for identity to occur; the 'family' must dissolve itself into the tribe so that the family member can become autonomous, ideally as the citizen of a multicultural society. In that respect, it might be argued that audiences go to the cinema as if to a ritual to see the family dissected and laughed at, or more frequently treated as an irrelevance in relation to the tribe. It would seem that in recent French cinema the family is sacrificed so that the spectator as desiring individual can exist.

Appendix of films

Couple films

Mademoiselle	2001	Philippe Loiret	Sandrine Bonnaire, Jacques Gamblin
La Séparation	1994	Christian Vincent	Isabelle Huppert, Daniel Auteuil
L'Enfer	1994	Claude Chabrol	François Cluzet, Emmanuelle Béart
Une liaison pornographique	1999	Frédéric Fonteyne	Nathalie Baye, Sergi López

Tribe films

Type A: woman as focus

Chacun cherche son chat	1996	Cédric Klapisch	Garance Clavel
Le Fabuleux destin d'Amélie Poulain	2001	Jean-Pierre Jeunet	Audrey Tautou, Mathieu Kassovitz
La Nouvelle Ève	1999	Catherine Corsini	Karine Viard
Il est plus facile pour un chameau...	2003	Valeria Bruni Tedeschi	Valeria Bruni Tedeschi

Type B: man as focus

Rien sur Robert	1999	Pascal Bonitzer	Fabrice Luchini, Sandrine Kiberlain, Valentine Cervi
L'Emploi du temps	2001	Laurent Cantet	Aurélien Recoing, Karin Viard
C'est la vie	2001	Jean-Pierre Améris	Jacques Dutronc, Sandrine Bonnaire

Type C: community of equals

Beau travail	1999	Claire Denis	Denis Lavant, Grégoire Colin
La Haine	1995	Mathieu Kassovitz	Vincent Cassel, Hubert Koundé, Saïd Taghmaoui
Le Dîner de cons	1998	Francis Veber	Jacques Villeret, Thierry Lhermitte
Vénus beauté (institut)	1999	Tonie Marshall	Nathalie Baye, Bulle Ogier, Audrey Tautou, Mathilde Seigner
8 femmes	2002	François Ozon	Danielle Darrieux, Catherine Deneuve, Isabelle Huppert,

Emmanuelle Béart,
Fanny Ardant, Virginie
Ledoyen, Ludivine
Sagnier, Firmine
Richard

Dystopian family group films

Type A: disintegration from without

Ponette	1996	Jacques Doillon	Victoire Thivisol
Germinal	1993	Claude Berri	Gérard Depardieu, Miou-Miou, Renaud
La Cérémonie	1995	Claude Chabrol	Isabelle Huppert, Sandrine Bonnaire
Harry, un ami qui vous veut du bien	2000	Dominik Moll	Sergi López, Laurent Lucas

Type B: disintegration from within

Un air de famille	1996	Cédric Klapisch	Jean-Pierre Bacri, Agnès Jaoui
La Reine Margot	1995	Patrice Chéreau	Isabelle Adjani, Daniel Auteuil, Vincent Perez, Jean-Hugues Anglade
Enfants de salaud	1996	Tonie Marshall	Jean Yanne, Anémone, Nathalie Baye, François Cluzet, Molly Ringwald
Embrassez qui vous voudrez	2002	Michel Blanc	Charlotte Rampling, Jacques Dutronc, Carole Bouquet, Michel Blanc, Karin Viard
Merci pour le chocolat	2000	Claude Chabrol	Isabelle Huppert, Jacques Dutronc
Ceux qui m'aiment prendront le train	1998	Patrice Chéreau	Pascal Greggory, Valeria Bruni Tedeschi, Charles Berling, Jean-Louis Trintignant
La Pianiste	2001	Michael Haneke	Isabelle Huppert, Benoît Magimel, Annie Girardot
Sitcom	1998	François Ozon	Évelyne Dandry, François Marthouret
Ma vie en rose	1997	Alain Berliner	Michèle Laroque, Jean-Philippe Écoffey, Hélène Vincent, Georges Du Fresne
À ma sœur	2001	Catherine Breillat	Anaïs Reboux, Roxane Mesquida

Type C: dysfunctional fathers

Noce Blanche	1989	Jean-Claude Brisseau	Vanessa Paradis
La Fille sur le pont	1999	Patrice Leconte	Vanessa Paradis
Élisa	1995	Jean Becker	Vanessa Paradis
Une chance sur deux	1998	Patrice Leconte	Vanessa Paradis
Y aura-t-il de la neige à Noël ?	1996	Sandrine Veysset	Dominique Reymond, Daniel Duval
Seul contre tous	1999	Gaspar Noé	Philippe Nahon, Blandine Lenoir
La Classe de neige	1998	Claude Miller	Clément van den Bergh, François Roy

Utopian family films

Type A: nostalgia

Les Visiteurs	1993	Jean-Marie Poiré	Jean Reno, Christian Clavier, Valérie Lemercier, Anne-Marie Chazel
Marius et Jeannette	1997	Robert Guédiguian	Ariane Ascaride, Gérard Meylan, Jean-Pierre Darroussin
À la place du cœur	1998	Robert Guédiguian	Ariane Ascaride, Gérard Meylan, Jean-Pierre Darroussin

Type B: school as family

Le Plus beau métier du monde	1996	Gérard Lauzier	Gérard Depardieu
Ça commence aujourd'hui	1999	Bertrand Tavernier	Philippe Torreton
Être et avoir	2002	Nicolas Philibert	Georges Lopez
Les Choristes	2004	Christophe Barratier	Gérard Jugnot

Type C: PACs and gay families

Le Placard	2001	Francis Veber	Daniel Auteuil, Gérard Depardieu, Thierry Lhermitte
Gazon maudit	1995	Josiane Balasko	Josiane Balasko, Victoria Abril, Alain Chabat
Drôle de Félix	2000	Olivier Ducastel & Jacques Martineau	Sami Bouajila

Scènes de (remue-)ménage:
Les airs de famille de Valérie Mréjen

Marie-Claire Barnet

Ce que je dépeins, c'est la famille Ricoré, c'est-à-dire celle de tout le monde. [c'était le modèle de mon père, c'était à cela qu'il aurait aimé qu'on ressemble... et non ce que je cherchais à dépeindre comme type de famille (c'est même un peu le contraire...)] Si j'écris, c'est pour tourner ces clichés en dérision, et pour compenser ce déficit de parole, mon mutisme exacerbé. [1]

Sur ma famille? Que voudrais-tu savoir? Ce sont des gens que vous n'avez pas connus. [2]

L'art de la dissonance[3] et autres malentendus
La tentation serait d'abuser des jeux de mots et d'insinuer dès le départ que Mréjen fait aussi dans le remue-méninges sur les scènes de ménage, interrogeant des tableaux de discorde générationnelle ou des scènes de famille trop connues pour être uniquement personnelles: à qui appartiennent ce père râleur et angoissé qui, 'quand il reçoit un appel de l'étranger, [...] hurle dans le téléphone comme si la personne allait moins bien entendre à cause de la distance'[4] (quand il n'est pas indiscret: 'C'est ton nouvel ami? Que fait-il comme métier?', suivi d'un 'Alors, avec ton fiancé? Vous avez des projets?', (ES 40, 60) et cette mère divorcée, disparue, qui 'disait qu'elle se saignait aux quatre veines et qu'on l'userait jusqu'à la corde' (MGP 63) (si ce n'est: 'il y

---

[1] Valérie Mréjen, in Jean-Luc Douin, 'Valérie Mréjen, demoiselle caméléon', *Le Monde*, 16 avril 2004. Précisions données dans une lettre à l'auteur, 18 janvier 2006.

[2] Mréjen: *Eau sauvage* (Paris: Allia, 2004), p. 87. Toute référence ci-après sera abrégée en ES.

[3] Voir Isabelle Rüff, 'L'art de la dissonance', *Le Temps,* 17 janvier 2004.

[4] Mréjen, *Mon Grand-père* (Paris: Allia, 1999), p. 21. Toute référence ci-après sera abrégée en MGP.

a des coups de pieds au cul qui se perdent', MGP 8), ou le grand-père, apparemment encore plus insupportable, qui 'a toujours eu une certaine sympathie pour l'ordre et la discipline', 'et prenait plaisir à raconter des blagues obscènes à table'? (MGP 15, 9) Ces personnages au verbe haut, discourant et déambulant dans l'œuvre de Mréjen, se révèlent plus complexes à mesure que se dévoilent tous leurs signes distinctifs. Sont-ils des personnages si atypiques, antipathiques, ou des types communs à la limite de la caricature, ou encore, de 'vrais' originaux, pourvus de traits uniques et inattendus, s'ils ne sont pas entièrement inédits? Constituent-ils des modèles de référence, des atouts à abattre ou à ajouter au jeu commun des sept familles, autour duquel tournent trois textes sur la filiation de Mréjen, gagnés par une claustrophobie familiale galopante?

Difficile aussi d'épingler les 'récits' hors normes de Valérie Mréjen, plasticienne, vidéaste, photographe, écrivain qui a commencé par feuilleter les annuaires pour en copier-coller un drôle de *Meilleur souvenir* ou une *Liste rose*[5] de patronymes désopilante (dans la veine humoristique surréaliste), et vient de terminer 'un triptyque' ou trilogie biographique et autobiographique, rassemblant de curieux 'exercices d'autofiction'[6] ou d'expérimentation stylistique[7] (dans la lignée oulipienne, formellement tordue d'avance). Suivant sa voie à elle, décalée et excentrique, elle assemble des bribes de mots pour nous parler de la langue, ses poncifs et ses points de rupture, tout en réinterprétant, avec finesse et légèreté, dans de ludiques saynètes qui remettent en scène et en cause des 'vrais' acteurs de sa vie à elle (deux générations de parents), le grand thème de 'l'incommunicabilité entre

---

[5] *Meilleur souvenir* (Editions Frac Languedoc-Roussillon, 1997), *Liste rose* (Editions Galerie du Jour, Agnès B, 1997). Voir 'Grosse Alain, Catin Guy, Genre Madeleine, Tigresse Donald, Jamais Jacques, Assouvie Grégoire...' ou 'Salut Blanche, Ma Ange, Grenouille Roland, Guili Mina, Boum André...' in Elisabeth Lebovici, *Valérie Mréjen* (Paris: Léo Scheer, 2005), pp. 6-7, 8. Cf. Nelly Kaprièlan, 'Parlez-moi d'amour', *Les Inrockuptibles*, 21-27 mars 2000.

[6] Fabienne Jacob, 'La vérité si elle ment', *Zurban*, 21 janvier 2004, p. 54.

[7] Alexandre Fillon: 'Partie pour un Master of fine art dans un quartier populaire de Glasgow, Mréjen se cogne à l'hiver écossais et entame *Mon Grand-père*. [...] Pendant trois mois à Glasgow, elle utilisa les ordinateurs de la bibliothèque, juxtaposant les phrases afin de se rapprocher de ses souvenirs', *Livreshebdo*, 12 décembre 2003. Voir 'Quartiers d'hiver', le récit de cette expérience dans la préface inédite à *Trois quartiers*, volume qui réunit ses trois récits majeurs en date (Paris: J'ai lu, série Nouvelle Génération, 2005), pp. 5-8.

les êtres'.[8] Le style Mréjen ou 'un art tonique, percutant, émouvant',[9] 'ce mélange de décapant et de sensible innervant l'ensemble'[10] ou encore, l'irrésistible alliage de la distanciation et de la réflexion souterraine, à la désinvolture de l'humour immédiat qui vient miner des collages de formules toutes faites.

Qui sont nos proches, que nous disent-ils au-delà des expressions familières, et des injonctions parentales? Quels sont leurs tics ou marottes langagières, et vous souvenez-vous de tout ce qu'on vous dit à longueur de journée, d'année? Autant de points d'interrogation et de départ dans l'œuvre de Mréjen qui métamorphose la banalité prosaïque en sortes de petits poèmes en prose ou prose poétique inattendue. Elle réinvente donc aussi les pochades (en vidéos et en livres), en croquant des portraits faussement sur le vif, et en manipulant ses souvenirs ou rembobinant des 'courts-métrages littéraires'[11] focalisés sur trois hommes de sa vie, le grand-père (*Mon Grand-père*, 1999), un premier amour (*L'Agrume*, 2001), et le père (*Eau sauvage*, 2004). Certains critiques[12] notent l'effet de réel saisissant ou de 'ton juste', sans coutures apparentes: on soupçonnera que Mréjen édite et élague ses textes avec une rigueur exemplaire.

Ses textes s'avèrent brefs, courts et serrés comme un espresso, salés et poivrés par un grand tour de moulin à paroles, débordant d'une ironie moqueuse et contagieuse, qui s'accommode fort bien de l'autodérision, abrasive à souhait dans *L'Agrume*. Elle aime fort, par ailleurs, entremêler les mets aux mots et allécher les papilles des lecteurs par maintes allusions culinaires, l'amour de son père[13] passant aussi par la nourriture, j'y reviendrai. On ne saurait réduire ses textes atypiques à des succédanés de textes d'antan ou des copies de ready-

---

[8] Voir Valérie Marin La Meslée, 'Valérie Mréjen, le dialogue impossible', *Le Point*, 12 février 2004.

[9] Ibid.

[10] Pénélope Rault, 'Valérie Mréjen, la profondeur du superficiel', *Jalouse*, mars 2004.

[11] Voir A.S., 'Les aveux d'un père à sa fille', *Metro*, 5 février 2004, volume 2, n. 444.

[12] Marie-Laure Delorme, 'Père-fille, l'amour fou', *Le Journal du dimanche*, 11 janvier 2004. Sur *Eau-sauvage*: 'On a le noyau et on devine la chair. On arrive au milieu du film mais on comprend le début et la fin. L'auteur parle d'elle et on s'y retrouve tous. Elle saisit, avec une rare vérité, les arborescences de la vie. Elle semble descendre, micro dans la main, au beau milieu de la rue'.

[13] Voir Catherine Faure-Poirée et R. Elkaïm-Bollinger, réal., *Nourritures d'enfance*, série 'De Bouche à oreille', avec Chantal Thomas et Valérie Mréjen, *France-Culture*, 28 août 2005 (rediff. 2004).

made: si Mréjen était une 'broyeuse de chocolat', annonce Jean-Luc Douin, 'elle s'appellerait Marcel Duchamp'[14] – avec une pointe de noirceur chabrolienne, ajoutera-t-on, pour percer à jour aussi bien les platitudes polies des 'Merci pour le chocolat'[15] que tous les sombres secrets de famille. On la compare, de façon répétée, autre réflexe de critique pour mieux cerner le jeu de la 'demoiselle caméléon',[16] à 'un Perec sans la barbiche(tte)',[17] ou à une héritière de Sophie Calle ou de Chantal Akerman, voire, une sœur jumelle d'Héléna Villovitch;[18] certes, mais elle a inventé un style à elle, ouvert à tous les espaces (tels les arrêts du nouveau tramway de Bordeaux[19]) et autres espèces de sujet inédit ou en voie d'apparition (traitant de la perte de la foi en Israël[20] au lieu de la montée en flèche des fanatismes religieux, au goût du jour des médias depuis 9/11). Mréjen n'évite pas les frontières des genres littéraires et artistiques mais elle en joue et surprend, à l'instar de son dernier texte en date, *Eau sauvage*, monologue réinventé du père, qui fait son cinéma et son numéro de patriarche en colère, face au mutisme de la fille, qui, quant à elle, tient fermement les fils de l'écriture des métalangages et évacue ainsi subtilement les jeux du je/moi haïssable, sujet honni ou chéri de l'autofiction.[21] En laissant exclusivement la parole au père, Mréjen renvoie les lecteurs à leurs propres jugements et préjugés. Impossible de comprendre tout à

---

[14] Jean-Luc Douin, 'Valérie Mréjen, demoiselle caméléon', *Le Monde*, 16 avril 2004.

[15] Voir Claude Chabrol, *Merci pour le chocolat* (2000).

[16] Douin, 'Valérie Mréjen, demoiselle caméléon'.

[17] Didier Jacob, *Le Nouvel Observateur*, 1999, repris par F. Jacob, 'La vérité si elle ment'. Mes remerciements au service de presse des éditions Allia pour ces informations.

[18] Voir *Voici*, 19-25 janvier 2004, n. 845, Douin, 'Valérie Mréjen', Jacques Braunstein, 'La Femme d'à côté', *Technikart*, février 2004, pp. 38-39, E. Lebovici, *Valérie Mréjen*, Michel Guerrin, *Le Monde*, 27-28 février 2000, ou Fillon, *LivresHebdo*, 12 décembre 2003.

[19] Voir 'deux cent cinquante pièces sonores, une par heure en aléatoire', Fillon, *LivresHebdo*, 12 décembre 2003.

[20] *Pork and Milk* (2004), voir le film et le livret (Paris: Allia, 2006).

[21] Voir Fabrice Gabriel: 'elle oblige le 'je' à un silence qui le rend d'autant plus présent, obsédant par son mutisme même. Il semble presque que Valérie Mréjen ait voulu faire une sorte de clin d'œil aux contempteurs de l'autofiction, aux blasés râleurs de l'autobiographie: *Eau sauvage* est un texte éminemment personnel, où aucun propos ne semble inventer, mais dont l'auteur a choisi, fictivement, de s'absenter', 'Sa vie sans moi', *Les Inrockuptibles*, 21-27 janvier 2004, n. 425. Alexandre Fillon note que Mréjen séjourna à la Villa Médicis en même temps que Lorette Nobécourt et Tanguy Viel.

fait toute cette oralité déformée par les sous-entendus, retravaillée en blocs et blancs du Macintosh portable, et impossible de classer sous un seul dispositif artistique ou label littéraire trop rigide l'ensemble de son œuvre: serait-ce là, comme nous assurent certains, un véritable 'ovni littéraire' ('objet transgenre'), ou un 'petit manifeste générationnel' (des trentenaires), qui pointerait le doigt, en dépit des fulgurants progrès des techniques de communication, vers 'le fossé' profondément re-creusé entre les membres d'une même famille, 'en ce début de XXIe siècle'?[22]

Mréjen semble autant intéressée par les problèmes d'hérédité, les noms et nons du père, du grand-père, que les problèmes inhérents au langage, casse-têtes lacaniens par excellence auxquels ses textes en puzzles embrouillés nous renvoient aussi. Elle n'ignore pas non plus les sujets épineux, les papas poules vieillissants, trop loquaces et changés en exaspérantes 'espèce(s) de mère(s) juive(s)'[23] de comédie, les vieux pépés salaces et incestueux dans le placard de la mémoire, ou encore, autres spécimens masculins suspects, les jeunes artistes au-dessus de tout ça et de tout le monde: elle s'y frotte et pique, raconte leur histoire, son histoire, et la nôtre simultanément, en nous confiant des secrets 'intimes' (infiniment particuliers, infiniment communs), 'puisés dans les souvenirs les plus universels',[24] qui interrogent notre propre fabrication de l'histoire du roman familial, filial et amoureux. Il n'est pas si étonnant que son éditeur lui-même, Gérard Berreby,[25] ne

---

[22] Sophie D'Argy, in *Figures*, 1 (mai 2004), Nelly Kaprièlan, *Les Inrockuptibles*, rentrée littéraire, septembre 2001, l'annonce de MK2 Bibliothèque pour la lecture de Valérie Mréjen le 17 avril 2004 (http://www.larevuedesressources.org).

[23] Fabrice Gabriel, *Les Inrockuptibles*, 21-27 janvier 2004, n. 425. Alain Nicolas: 'un amour énorme [...] de la part d'un père qui, on le devine, a dû jouer les deux rôles. Une sollicitude toute maternelle s'entend, omniprésente', *L'Humanité*, 19 février 2004.

[24] Braunstein, 'du pur ADN de réel', op. cit.

[25] G. Berreby à propos de la publication de *Grand-père*, les éditions Allia ne publiant pas de 'fiction', a une réponse qui n'est pas sans rappeler l'effet 'pervers', selon lui, des textes surréalistes ou de *Madame Bovary*: 'Je ne me suis pas vraiment posé la question de la fiction, je fonctionne à l'intuition, le texte me plaisait. Formellement, elle a vraiment inventé quelque chose. À priori, c'est plat, ça ne mange pas de pain, il ne se passe pas grand-chose... Et puis on referme le livre et il y a une violence qui remonte à la gueule. Ça revient par bribes, on ressent l'influence insidieuse du texte. Et on finit par se dire: 'Putain, c'est moi!'', in Jacques Braunstein, 'La Femme d'à côté', *Technikart*, février 2004, pp. 38-39.

sache plus s'il s'agit de 'fiction' d'un genre nouveau, et de qui elle parle, d'elle ou de lui, si ce n'est de nous tous?

Si l'histoire d'un amour raté (non réciproque) pour un jeune artiste, cinéaste débutant, pédant épouvantable et grand esthète sans cœur, s'intercale curieusement entre les deux récits sur le grand-père et le père, cela en dira long sur l'idéal de jeunesse, l'esprit naïf fleur bleue et les bleus à l'âme et autres désillusions qui s'ensuivent, tant sur le plan amoureux qu'artistique, mis à nu dans l'acidité de *L'Agrume*. Cet ajout du petit ami chimérique (et modèle artistique à éviter, on s'en doute), assez inattendu dans l'histoire personnelle des générations d'hommes de la famille, offre aussi une autre perspective sur les modèles de référence masculine. Quel est le lien entre les trois hommes? Premièrement, un apparent lien de famille, activement remis en question, dans le cas de la filiation au grand-père, ou recherché et fantasmé nous le verrons, lorsqu'il s'agira du fiancé potentiel, et dont la narratrice tente vainement d'intégrer le cercle familial. En second lieu, ce qu'on nommera un 'air de famille' (toujours trompeur et illusoire, comme le rappelle Anne-Marie Garat[26]), à savoir, dans les trois récits de Mréjen, un air de tyran, ou un masque de fieffé misogyne, et de macho impénitent, qui collerait à la peau et aux paroles du personnage du grand-père, du père, et de l'artiste apprenti cinéaste adulé. Les réactions à ces portraits masculins seront certainement variables car si 'l'impossible monsieur artiste' de *L'Agrume* reste acidement insupportable par sa suffisance égocentrique, 'l'impossible monsieur papa-roi' d'*Eau sauvage* semble gagner le cœur des critiques par son attachement à sa fille, et ses quatre ou 'mille petites vérités quotidiennes'[27] sur l'absence de communication profonde au sein même des familles d'aujourd'hui.

Les influences masculines et féminines diverses sont passées en revue, par le biais des portraits des figures maternelles qui surgissent dans les textes, subvertissant ainsi de l'intérieur la domination des hommes de la famille, et les branches de l'arbre

---

[26] Anne-Marie Garat, 'L'air de famille', in *Photos de famille* (Paris: Seuil, 1994), pp. 115-116: 'l'air de famille qui transpire, cet air de conspiration biologique est une fiction de ressemblance, image imaginaire d'un invisible qui relève de la croyance', p. 116.

[27] Delorme, 'Père-fille, l'amour fou'. Voir Rault, 'Valérie Mréjen, la profondeur du superficiel': 'Bien qu'intrusif, maladroit, fragile, possessif, admiratif, un brin dépendant, étouffant, dépité, attaché, ce pater familias est au final... attachant', op. cit.

généalogique sont secouées pour interroger le statut de l'auteur des récits de vie et du passé: de la petite-fille, de l'amoureuse, de la fille (toujours petite aux yeux du père), on reconnaît les facettes diverses de l'artiste qui se distancie par l'humour, l'ironie mordante, jusqu'au rejet final du 'je' narrateur (un comble ou un flagrant détournement de genre pour un texte aux allures aussi autobiographiques qu'autofictives?[28]).

Famille du passé et du présent, grand-père et père confondus, ou famille convoitée du fiancé fantasmé, 'les familles' de Mréjen ne sont ni de simples lieux de règlements de comptes,[29] de rancœurs, de sombres secrets, d'oppression subie, ou de haine dépassée, ni même de simples cocons de nuage roses où tous les figurants seraient idéalisés (voir la scène du grand-père de l'apprenti cinéaste, aïeul qui reste innommé, anonyme, et donc inabordable sur le plateau de tournage[30]): ce sont, avant tout, des lieux de paroles, d'échanges qui se passent peu, mal, ou de travers, mais que Mréjen recueille au fond de ses épuisettes de textes, ses divers filtres médiatiques, ou ses bribes et bricolages de portraits filmés. Ses 'récit(s) éthno-linguistique(s) tendance Groucho' n'ont peut-être pas 'l'esprit de famille'[31] conventionnel qu'on veut bien leur prêter, mais ces récits grinçants de fille subversive et d'auteur rebelle nous redonnent à entendre les difficultés élémentaires des malentendus amoureux, et les paradoxes de la mésentente filiale, familiale, au cœur des lieux d'échange et d'amour qu'on croirait (à tort?) privilégiés par l'attention amoureuse exacerbée ou les liens du sang.

---

[28] Mréjen: 'Je ne vais pas nier que ce que je fais est très lié à l'intime, que ce qui m'intéresse est au départ puisé dans mon entourage proche. Mais on peut aussi lire mes livres comme des fictions pures: ce côté autobiographique n'est ni caché, ni revendiqué', in J. Braunstein, op. cit.

[29] Id. ibid.: 'C'est tout, sauf un règlement de comptes'.

[30] Cf. la quête d'air de famille et de 'conversations passionnées': 'Son grand-père devait venir sur le tournage pour y dire deux répliques. J'étais très impatiente de le voir. Ressemblait-il à Bruno en plus vieux? Je me préparais intérieurement à lui serrer la main avant d'entamer des conversations passionnées. Tout d'un coup, un septuagénaire aux cheveux blancs traversa la pelouse. Je sus tout de suite que c'était lui. J'attendis désespérément que Bruno nous présente, mais finalement, il n'en fit rien. Il n'était pas d'humeur à présenter. Personne ne sut qui était qui parmi les gens de l'équipe' (*L'Agrume*, p. 43).

[31] Voir Nathalie Mazdas, '5 raisons de découvrir... Valérie Mréjen', *Marie-Claire*, février 2004, p. 57.

L'humour de Mréjen est jaune citron et noir, mais non défaitiste: si la communication superficielle et impossible est un problème à la fois personnel et global, un phénomène filial et social, ses textes à elle ébauchent des tentatives de re-dire et re-présenter ces difficultés linguistiques, ces absurdités de langage et de situation, sur un mode plus comique que tragique. Ses dialogues truqués (autant que le monologue 'factice' du père) et son refus du pathos, au profit des listes burlesques, participent aussi à cette impossible thérapie de groupe que ses textes de confidences volées nous laissent entendre sur la page publique. Ne cherchez pas un (seul) sens à tout prix: comment, répétez, je n'ai pas jamais bien compris, c'est le sous-texte qui étaie toutes les fusées langagières fragmentaires et les éclats de voix de l'auteur et de ses personnages.

Les anciens annuaires auparavant mentionnés, consultés comme source d'inspiration prennent ainsi, rétrospectivement, des allures de symptômes désormais réjouissants qui confirmeraient l'obsession avec la communication sous toutes ses formes et dans tous ses états. Mréjen est désormais passée par le service 'messagerie' dans *Eau sauvage*, et elle découpe d'autres cartes postales en épluchant toutes les conversations. Elle accumule les messages laissés par son père sur son répondeur, pour mêler des dits du père à d'autres injonctions paternelles, lancées en l'air entre deux portes ou en plein repas de famille, captées par une fille apparemment silencieuse.

Le mutisme n'est qu'apparent et fictif, à l'instar du monologue paternel réécrit: la fille, loin de s'emmêler les pinceaux avec un tel flot de conseils, reproches, appels exaspérés (d'amour fou[32]), s'ingénie à encaisser les critiques, engranger les paroles et soupeser les expressions, pour pouvoir ensuite mieux polir les clichés, faire briller les échos entre les lieux communs, et étaler la belle part du silence et du non-dit dans les blancs de son texte: ce qu'on ne lit pas explicitement mais qu'on retient aussi, l'amour très fort, de la fille pour son père.

Mon étude s'attachera donc à souligner et tenter de décrypter les mots et maux de famille, donnés en noir et blancs dans ces récits d'amours contrariées et de relations intergénérationnelles conflictuelles, en débutant par un détour inhabituel par l'histoire du

---

[32] Delorme, 'Père-fille, l'amour fou'.

fiancé potentiel, *L'Agrume*, au cœur déficient (un vrai 'légume'[33]), pour revenir plus en détail aux liens de famille plus prévisibles avec le grand-père, le père, et la mère (disparue, retrouvée) dans *Mon Grand-père* et *Eau sauvage*. En conclusion, ces échos entre les textes et les scènes de famille conflictuelle seront mis en parallèle à la thématique de la crise dite 'actuelle' de la famille. Tous les 'sketches' de Mréjen sont révélateurs d'une communication toujours périlleuse et hasardeuse, mais non dénuée des bonheurs d'expression glanés au passage par l'auteur, 'broyeuse' de scènes de ménage, et chef d'orchestre des mille (et un) riens de la cacophonie de nos conversations, si ce n'est collectionneuse et retoucheuse des éclats des familles.

L'anti-madeleine acidulée: cookies caustiques et biscuits de la mère Poulard

L'amour rêvé par la narratrice de *L'Agrume* (surnom fruité d'un collectionneur de citrons, fétiches d'un cinéaste débutant qui n'éprouve rien pour la jeune amoureuse) ne se passe pas comme au cinéma (hollywoodien). Si le récit fragmentaire est une 'roman(ce) en Super 8'[34] de l'autovictimisation féminine, il n'a rien de l'amateurisme ou du statut quo de la défaite. Mréjen construit, casse et recolle tous les morceaux du cinéma intérieur de l'amour fusionnel ou de la vie de couple rêvée. Décodant les scènes clef de l'univers amoureux fantasmatique (barthésien[35] en diable), elle nous emmène dans cette histoire d'amour raté sans grand effet de suspense initial, avec un simple décalage entre le paysage extérieur et le monde intérieur des personnages, et la clef principale de ce ratage en guise de conte de fées brille et tombe, clinquant net comme un couperet, dès les premières lignes: si le décor, en effet, a peut-être encore des connotations de balades romantiques ou des airs de chanson traînant sur les bancs publics de Brassens ('Nous étions assis sur un banc près des Halles, sous une espèce de pergola en bois. Il faisait bon', A 7), la

---

[33] Les fruits de Mréjen évoquent irrésistiblement ses autres fruits et légumes d''Une dispute' (1995). Voir la liste d'insultes recensant noms de végétaux ou d'aliments dans l'ouvrage pour enfants, *Une dispute et autres embrouilles* (Paris: PetitPOL, 2004), pp. 9-20.

[34] J.-L. Douin, 'Roman(ce) en Super 8', *Le Monde*, 31 août 2001.

[35] Cf. l'analyse de Lebovici sur les échos des *Fragments d'un discours amoureux,* in *Valérie Mréjen*.

première déclaration qu'on entend ne prête guère à confusion ('Il m'a
dit je ne t'aime pas', A 7).

Tout n'est pourtant pas sans appel ou perdu d'avance: ce
premier 'il' n'est pas en fait le héros attendu, Bruno R., alias
'L'Agrume', et Mréjen nous transmet bien la confusion ressentie en
sautant du coq à l'âne (ou presque, les deux hommes semblant deux
beaux goujats qui font faire le pied de grue à l'amoureuse), passant
donc avec une feinte innocence du 'celui qui ne l'aime pas' à 'Une
autre fois, j'ai rencontré un type au cours d'un festival de
documentaires ardéchois. Il était avec son amie', A 7). Ainsi re-débute
ce récit d'amour qui commence sans que l'on prête vraiment attention
à 'ce type' (comme dans la vie?), et qui commence plutôt mal, si 'ce
type' n'est pas seul, mais accompagné de sa petite amie qui ne le
lâchera pas de tout le récit.

Du hasard provoqué par le 'festival des documentaires
ardéchois' (ajoutant une touche réaliste et rurale, aux confins
d'Hollywood), l'auteur passera à d'autres scènes imprévisibles, en
direct d'une salle noire de projection, après nous avoir replongés dans
l'âge d'or des grands films d'amour américains, menés tambour
battant par l'héroïsme des femmes, à l'instar de Donna Reed (James
Stewart ayant montré quelques signes inquiétants de défaillance sur le
pont de *It's a Wonderful Life*[36]):

> Nous sommes allés revoir *La Vie est belle*. Dans le film, la femme
> de James Stewart est une vraie fée, elle est fidèle, patiente,
> compréhensive. Elle lui redonne sa confiance et l'attend au foyer,
> elle prend les choses en main et fait tout pour l'aider malgré ses
> agissements. Ça se termine en happy end. (A 69)

L'idéal de la 'fée' du logis est raillé par la formule ambiguë de la
'vraie fée' ou le côté désuet du mot 'foyer' suggérant l'attente au coin
du feu. L'inattendu et le miracle arrivent pourtant (presque) dans
l'histoire de la narratrice: pour une fois, Bruno montre des sentiments,
et si les lecteurs ne se laissent pas prendre au jeu de sa vulnérabilité
(face aux œuvres d'art, toute réponse émotionnelle de sa part étant
associée à des réactions esthétiques), toujours est-il que ses pleurs
déroutent, avant que les lecteurs ne se rassurent: nous sommes
toujours bel et bien restés dans un décor hollywoodien et l'agrume,

---

[36] Frank Capra, *It's a Wonderful Life* (1946).

somme toute, sait prendre la pose: 'Après la projection, nous avons fait quelque cent mètres à peine. Il s'est arrêté net et m'a prise dans ses bras. Il a fondu en larmes' (A 69).

Si l'on précise que ce petit morceau d'anthologie pour cinéphiles se situe entre deux brefs paragraphes, quant à eux peu émouvants ou affriolants, ayant trait à des dîners (ratés), on comprendra mieux comment Mréjen sabote tout arrêt sur image ou gros plan potentiellement sentimental: Bruno, ne prévenant jamais de ses retards, ne prenait même plus la peine de justifier son absence aux soirées, et, 'Bruno (qui) imitait l'andouillette tunisienne en train de débarquer dans un tube digestif' (A 69), telles sont les deux facettes d'un invité peu délicat, encadrant le portrait de l'apprenti Jimmy Steward en situation de crise exceptionnelle et à la détresse à grand spectacle.

Ce qui surprend donc plus, c'est l'annihilation dans laquelle se plonge la narratrice qui constate ses fantasmes avec un (faux) détachement affiché, signalé par l'autocritique et l'autodérision permanente:

> J'avais peur qu'il me voie comme une de ces Fleurs bleues enivrées à l'eau de rose. Je voulais me dissoudre et ne pas l'embêter, noyer cette grenadine de mes rêves de fillette, diluer le rouge primaire et outrancier jusqu'à la transparence. J'avais la fantaisie de devenir comme lui, son double au féminin, qu'il se repose sur moi pour soutenir et comprendre ses lubies. (A 30-31)

Le travail sur les métaphores filées et les jeux sur les couleurs déconstruit donc ce dispositif de froideur toute apparente. Si le rejet des sentiments 'Fleurs bleues' se confirme, c'est la passion de l'humour corrosif qui éclate, quand la mise en scène du fantasme du conte de fées se met en marche, Mréjen se mettant littéralement en boite (en bobine Super 8, et en abyme dans la projection du film de Bruno):

> Bruno était soucieux. Il dit: c'est comme dans les maternités. Il n'en fallait pas plus pour que mon cœur de midinette s'emballe. Ma visionneuse à rêves s'enclenche au quart de tour: les techniciens qui déambulent dans les couloirs, un clap à la ceinture, deviennent des infirmiers en tenue bleue à l'air gentil et rassurant. Les femmes se transforment en sages-femmes, les secrétaires portent un bonnet stérile et des carnets de santé, les réalisateurs ont des blouses vertes et des masques anti-germes. Bruno se ronge

les ongles, un bouquet de roses posé à côté de lui en attendant
qu'on vienne l'appeler (bien entendu, c'est moi qui ferais la
maman). (A 45)

Ce sont bien certains clichés sur les femmes, leur imaginaire de
sentimentales Cendrillons, trop soumises dès le début au sujet
masculin, ou à la fin en 'ils vécurent heureux avec beaucoup
d'enfants', que Mréjen épingle au passage.[37] Si 'midinette' est repris
en écho dans le mot doux ou collage artistique envoyé par la narratrice
à l'agrume, fabriqué avec les emballages d'oranges et de mandarines,
on note que c'est elle, la bricoleuse d'objets d'art inventive et la
créatrice à tout faire et à tout dire. Par ailleurs, elle ne mâche pas ses
allusions féministes dans un court-métrage hilarant de conseils
saugrenus (ou copiés dans un manuel d'étiquette féminine d'un autre
âge) adressés par une pseudo-conférencière à la parfaite ménagère en
puissance, qui saura tout sur *Comment aider votre mari à réussir dans
la vie*[38] en 3 minutes 23. Néanmoins, Mréjen laisse les lectrices et les
lecteurs décider pour elles/eux-mêmes qui a le beau rôle dans les
grands débats incontournables (ou 'fatidiques') sur les joies et périls
de la vie de famille:

> Pendant le repas, la question fatidique est arrivée sur le tapis: est-
> ce que nous tous autour de cette grande table avions envie de faire
> des enfants?
> A: Je crois, mais pas maintenant.
> H: Dans l'absolu, je pense...
> Bruno: Si c'est pour essuyer la crotte.

---

[37] Cf. le consensus des magazines féminins et status quo de récents sondages
s'accordant à redéfinir un idéal (masculin et familial) de jeune fille des plus
conservateurs, voir 'Les filles de 20 ans: quelle femme rêvent-elles de devenir?',
Marie-Claire, juillet 2005, pp. 66-74. Voir aussi Lebovici sur 'le machisme qui
régnait en matière d'arts plastiques' aux beaux-arts de Cergy-Pontoise, ou Mréjen sur
les 'rapports de force dans une relation, que je percevais d'abord dans ma famille. Le
garçon y occupait une place privilégiée par rapport aux filles. Ce n'était pas dit, bien
sûr, mais c'était perceptible. Cela m'a sans doute beaucoup aidée [...] il s'agissait
alors d'affirmer ma place par une sorte de ruse, par un moyen autre que la
dénonciation; plutôt par un faux détachement, sans revendiquer', in Lebovici, *Valérie
Mréjen*, p. 66.
[38] V. Mréjen: *Comment aider votre mari à réussir dans la vie*, 1998. Tous mes
remerciements à Valérie Mréjen et la galerie Cent8 (Paris) de leur envoi de la
compilation des courts-métrages. Voir DVD pour d'autres films disponibles in
Lebovici, *Valérie Mréjen*.

Nicolas: Je fabriquerai un sac à dos avec des trous pour faire les bras et les jambes.
Moi: Tu peux me passer l'eau? (A 72)

Si 'Nicolas' a l'esprit pratique – mais est manifestement ignorant de la richesse des produits pour bébé depuis longtemps commercialisés, non seulement dans les boutiques spécialisées, mais dans la moindre grande surface – le refus de Bruno fait sans doute moins sourire car il tourne au simple langage scatologique et à la réduction du corps enfantin à l'abject. Que trahit la réponse de la narratrice/auteur(e): une neutralité qui rappelle, irrésistiblement et ironiquement, la phrase passe-partout de son père pour conclure et clore tout échange profond ou superficiel à table, 'passe moi le sel'.[39] Mréjen nous donne ainsi à réfléchir en préservant (ou voilant à demi?) l'anonymat et le sexe (féminin?) de A et H, qui n'apportent qu'une réponse abstraite, s'opposant néanmoins clairement aux couches culottes honnies par Bruno ou à sa hantise de la corporalité. Que veulent les femmes et les hommes, l'enfant demeure un inconnu, un objet dans 'l'absolu' ou l'abjection, et non un sujet (humain) à part entière, mais il reste un sujet de conversation dangereux mais prévisible, si ce n'est un enjeu 'fatidique' pour les deux sexes. Mréjen remet la question en lumière, et personne n'a le dernier mot ou la 'bonne' réponse à imposer autour de la table commune.

Que veut donc la femme, la narratrice, d'apparence impassible et silencieuse, mais qui rêve tout haut d'avenir conjugal, de potentiel matrimonial 'féerique', voire, de futur de matrone ou 'bien entendu, c'est moi qui ferais la maman', en noir et blanc hollywoodien des années 40 ou en couleurs de costumes médicaux des maternités contemporaines? Son humour moqueur et sa position double révèlent une belle ambivalence, non seulement personnelle mais partagée, et comme l'indique la scène du repas d'ami(e)s, symptomatique ou représentative d'une génération post-féministe, tous sexes parfois confondus (Bruno n'est-il pas prêt à assumer un rôle de nouveau père

---

[39] Mréjen: 'J'ai un lien très particulier au langage dû à ma famille. Mon père a un langage très limité, il n'écoute pas vraiment tout en exhortant ses enfants à 'communiquer' constamment. Tout se passe comme si la seule réalité possible était de raconter: sa journée, le menu de son petit déjeuner. Tout raconter. Et puis dès qu'on a fini, on entend: 'Passe-moi le sel'. Tout est oublié, revenu au néant'; in Emmanuelle Lequeux, 'À l'assaut des moulins à parole', *Aden*, tous mes remerciements au dossier de presse des éditions Allia.

ou de mère 'porteuse' avec un sac à dos artisanal en guise de poche kangourou d'un sac Natalys *newlook*), en ce début du troisième millénaire.

Mréjen n'alourdit pas les propos rapportés, elle les asperge d'eau froide d'un 'passe moi l'eau' plutôt que d'allusions trop directes aux théories sociologiques ou psychanalytiques contemporaines[40] qui animent les grands débats sur la mutation de la famille, dans lesquels, néanmoins, s'inscrit bel et bien 'la question fatidique' du repas entre amis concernant le choix d'avoir ou non des enfants, déterminant pour l'avenir des générations présentes. Entre les blancs du texte et derrière le masque de la comédie légère, on perçoit aussi la profondeur de l'intérêt que l'auteur porte sur la famille, ce drôle de 'Club des 5' comme le surnommait Hervé Guibert,[41] ou clan familial mythique que la narratrice de *L'Agrume* a bien du mal à joindre ou percer à jour quand il s'agit de la famille de Bruno.

Ce qui est aussi manifeste, c'est que l'art de la pochade minimaliste réussit aussi bien à transmettre les aspirations compliquées de la narratrice, les obsessions complexes du 'fiancé' potentiel (épris d'esthétisme forcené, jusque dans la culture des pourritures d'écorces de citron ou la pullulation d'insectes dans un plat de couscous oublié dans l'évier), qu'à évoquer les divers éléments qui sont le lot, le quotidien, et le tissu même de l'intime des liens de parenté: habitudes alimentaires partagées, surnoms, souvenirs d'enfance, connus des seuls membres de la famille. Dans *L'Agrume*, les références alimentaires sont un flagrant et volontaire détournement des sensations proustiennes, et les figures familiales qui entourent les deux personnages principaux sont autant d'exemples de parents et d'aïeuls mémorables, amalgame de Mamie Nova et de tante Léonie (devenue pharmacienne), de Charlus (hétérosexuel), ou de bonne (mauvaise) maman, qu'on retrouve dans *Mon Grand-père* et *Eau sauvage*, où le père, cette fois, tient tout le devant de la scène et fait éclater sa passion possessive pour sa fille, comme un digne Swann ou un parfait 'Marcel' obsessionnel.

La préférence ira donc, sans surprise, aux pâtisseries nombreuses et variées, qui ponctuent le récit et la mésaventure amoureuse, passant par les premiers macarons du premier soir (A 8),

---

[40] Voir Marie-Claire Barnet, introduction au présent volume.
[41] Hervé Guibert, *À l'ami qui ne m'a pas sauvé la vie* (Paris: Gallimard, 1990), p. 223.

le strudel érotique, à la mode de Paul-Armand Gette (A 11), les 'éclairs au chocolat, et au café' (A 55) attendant fiévreusement dans le frigo, les sablés classiques, les gâteaux tunisiens de la grand-mère, et autres 'cookies achetés aux Halles' (A 12) aux accents nord-américains plus préfabriqués. Dans l'ombre d'une madeleine virtuelle, on retient les spécialités de la grand-mère tourangelle, 'il appelait ça "Montecaos"' (A 21).

Prudence à lire entre les lignes et les paragraphes, il ne faudrait pas faire trop sucré dans la complaisance de la réminiscence, car toute la douceur de ces liens idéalisés à l'enfance ou la nostalgie à l'égard de la figure maternante et nourricière seront finalement à éviter:

> Sa grand-mère lui avait donné une recette pour les soirs où il ne reste plus que les conserves et de quoi faire une sauce salade. Un pot de concentré de tomate et une boîte de miettes de thon liés ensemble avec de l'huile. Il m'en avait préparé dans un petit bol. C'était rouge, épais, sucré et écœurant. (A 20-21)

Si les curieux 'Montecaos' qui riment avec cacao restent énigmatiques (Il disait qu'elle lui avait appris à les faire et qu'elle lui avait donné la recette de plein d'autres (A 21), on n'en saura pas plus sur la saveur et la teneur des ingrédients),[42] la préférence pour la grand-mère et 'les galettes de la (grand-) mère Poulard' (A 12) s'énonce clairement, la mère étant presque totalement éclipsée et ne faisant qu'une seule apparition fort remarquée dans le texte:

> Il disait que sa mère était folle et qu'elle lui faisait honte dans les grands magasins. Une fois. Ils étaient partis pour acheter un manteau et elle poussait des cris en disant ah comme c'est beau.
> Il avait un problème avec sa mère: voilà. (A 59)

Paradoxalement, en lisant le portrait peu flatteur de la mère 'folle', on a sans doute peu d'indulgence envers ce fils 'honteux', mais Mréjen ne nous laisse pas d'explication détaillée ou le temps de démêler les écheveaux de tous les nœuds œdipiens. Isolé, un instantané quasi

---

[42] '"Montecao" est aussi le vrai nom d'un petit gâteau à base de sucre, d'huile et de poudre d'amandes (ce n'cst jamais très diététique ces petites douceurs…)', Lettre à l'auteur, 18 janvier 2006.

photographique reste partiel et partial.[43] Révélateur est toutefois
l'instantané du paragraphe suivant qui retombe en enfance (et
comporte l'un des rarissimes gestes altruistes de Bruno):

> Il se levait du lit pour aller boire un verre d'eau fraîche.
> Bruno: Tu en veux?
> Moi: je veux bien.
> On tient chacun le verre d'une main comme si j'avais trois ans. Je
> bois tout sans en renverser. Eh ben dis donc! tu avais soif. (A 60)

On en reste peut-être au stade de régression infantile et de
l'impuissance à communiquer du 'Passe moi l'eau' déjà entendu à la
table des adultes, mais qui rêve encore de douceur maternante dans
cette dernière scène? Rien n'est moins sûr, surtout si 'on' tient tous
deux le verre comme la dyade fusionnelle mère-enfant, et si le lecteur
a en mémoire toute la fixation de Bruno sur son aïeule.

Quel avenir a ce couple qui accumule rendez-vous manqués
entre eux ou avec leur famille respective,[44] ou une narratrice qui
s'enfonce dans les actes manqués et plans sur la comète, tout en
hésitant, coupant les cheveux en quatre pour n'acheter que du
shampoing chez la tante de Bruno, laquelle ne reconnaît même pas
cette obscure inconnue? Elle rêve d'être reconnue avec un statut
(privilégié) de 'copine du neveu'[45] qui lui assurerait, croit-elle –

---

[43] Voir la coupure symbolique de la photo photographiée, qui ne montre que ses
limites et ses (dé)coupures de sujets en objets: 'Il avait également photographié les
photos punaisées sur la coiffeuse de sa grand-mère. Celle-ci tendait le doigt vers le
miroir, sa main était coupée à droite' (A 66).

[44] Les deux pères se remplacent et s'évacuent si aisément et symboliquement du récit
que la rencontre ne s'énonce pas, et semble s'annuler: 'Mon père voulait nous inviter
au restaurant. Bruno nous a emmené chez Georges, un tunisien de la rue Richer où il
allait avec son père. Son père était friand d'une saucisse d'intestin servie parmi des
morceaux de viande. Une fois, il a commandé ce plat, mangé la saucisse en vitesse et
fait le type qui n'en a pas eu' (A 69).

[45] Cf. le long paragraphe qui s'allonge avec les sous-entendus du conditionnel de
l'imaginaire, finit en conditionnel passé ou irréel exemplaire, suivi d'un passé re-
composé et réduit à l'unique 'une fois' (le fiasco non répété): 'Bruno avait une tante
pharmacienne qui travaillait rue des Archives. Nous l'avions rencontrée un soir au
cours d'une projection, et chacune avait dit son prénom. Elle m'avait même serré la
main. Chaque matin, pour aller au métro, je passais devant la pharmacie en prenant ce
que je pensais être un mélange d'air malin, aimable, rêveur et naturel. J'espérais
chaque fois qu'elle me verrait de derrière la vitrine et que cette habitude me ferait peu
à peu exister dans sa vie quotidienne. À force de me voir, elle finirait par faire une
réflexion en famille sur la copine de son neveu. L'idée d'être évoquée dans un dîner

l'illusion étant plus forte que tous les signes du profond désintérêt de Bruno – une entrée dans le cercle familial de l'être aimé. Elle ne manque décidément aucun fantasme ou jeu de rôle 'maternel/paternel' quand elle rêve de se substituer au père de Bruno, promu chauffeur hors-pairs et garde du corps protecteur (quasi) irremplaçable qui conduit son fils à l'hôpital.[46] Les liens de famille sont dits privilégiés et intouchables: 'Tout ça, c'était piston et compagnie' (A 36), raille la formule détournée de Mréjen.

On sera finalement frappé par la récurrence, voire l'omniprésence, des références familiales dans *L'Agrume,* qui débutait toutefois, quand on y songe bien, par l'annonce de la 'fierté' tirée des liens de famille: à l'arrière-plan, ne croisait-on pas déjà le premier 'cousin', figure chère à Roland Barthes,[47] quand surgissait aussi du néant le héros au potentiel romantique:

> Il était venu s'asseoir près de moi le dernier soir, dans la salle 3. Il
> y avait le nom d'un de mes cousins dans les crédits techniques (J.-
> J. Mréjen). Je lui avais montré fièrement le programme. (A 7)

C'est donc un texte atypique sur l'amour manquant, excessif ou raté (au niveau de la réciprocité, mais non en vue du livre explosif généré, au fou rire communicatif), qui n'isole pas les deux personnages du couple mais les replonge au contraire, et de plus belle, dans leur macro-univers familial, indissociable du cocon de 'son' monde à soi, soit-il aussi individualiste que celui de Bruno. *L'Agrume* filme, en scènes désordonnées, tout le cinéma intérieur permanent de la

---

entre les oncles et tantes me grisait totalement. J'aurais acquis une place de choix. Une fois, je suis entrée le cœur battant pour acheter du shampoing' (A 20).

[46] Jeux de mots et effets de bruitage garantis pour ce passage en bande dessinée du 'fiston' et son James Bond de père: 'Il me décrivit tout: il eut d'abord très mal et se hâta d'appeler son père. Celui-ci laissa ses affaires en souffrance (HAHAHA), grimpa dans sa voiture et rappliqua dare-dare. Il pila net en bas de l'immeuble, gravit les marches comme une fusée, bondit, prit son fiston, redescendit, franchit la porte ouverte en bas (la porte vitrée), jeta l'Agrume dans la voiture et démarra direct. Vrrrrrrrrr Iiiiiiiiii. Il n'y avait pas grand-chose à faire: croiser les bras (HAHA) en attendant que ça recolle. J'aurais voulu qu'il me choisisse pour le conduire à l'hôpital. Je me serais dépêchée, je serais restée près de lui, j'aurais fait les démarches, j'aurais rempli tous les papiers, j'aurais acheté du chocolat et des journaux. Mais son père habitait la même ville et possédait une grosse voiture. Tout ça, c'était piston et compagnie (A 36).

[47] Voir Marie-Claire Barnet, introduction au présent volume.

narratrice amoureuse ('je passais toujours pour la bécasse qui s'inventait des films', A 22), et le cinéma des petits détails de maniaque, passés à la moulinette de l'absurde (les lunettes de l'Agrume, 'passées au Paic citron' chaque matin, A 8), avec gros plans de gros mensonges et autres 'mésaventures' de B.D. (A 22) ou parodies de film noir de Bruno, en faux héros du 'Concombre masqué' (A 40), l'ensemble du scénario baignant dans la tension et l'imbroglio des cuisines, avec un arrière-goût d'*Un air de famille.*[48] Cette insistance sur le motif familial est pourtant un leitmotiv qui tourne court. On ne sait plus quoi penser de ces rêveries de la narratrice tournant en rond autour du roman familial (freudien[49]), brillamment réinterprété par ce désir (infantile) de se faire adopter par les parents de l'autre. Elle ne le connaît pas plus qu'il ne la connaît ('Je ne savais pratiquement rien de lui, A 58), voire, et est-ce pire, pas plus qu'il ne connaît les siens (les fameux cousins barthésiens, croisés annuellement). La prose métaphorique en sucre filé de Mréjen ne nous épargne en effet aucun éclairage direct sur le creux des chocolats, le vide des rapports de famille, qu'on devine alors distants, et uniquement rythmés par des rituels de Noël chocolaté. Alors, qu'en déduire, si la méconnaissance des 'familiers' s'avérait totale, et fondamentale, est-ce là dire qu'elle est aussi nocive à notre quête identitaire ou fondatrice de notre indépendance? Mréjen nous tend des albums impossibles[50] à cataloguer, avec le Leica de Bruno qui ne sait voir qu'une 'soupape de cocotte minute' (A 14), ou son appareil photo à elle, qui profite de la distanciation pour saisir au vol des oncles et tantes, toujours évasifs et mythiques à souhait:

> Un peu avant Noël, il partit en Touraine retrouver sa famille. Il avait pris des chocolats Richart, carrés fourrés à rayures noires ou lait pour indiquer la garniture (c'était écrit sur un livret pliant, avec des noms comme Symphonie, Mélodie, Escapade, Noisetta, etc.) à l'attention de ses cousins qu'il voyait une fois l'an. Je ne savais pas précisément quand il devait rentrer. Je fis le compte d'une semaine, neuf jours, onze jours, puis deux semaines. Il devait se plaire là-bas, il avait dû revoir ses oncles et tantes et décider d'en profiter. (A 39)

---

[48] Cédric Klapisch, *Un air de famille* (1996).
[49] Voir Sigmund Freud, 'Le roman familial du névrosé', *in Névrose, Psychose et perversion* (Paris: PUF, 1999).
[50] Voir les photos de Sophie Ristelhueber prises à la morgue, A 15-16.

Tête farcie, sauce béarnaise, et cahiers maternels au chocolat amer

Mon Grand-père n'est pas basé sur l'exhibitionnisme ou la 'confession autobiographique', il ne s'agit pas forcément ou exclusivement, et en exclusivité, de 'raconter des secrets de famille', mais de :

> Saisir ce personnage sous tous ses aspects, cerner les conséquences de ses comportements jusqu'à ma personnalité et ma vie d'aujourd'hui. Cela se passe par des faits, des paroles, des habitudes, données en trois ou quatre phrases, quelques repères pour comprendre ce qu'il est et qui sont mes parents. Des jalons très nets, c'est ce qui reste de plus marquant dans ma mémoire au moment précis où j'écris.[51]

Le récit s'ouvre donc avec un clin d'œil à l'exhibition mais une image forte et ambiguë, auréolée d'un malaise certain, sous-jacent du voyeurisme forcé révélé, montrant ledit grand-père (maternel) sur son lit avec ses maîtresses, et avec sa fille, la mère de Mréjen, couchée dans la couche paternelle, devenant lieu de promiscuité incestueuse: 'Mon grand-père amenait ses maîtresses chez lui et faisait l'amour avec elles en couchant ma mère dans le même lit' (GP 7).

Le commentaire de ce tableau inhabituel, exclu des albums de famille traditionnels, est absent (mais présent dans l'intention de l'auteur, comme nous venons de le lire). On ne saura pas l'âge de la (jeune?) fille, on ne saura pas comment la narratrice et petite-fille de l'aïeul a appris cette histoire (répétée, si l'on en croit l'imparfait). On ne connaît pas les réactions de l'auteur, qui nous laisse libre d'interpréter s'il s'agit-là d'absence de tabous ou de transgression de la sexualité bourgeoise (de l'époque ou d'aujourd'hui, les 'maîtresses' introduisant un élément de classe sociale quelque peu désuet et une dimension quasi zolienne).

Le patriarche s'impose néanmoins dès son entrée en scène comme le géniteur dominateur, et se réduit simultanément en une caricature de riche bourgeois, aux mœurs non-conventionnelles. Mréjen nous déroute (ou son 'grand-père' en explicite anti-pépé gâteux, sexuellement actif, nous déconcerte?): s'ensuit toute la saga des histoires folles de famille, comme une surenchère à l'étalage

---

[51] Mréjen, entretien avec Alain Nicolas, 'Le monde en morceaux de Valérie Mréjen', in *L'Humanité*, 9 mai 2002.

autobiographique, qui en dit moins long sur les incroyables péripéties cachées des familles, que sur les limites du croyable:

> Ma grand-mère, dont c'était le deuxième mari, demanda le divorce. Après avoir fait mine de vouloir se tuer avec un couteau de cuisine, il accepta gentiment. Ma grand-mère se remaria avec un gigolo, et mon grand-père épousa sa secrétaire qui avait trente ans de moins que lui. Comme voyage de noces, il l'envoya en vacances avec ma mère, car ses affaires le retenaient à Paris et qu'il ne pouvait se permettre de prendre du bon temps comme ça. (GP 7)

Un comble, pour un noceur notoire. La narratrice savoure le paradoxe introduit par l'expression finale. La confusion de l'identité de la fille et de sa nouvelle belle-mère est alarmante, et en écho, Mréjen nous redonne la répétition de la scène du lit paternel, partagé avec la demi-sœur et les nouvelles maîtresses. Au chantage 'gentil' de suicide (avec couteau de cuisine de crime théâtral) répondent toutefois des échos sordides: suicide du beau-père, endetté, qui saute de la Tour Eiffel, et suicide de la grand-mère (fille du suicidé précédent), éternellement trompée par ses trois maris successifs, imitée peu après par son ancienne rivale, la seconde femme du grand-père, qui se jette, elle aussi du haut de son immeuble. On s'y perd, on confond les grands-pères et les grands-mères.

Bref, l'histoire de la famille devient trop complexe, inénarrable, et incommunicable, non pas tant pour le contenu (de quels scandales s'agit-il?), mais car il semble impossible de démêler les légendes familiales du passé réel ou re-composé, le mythe étant aussi de prétendre tout dire et révéler sur les secrets de famille. On note que la répétition des suicides devient même absurdement comique. Une avalanche de phrases enchaînées nous étourdit, avec drames condensés et chronologiquement rapprochés, tragédies à la pelle et rebondissements garantis à tous les étages (de la Tour Eiffel, nous sommes bien sur les lieux du mythe parisien). Pas le temps de sombrer dans le pathos, c'est un rythme alerte qui maintient la tension de la distance ironique – rappelant curieusement celle du grand-père, froid et hautain, on l'apprendra plus tard, pleurant bien plus son chien que sa (xième) femme.

On saura tout, ou presque, avec la fin mi-figue, mi-raisin: la dernière femme ('Lolotte') du grand-père meurt d'un cancer du poumon (rendu bien banal par contraste), et 'Mon grand-père fut presque aussi triste que le jour où il perdit son chien Xénophon' (GP 8). Les non-dits, les piques (en 'presque' allusif) émergent de ce discours confus en pointes ironiques: le grand-père est touché par la mort de cette dernière épouse, mais préfère son chien, au nom curieux (référence 'très chic' à la Grèce antique, comme le précise Mréjen, ou symptomatique de sa *xénophobie* manifeste?), en tout cas plus distingué que le surnom de ladite 'Lolotte'.

Que les lecteurs se rassurent: ce premier paragraphe sur le grand-père et son harem (ou entourage) est le seul si lourdement long de tout le texte de Mréjen. Il laisse toutefois présager un grand-père peu recommandable, et un portrait ambivalent de la part de sa petite-fille, potentiellement critique mais amusée: 'Mon grand-père partait tous les ans en Italie, d'où il envoyait une carte postale adressée à notre chienne' (GP 26), l'absurdité s'éclaire et renvoie au portrait initial de l'homme à femmes (et surtout au chien). L'amour des chiens aurait été bizarrement transmis à son gendre, mais dans une moindre mesure, puisque ce dernier, père de l'auteur, rêve, lui, de 'communiquer plus en famille' (et non, comme le patriarche, de 'masser la cellulite' de sa petite-fille (GP 10)): 'si l'un d'entre nous était seul à table avec lui, mon père s'adressait à la chienne assise à ses pieds. Il se tuait à lui demander alors?' (GP 62).

Les maints parallèles que l'on relève s'allient à la mémoire vagabonde de Mréjen. Ils constituent un ensemble qui devient cohérent par ce jeu même d'échos, formant un collage de formules brèves, rendues toutes mémorables, même si paradoxalement, elles se focalisent sur des détails (apparemment) anodins, des 'je me souviens' pérecquiens transposés dans le cercle familial, pas si étriqué ou renfermé qu'on aurait pu le croire. Mréjen finit par nous faire voir, entendre, ressentir, et goûter l'intime de ses personnages familiers, que ce soit la préférence pour la sauce béarnaise ou l'haleine de whisky du grand-père, 'l'odeur de teinture immonde' des babouches du père (GP 24), ou l'amertume du chocolat de la mère.

Les paradoxes abondent: rien de précis n'est dit sur le grand-père paternel, mais sa table de famille[52] est à l'opposé du libéralisme du grand-père maternel libidineux, le sexe étant sujet tabou,

---

[52] Cf. l'ironie de la situation, vu que le père se plaindra tant du silence de ses enfants dans *Eau sauvage*: 'Dans sa famille, beaucoup de sujets étaient tabous. Les enfants se taisaient à table. Il ne fallait pas prononcer certains mots où aborder les sujets délicats. Mon père disait que petit, il recevait des coups, dès qu'il parlait de sexe' (GP 38).

formellement proscrit, et qui attire des châtiments corporels. On comprend donc aussi la transmission des préjugés, la construction des convenances, mais pas toujours leur subversion ou leur éclatement inexpliqué: la xénophobie du grand-père et de la mère n'empêche pas en effet cette dernière d'épouser 'un sauvage' ou 'un rustre' (GP 13) d'origine marocaine.

Les origines et les noms ne veulent rien dire de définitif, semble ajouter Mréjen dans ses listes de surnoms entrecroisés, qui ne débouchent que sur l'incompréhension: 'Du côté de ma mère, on donnait beaucoup de surnoms: Titine, Patite boule, Rorette, Licoco, Sami, Manuelito' (GP 16) (aux accents infantiles et bien 'exotiques'). Mais qui sont 'Jojo de David ou Jojo de Jonathan?' (GP 30), et qu'en est-il de 'Guitou', le frère trisomique de l'amie du père, est-il le double de son beau-frère à elle, 'Tougui' (GP 55) – on a, par ailleurs, toujours du mal à suivre les fils détaillés de la filiation. Le patronyme Mréjen lui-même 'signifie'-t-il quelque chose de lumineux, éclairé sous l'angle étymologique, et est-il plus espagnol qu'arabe? 'L'origine du nom Mréjen serait celui d'un village espagnol, 'Morgan' ou 'Moregon', transformé par les autorités marocaines en un mot ressemblant à ce qui signifie 'corail' en arabe' (GP 39). Nom 'transformé' depuis des siècles. L'origine? Question sans réponse amusée du père qui répond 'scandinave' (GP 40) et désamorce le racisme potentiel de l'insistance sur les consonances, les origines ou les différences.

Qui sont aussi ces oncles et tantes qui 'nous appellent "mon enfant" ou "ma fille", au lieu de "mon neveu, ma nièce"', et qui, 'lorsqu'ils évoquent leur père, (...) l'appellent "mon père", comme si ça n'était pas le même pour les autres. Ils disent aussi "mon père, mon pauvre père"' (GP 31). Le langage mélange pêle-mêle les liens du sang et du sens. La confusion identitaire était annoncée dès les premières pages, Mréjen ne fait qu'ajouter des bribes de tous ces éléments intimes (rimant ici avec incongrus et inconnus plutôt que secrets), pour grossir la pelote de nœuds, et reprendre les fils cassés de la chronologie, déréglée depuis longtemps par l'état-civil anarchique du Maroc: 'Tous durent choisir des dates arbitraires (de naissance) à leur arrivée en France. Ses sœurs en profitèrent pour se rajeunir, si bien que certaines aînées se retrouvèrent cadettes sur les papiers' (GP 33). Attardons-nous sur le personnage de la mère, l'esquisse de sa vie et des traits de sa personnalité sera-t-elle aussi 'amère' que son chocolat de prédilection? Elle ne connaît pas finalement son propre père sans 'soupçon' sur des zones 'troubles', tout comme la petite fille ne connaîtra pas son grand-père, avec une certitude inébranlable: 'mon grand-père n'a jamais voulu dire ce qu'il avait fait pendant la guerre. Il prétendait plus ou moins avoir résisté. Je pense que ma mère le soupçonnait d'avoir eu une attitude assez trouble' (GP 32).

La narratrice ira plus loin dans la remise en question puisqu'elle ridiculise le grand *pater familias* par subtils parallèles, éminemment lapidaires:

> Mon grand-père, qui était très bon cavalier, utilisait sa cravache pour corriger ma mère lorsqu'elle était enfant [...] Mon grand-père était fier de ses médailles et ne manqua pas de préciser qu'il avait la légion d'honneur sur le faire-part de mariage de mes parents. Il ne mit rien sur son niveau d'équitation [...] il possédait des enregistrements de discours d'Hitler en 78 tours. (GP, 14,17, 32)

On note que l'ex-petite-fille ira au bout des images en photographiant et exposant tous les objets 'honteux' dans l'appartement du grand-père,[53] paraphénalia nazie ou érotique, revues pornos ou recettes de cuisine dans les tiroirs, inclus et superposés.

La mère, loin de toute posture de victime, de montrer des signes de traumatisme latent ou d'amertume envers ses crises manifestes (3 césariennes font qu'elle redoute une quatrième intervention se terminant en IVG, entre autres), se révèle être un être bavard (qui confie des secrets du corps, GP 42), et qui n'a pas peur des mots ou de s'imposer verbalement: 'mon père nous disait que ma mère nous bourrait le crâne, et quelquefois, qu'il avait la tête farcie' (GP 13). C'est un être pétillant de fantaisie, de vie, et de paroles fortes, si ce n'est une femme au langage abusif, et transgressif, dont sa fille dessine de nombreux profils. Se détachent successivement une cruauté tout en finesse (involontaire?): 'Ma mère disait que, de nous trois, ma sœur était celle qu'elle avait le plus désiré' (GP 32), ou un goût pour les grossières insultes (qu'on entendra aussi chez le père, dont 'l'une de ses insultes les plus fortes était 'grossier personnage' (GP 61) mais qui menaçait de 'nous faire sauter la tête ou bien qu'il nous donnerait une claque tellement forte que notre tête allait voler

---

[53] Cf. Mréjen, Installation, 22 février-28 avril 2000, Galerie Cent8, Paris, exposition de deux séries de photographies de l'appartement de son grand-père et d'objets trouvés chez lui.

(GP 14). En revanche, 'ma mère utilisait un langage plus civilisé: garce, mauvaise gale, parasite [...] elle disait souvent "merdum". Ou "vous me faites suer" (GP 14, 28). Tout ce drame potentiel des cris et disputes d'un couple qui finira par divorcer est traité avec un humour irrésistible et de nouveaux jeux sur les contradictions: 'lorsque mon père et ma mère se disputaient, mon père nous prenait à témoin par des phrases comme "... et je le dis devant les enfants!", qu'il hurlait' (GP 32).

La prédilection de Mréjen pour les jeux de mots, les parodies, les poésies, et les déformations langagières (perversement subversives) vient, entre les lignes, tout droit de la mère qui 'fredonnait: j'ai mal occu, j'ai mal occupé ma jeunesse' (GP 59), ou se souvenait de toutes les poésies qu'elle avait apprises en cours (GP 51). D'où viendraient l'anticonformisme, et le goût du détournement de l'écriture: telle mère, telle fille? Pas vraiment, mais il y a une ressemblance frappante entre l'enfant qui déformait apparemment tous les mots entendus (qui entendait sans comprendre 'l'incident est clos. Je confondais incident et incendie', ou 'changer d'avis comme deux chemises' (GP 33, 49) et le rejet maternel des règles apprises: 'ma mère faisait plein de fautes d'orthographe. Un jour que j'avais eu dix-neuf en dictée, elle me fit remarquer que l'orthographe était la science des ânes' (GP 22).

La fille détourne et questionne les rôles féminins et masculins, nous l'avons vu, quant à la mère, imprévisible, 'elle aimait bien faire semblant de se battre à l'épée' (GP 58). Comme un film en super huit le confirme, faire les zouaves est dans les habitudes (gênes?) familiales, et la fantaisie ludique est aussi une tradition de la veine maternelle, puisque le grand-père et la tante sont filmés s'escrimant avec des manches à balais (GP 51). Le père, lui, 'pensait que son rôle était de rapporter de l'argent et celui de notre mère de nous éduquer' (GP 45). Notons bien que ce dernier nous fait néanmoins bien rire sous ses dehors conservateurs, surtout lorsqu'il se fait le gardien des liens de famille:

> Par acquis de conscience, mon père téléphone de temps en temps à mon grand-père pour prendre de ses nouvelles (le présent nous confond ici encore plus que le montage anarchique de toute la chronologie déréglée: le grand-père est-il donc toujours vivant?) Mon grand-père lui demande comment va la chienne (est-ce le

présent des blagues traditionnelles, si l'on retrouve l'animal favori?). (GP 44)

La mère, à une certaine époque, était aussi la gardienne de la mémoire familiale: 'telle' sa fille, elle bricole des albums sur ses enfants, trafique les cahiers ou simples carnets de croissance avec des photos, des cheveux découpés, et un 'Je' détourné (principe encore subverti par Mréjen dans *Eau sauvage*):

> Ma mère tenait un cahier sur chacun de nous, avec des dates, des photos et une enveloppe contenant des mèches de cheveux. Elle rédigeait à la première personne.
> Ecrit de sa main, on lit: "Ma première dent de lait est tombée le 27 septembre 1974 en mangeant du maïs, et j'ai avalé ma dent mais la petite souris ne m'a pas oubliée et m'a apporté un paquet de sucres d'orges sous mon oreiller" et plus bas: "Maman me donnait une banane écrasée et la cuillère a heurté ma dent". (GP 49)

De tels albums sont-ils désuets, voire dépassés, il n'est pas si sûr que la tradition n'en demeure pas tenace, si l'on considère la disponibilité des 'albums de naissance' pré-écrits, très commercialisés, et aux allures variées mais au principe commun. Celui de la mère a, du moins, des allures artisanales et laisse peut-être plus de place à l'écriture des détails personnels. On suggèrera que Mréjen en enrichit la formule, voire, en réinvente la formule, dans tous ses textes atypiques.

Les albums de famille ne sont plus des ensembles cohérents et définitifs. Tous les souvenirs sont essentiellement fragmentaires, relatifs, incohérents en eux-mêmes ou considérés isolés: 'le seul souvenir que j'ai de la deuxième femme de mon grand-père' est ainsi tenace mais réduit à un air de chanson répété qui avait irrité la mère et la (deuxième) grand-mère: 'j'avais passé l'après-midi à leur briser les nerfs avec cette chanson. A la fin de la journée, elles n'en pouvaient plus' (GP 23). Les photographies sont trompeuses, faut-il le repréciser le poncif? Certainement, et c'est encore mieux si l'on a l'art de l'ironie mréjienne: 'mon père me vantait toujours la beauté de sa mère alors que sur la photo on voyait une dame obèse avec un fichu sur la tête' (GP 60).

Rajoutons le grain de sel et l'inattendu détail à la George Sand apporté par la mère, qui confond peut-être les mots ou les biscuits appelés 'cigarettes russes' (je donne ma langue au chat): 'd'après ma mère, les femmes de cette époque passaient leur temps à discuter en mangeant des cigares au miel' (GP 60).[54] La mère est morte d'une maladie du sang, et en guise de bouleversant épilogue, Mréjen nous prend directement au cœur avec une de ces invraisemblablement désuètes photographies, un vrai cliché traditionnel de fin d'année, en rouge et or de fêtes: 'je pris sa dernière photo le soir de Noël. Elle s'était fait couper les cheveux et portait un chemisier en mousseline rouge rayée de fils d'or avec un col à volants' (GP 63).

Deux ou trois choses que l'on sait du père: sang d'encre, dates et autre carnet

Le père a la mémoire oublieuse, mais l'esprit de famille incurable, et d'autres petits cahiers dans son sac: 'maintenant, je me souviens de vos anniversaires: je note les dates dans un carnet' (ES 46). Il envoie aussi des colis fruités de dates à sa fille, en guise de correspondance, l'amour nourricier[55] passant par la cuisine, la table, le don constant de nourriture (ou les conseils à suivre en allant au supermarché avec un éventuel fiancé, j'y reviendrai). Est-ce un père si traditionnel ou macho[56] qui pousse sans cesse à la consommation: 'ça n'est pas terminé, il y a le gigot. Il faut garder de la place pour le poulet! Mangez, servez-vous bien' (ES 82). Ce qui frappe d'emblée, dans son monologue recomposé et concentré d'*Eau sauvage*, ce sont ses sautes d'humeur rageuse ou câline, son ton emphatique, et ses tendances à l'exagération qui tournent en menaces hyperboliques (mais retombent comme un soufflé):

> Je crois que je vais prendre une décision très grave parce que maintenant ça commence à bien faire. A partir de demain c'est terminé, je n'entendrai plus parler de vous. [...] Disparais à jamais. Mais mon petit, il faut parler, tu ne peux pas toujours garder tes préoccupations enfouies, je te trouve triste. Tant que tu n'es pas rentrée, je n'arrive pas à m'endormir. Quand tu habiteras seule, tu pourras sortir tard, je ne le saurai même pas et je vivrai tranquille. (ES 7)

---

[54] 'Les cigares au miel sont des pâtisseries orientales à base de feuille de brick fourrée et enrobées de miel.' Lettre à l'auteur, 18 janvier 2006.

[55] Cf. C. Faure-Poirée et R. Elkaïm-Bollinger, *Nourritures d'enfance*.

[56] Cf. Mréjen sur les différences entre le machisme du grand-père et l'Agrume.

Le père se fait du mauvais sang. On notera au fil du texte que l'une des sources d'inquiétude, à savoir la peur de la solitude, voire, du grand âge passé seul, loin des siens, est plus forte que les inquiétudes de responsabilité et de protection parentales (qui virent vite chez lui au scénario cauchemardesque et au délire paranoïaque):

> Mais si je n'entends pas tourner la clé dans la serrure, j'ai peur qu'il te soit arrivé malheur, que tu te sois fait agresser dans le métro, frapper par des voyous, violer, est-ce que je sais? Allô, tout va bien ma chérie? Non parce que j'ai vu ce matin dans le journal qu'un immeuble a brûlé dans le XIe et comme tu es dans le XIIe j'ai pensé que c'était peut-être chez toi. (ES 8)

On ne rit pas qu'à ses dépens. Ce qui frappe le lecteur (outre ses menaces de châtiments corporels, échos de ceux entendus dans *Mon Grand-père,* 'Ce que vous êtes contrariants. je te promets quelquefois j'ai envie de vous frapper', ES 8), c'est qu'il a l'ironie aiguisée de sa fille. Ainsi, sa même méfiance fondamentale vis-à-vis de l'Art qui se prendrait trop au sérieux (tel 'l'agrumiculture'), sa remise en question de la nature de vidéos de sa fille ('Mais ces vidéos que tu fais, tu peux les vendre? Il y a des acheteurs? Et dans l'exposition, tu vas montrer des films? Alors, ce ne sont pas des peintures', ES 73), font qu'il lance des piques sarcastiques qui raillent à merveille les projets artistiques de la fille:

> Qu'est ce que tu cherches? Tu filmes des grenouilles? C'est pour cela que tu restes autour de la mare? [...] Quelle patience. Tu ne vas pas au bord d l'eau? Tu as terminé ton film? Ah c'est dommage! Ce matin, une grenouille est venue sur la terrasse, elle a dit 'où est la réalisatrice?' Je lui ai que le tournage était fini. (ES, 25-26)

Il a l'art de sa fille pour imiter, reproduire en condensé humoristique les scènes de ménage, et cette dernière reprend ces ratages et maniérismes grossis à la loupe pour faire entendre le tintamarre des conversations, les cris et fausses sirènes de pompier. Tour de force: elle réécrit le participe passé du verbe taire en belle onomatopée, dans la bouche du beau parleur de la famille: 'J'étais placé près d'une bavarde. Tututututtutututututututututu, elle ne savait pas se taire' (ES 19).

Les comparaisons soulignent le grotesque, et les effets de miroirs sont ravageurs, Mréjen entrecroise donc avec un malin plaisir tous les reflets de scènes de dispute familiale, de dispute des autres, et de dispute de tout un chacun: 'Son mari est un coléreux et elle une hystérique alors ils hurlent à deux. C'est une vraie corrida' (ES 47). Mais chez les Mréjen, le combat des filles ne fait que commencer: 'arrêtez de vous battre comme des chiffonniers! Ça suffit, je vais sévir! Lâche ses cheveux! LÂCHE SES CHEVEUX! Enlève ta main! Écarte la mâchoire immédiatement. Ouvre la bouche! Regardez-moi ça! On dirait deux chiens enragés' (ES 31).

On reconnaît sans doute le début des injonctions paternelles, cliché des familles, mais Mréjen nous donne tous les détails intimes et uniques de sa famille à elle (on ne saura toutefois peut-être pas si surpris de revoir apparaître une figure canine dans cette famille). Le père n'est pas non plus insensible au ridicule et comique potentiel des gens qui crient trop fort. Les scènes de couple ou de famille sont toujours un mélange de malaise, de commedia del arte, et d'incompréhension fondamentale (pour les absents), et Mréjen nous redit, avec une tranche de citron, qu'il fallait être là, mais que cela ne garantit en rien qu'on y verra plus clair:

> Je suis allé dîner chez des amis. Il y avait, comment s'appelle cette femme déjà, dont le mari est médecin..., j'ai oublié. Il était là d'ailleurs. Mais elle franchement, elle n'a rien dans le citron. Et elle crie fort, avec une voix perçante! À un moment il lui a dit de se taire parce qu'elle ne racontait que des âneries. (ES 17)

Rappelons qu'en ce qui concerne les rires partagés, l'humour des familles est aussi particulier, en ce qu'il peut devenir (littéralement) intraduisible, voire incommunicable: 'pendant les dîners de famille, mon père, mes oncles et mes tantes se racontaient des blagues dont le début était en français et la chute en arabe. Nous les regardions éclater de rire sans rien comprendre' (GP 34). La scène de Mréjen en enfant médusée devant l'absurde du comique révèle-t-elle l'origine de sa prédisposition à goûter le décalage de l'humour distancié, ou sa passion à comprendre tous les sens cachés des mots?

On a perdu le beau patriarche dominateur d'antan. Le père vitupère haut et fort, ou rouspète gentiment, rien n'y fait, sa fille n'écoutera pas ses conseils au pied de la lettre, mais elle le prend au mot, et elle l'écoute toujours, inlassablement. La tendresse filiale s'affiche quand la fragilité du père, qui était raillée dans *Mon Grand-père* ('très sensible',[57] comme le frère, se moquait la narratrice) est ici remise en perspective avec l'âge, la hantise de la mort. Toutefois, le détournement des situations graves et des phrases assassines provoque encore un coup de massue d'un style bande dessinée à la Tom et Jerry, avec un pauvre 'monsieur avec des cheveux blancs', soudain 'affalé comme une crêpe' au milieu du pique-nique en forêt: 'alors je l'ai secoué, je lui ai mis une claque et lui ai versé ma gourde sur la tête. Ben oui, dans ces cas-là, qu'est-ce qu'il faut faire? L'asperger d'eau et lui donner un coup!' (ES 35). On comprendra donc pourquoi ce père n'est (ou ne se croit) pas si intrusif et abusif qu'il le paraît, s'il essaie, somme toute, de 'secouer' aussi énergiquement ses propres enfants.

Le drame du père vieillissant est pourtant illuminé par le texte de sa fille, entrecoupé des blancs du silence, de la solitude: il veut voir ses enfants, les voir et les entendre se parler, s'aimer, se réunir autour de la table des familles.

> Tu as des nouvelles de ton frère? Non, tu ne l'as pas appelé? Tu pourrais lui téléphoner, lui dire bonjour, lui poser des questions sur ce qu'il fait, comment vont ses enfants, sa femme, si son travail lui plaît. Chacun vit dans son monde. (ES 31)

La communication (téléphonique ou non) est-elle si simple? Les lecteurs déduiront leurs réponses. Mais si l'on sourit à l'idéal naïf de 'la famille heureuse' (de la Ricoré de la télé) prôné par Monsieur Mréjen:

> Mon père prend toujours exemple sur les publicités pour nous proposer une image de la famille heureuse où les gens communiquent, rient et plaisantent en rentrant à la maison. Il voudrait qu'on lui demande ce qu'il a fait aujourd'hui, qu'on prépare un petit dîner, une jolie table et que chacun se serve en riant. (ES 45)

Et si 'mon père nous dit souvent qu'on ne peut compter que sur la famille car les amis se carapatent dès qu'il faut rendre service' (ES 44), ne fait-on que se moquer du père, quand on l'entend avec ses

---

[57] Mréjen: 'Mon père s'affolait toujours au vu de la moindre égratignure. Il s'écriait: "Ouh la la la la". [...] Mon père disait souvent que mon frère était très sensible' (GP 25). Entre les deux s'intercale la violence d'un déroutant détournement de cliché: 'Au lieu de "Il faut te tirer les vers du nez", il dit "il faut te violer"' (GP 25).

perles communes, ses clichés de hall d'aéroport, ses conventions encombrantes, tous ses conseils pratiques (tournés vers l'avenir de ses petits-enfants), et qu'il débarque devant nous, ses cadeaux de chocolat d'enfance pleins les bras?

> De nos jours, on ne fait rien sans un minimum de revenus. Il faut payer un loyer tous les mois, de temps en temps s'offrir un beau costume, aller au restaurant. Si l'on a des enfants, il faut leur donner des jouets, des affaires pour l'école. [...]
> J'ai acheté des cadeaux pour la famille américaine. Du parfum pour les filles, un foulard en soie pour la femme et une cravate pour lui.
> Je t'ai rapporté du chocolat de l'aéroport. J'ai pris des cosmétiques en duty free. (ES 61)

Derniers arrêts sur image, entre autres conseils à sa fille, de se farder, de ne pas se 'fagoter', soigner ses jupes et chemisiers 'féminins', ou comment gagner le cœur de son futur mari (et garder celui de son père).

On repensera, irrésistiblement, à l'histoire ratée avec Bruno. Il n'est pas si sûr que le ratage de l'histoire d'amour avec 'L'Agrume' soit dû à leur sens commun d'une certaine irréalité, au fait 'qu'aucun des deux ne (soit) dans la vie. L'un, obnubilé par le réel, occulte les sentiments, l'autre, fascinée par l'amour, oublie les faits'.[58] Qu'est que cette vie, ou cette réalité des faits et des sentiments? C'est le père qui reprend le poncif de la question:

> Vous êtes trop en dehors de la réalité. [...]
> Ma chérie, fais comme tu l'entends, je ne suis pas à ta place, mais je t'en prie, réfléchis bien. Tu me dis qu'il a des enfants... J'ai un peu d'expérience: ne t'emballe pas trop vite, prends tout ton temps. Louez une maison l'été, partez à la montagne.
> Il faut que l'amour soit très fort! Tu sais, au début on rigole, on est content, on vit ensemble. Et au bout d'un moment, voilà les problèmes qui arrivent. Un jour, il faut accompagner l'un chez le dentiste, un autre au karaté, celui-là est malade. Tu verras, le dimanche, quand tu auras envie de le voir et qu'il sera trop pris, tu en auras vite marre. Ses enfants passeront toujours avant toi! C'est légitime!
> Fais un essai, prenez quelques jours de vacances, pas uniquement une fois... il faut y retourner. Va au supermarché,

---

[58] Marie-Laure Delorme, *Le Journal du dimanche*, 2 septembre 2001.

> pousse deux caddies, fais la cuisine pour six, range les affaires,
> vide la voiture et là tu sauras si tu veux toujours. (ES 41-42)

Le bons sens ne prime pas longtemps et l'humour se fait ravageur, quand le père conclut, avec un sens poussé de la chevalerie désuète (ou de la stratégie des combats d'assaut militaire), 'il faut qu'il soit à genoux devant toi, qu'il rampe, qu'il avance à plat ventre' (ES 42). Comment lui en vouloir pendant longtemps, quand il redemande, mine de rien, et idéal familial à la boutonnière? 'Tu as une bonne nouvelle à m'annoncer? Un fiancé en vue?' (ES 42). Au lieu de pester et protester, Mréjen écrit des livres-lettres à son père avec ses mots à lui. 'Mon père émoi',[59] 'papa par moi et vice et versa',[60] ou alors, papa et cetera et se taira ou pas?

Ce curieux monologue paternel rappellera d'autres dispositifs inventifs, entre autres, celui de Jacques Doillon dans *La vie de famille* (1984), dans lequel Samy Frey, pour rétablir le lien paternel, et sa fille, pour rétablir le lien filial, enregistrent et filment leur monologue derrière un mur étanche de chambre d'hôtel madrilène. Comme quoi, les vidéos seraient efficaces pour rétablir un vrai dialogue entre fille et père, depuis une vingtaine d'années. Au lieu des 'ravages'[61] du lien paternel, Valérie Mréjen a gardé en mémoire un vrai bonheur, qui perdure encore (même à l'aéroport d'aujourd'hui): 'aller au supermarché avec lui était un bonheur. Il nous laissait remplir le caddie de 45 tours et tablettes de chocolat' (GP 39).

Mots de la fin: remixage de plat froid vengeur et de tisane chaleureuse

Où en est l'infusion de 'la tisane des familles' (au parfum desnosien[62]), la fusion de son collage généalogique inachevé (interminable?) de 'la famille Ricoré' avec les figures de marque,

---

[59] Delphine Peras et Nathalie Faure: 'Mon père émoi: fragments de discours filiaux', *Optimum* ('magazine de l'homme un ton plus mode'), février 2004.

[60] J.-P. L., 'Papa par moi et vice-versa', *Beaux Arts magazine*, n. 243, août 2004.

[61] Sur Lacan et le 'ravage' du lien maternel, voir Jacques Lacan, 'L'étourdit', *Scilicet*, 4 (Paris: Seuil, 1973), p. 21 [conférence pour le cinquantième anniversaire de l'hôpital Henri-Rouselle de Sainte-Anne, 1972], et Marie-Magdeleine Lessana, *Entre mère et fille: un ravage* (Paris: Hachette, 2002).

[62] Cf. les slogans publicitaires radiophoniques de Desnos, in R. Desnos, *Œuvres*, ed. par Marie-Claire Dumas (Paris: Gallimard, Quarto, 1999), pp. 788-795.

Papy Brossard ou la Mère Poulard?[63] À quelle branche accrocher 'ta mère en tongs'?[64] Mréjen réinvente une langue 'fleurie', pour exprimer tous nos conflits: 'Connasse', 'pétasse', 'herbe folle', 'mégère',[65] font écho à toutes les injures proférées par le père dans *Mon Grand-père:* 'après s'être emporté, mon père regrette de nous avoir traité de saloperies. Sa pensé était restée à la traîne derrière ses paroles' (GP 61), et sont en parfait diapason avec toutes nos autres 'salades', la quatrième de couverture d'*Eau sauvage* nous mettant, par ailleurs, clairement au parfum: 'C'est bon cette herbe parfumée dans la salade... c'est quoi, du persil plat?' Questions en points de suspension à ajouter au questionnaire de Proust, revu dans *Les Inrockuptibles* par Sophie Calle et Grégoire Bouillier,[66] et à revoir encore, pour en soumettre les variantes possibles à une artiste qui nous laisse finalement très vite, en plan (saccadé et alterné), au beau milieu de toutes ces conversations des familles et devant tous ses récits à elle, et nous qui en resterons là, sans voix:

> Mais mon petit il faut parler, tu ne peux pas toujours garder tes préoccupations enfouies, je te trouve triste. [...] Je t'assure mon enfant, il ne faut pas désespérer. Tu as des problèmes? Il faut parler. Ce n'est pas honteux. (ES 7, 10)

---

[63] Cf. Emmanuelle Veil, 'Valérie Mréjen: extension du domaine de la lutte anti-pub', *Charlie Hebdo*, 3 mars 2004. Voir aussi Cécile Camart, 'Valérie Mréjen, le langage de la famille': 'Elle prépare actuellement une série d'arbres généalogiques, constitués de marques alimentaires relatifs aux liens familiaux', in 'Histoires de filles', *Fictions d'artistes : autobiographies, récits, supercheries, Artpress*, avril 2002, pp. 36-41, 38-39.

[64] Voir 'Le langage des fleurs' (1995), liste détournée d'injures de charretiers in *Une dispute et autres embrouilles* (Paris: PetitPOL, 2004), p. 81.

[65] *Une dispute et autres ambrouilles*, pp. 82-83.

[66] Voir *Les Inrockuptibles*, 19 novembre 2003. Une version en français et une traduction en anglais (avec réponses de Harry Matthews) sont disponibles sur internet: www.yves-simony.net/article.php3?id_article=126
http://jacketmagazine.com/28/berkson-q.html

Notes on Contributors

Marie-Claire Barnet is Senior Lecturer in French at the University of Durham

Georgiana Colvile is Professor of English and American Language and Literature at the University of Tours

Loraine Day is Senior Lecturer in French at the University of Southampton

Shirley-Ann Jordan is Reader in French at Queen Mary College, University of London

Fiona Handyside is Lecturer in Film Studies at Queen's University, Belfast

Owen Heathcote is Honorary Visiting Reader in French at the University of Bradford

Philippe Met is Associate Professor of French at the University of Pennsylvania

Nathalie Morello is Senior Lecturer in French at the University of Swansea

Phil Powrie is Professor of French Cultural Studies at the University of Newcastle-upon-Tyne

Annie Richard is an independent scholar, formally Lecturer at the University of Paris-III

Kathryn Robson is Lecturer in French at the University of Newcastle-upon-Tyne

Catherine Rodgers is Senior Lecturer in French at the University of Swansea

Gill Rye is Senior Lecturer at the Institute of Germanic and Romance Studies, University of London

Nigel Saint is Lecturer in French at the University of Leeds

Michael Sheringham is Marshall Foch Professor of French at the University of Oxford

Robert Silhol is Emeritus Professor of English at the University of Paris-VII

Carrie Tarr is Research Fellow in Film Studies at Kingston University, London

Jane Walling is Lecturer in French at the University of Durham

Index